AF551626

RöLS
GVerlage

„BÜCHER SIND WIE FALLSCHIRME. SIE NÜTZEN UNS NICHTS, WENN WIR SIE NICHT ÖFFNEN.“

Gröls Verlag

Redaktionelle Hinweise und Impressum

Das vorliegende Werk wurde zugunsten der Authentizität sehr zurückhaltend bearbeitet. So wurden etwa ursprüngliche Rechtschreibfehler *nicht* systematisch behoben, denn kleine Unvollkommenheiten machen das Buch – wie im Übrigen den Menschen – erst authentisch. Mitunter wurden jedoch zum Beispiel Absätze behutsam neu getrennt, um den Lesefluss zu erleichtern.

Um die Texte zu rekonstruieren, werden antiquarische Bücher von Lesegeräten gescannt und dann durch eine Software lesbar gemacht. Der so entstandene Text wird von Menschen gegengelesen und korrigiert – hierbei treten auch Fehler auf. Wenn Sie ebenfalls antiquarische Texte einreichen möchten, finden Sie weitere Informationen auf www.groels.de

Viel Freude bei der Lektüre wünscht Ihnen das Team des Gröls-Verlags.

Adressen

Verleger: Sophia Gröls, Im Borngrund 26, 61440 Oberursel

Externer Dienstleister für Distribution & Herstellung: BoD, In de Tarpen 42, 22848 Norderstedt

Unsere „Edition | Werke der Weltliteratur“ hat den Anspruch, eine der größten und vollständigsten Sammlungen klassischer Literatur in deutscher Sprache zu sein. Nach und nach versammeln wir hier nicht nur die „üblichen Verdächtigen“ von Goethe bis Schiller, sondern auch Kleinode der vergangenen Jahrhunderte, die – zu Unrecht – drohen, in Vergessenheit zu geraten. Wir kultivieren und kuratieren damit einen der wertvollsten Bereiche der abendländischen Kultur. Kleine Auswahl:

Francis Bacon • Neues Organon • **Balzac** • Glanz und Elend der Kurtisanen • **Joachim H. Campe** • Robinson der Jüngere • **Dante Alighieri** • Die Göttliche Komödie • **Daniel Defoe** • Robinson Crusoe • **Charles Dickens** • Oliver Twist • **Denis Diderot** • Jacques der Fatalist • **Fjodor Dostojewski** • Schuld und Sühne • **Arthur Conan Doyle** • Der Hund von Baskerville • **Marie von Ebner-Eschenbach** • Das Gemeindekind • **Elisabeth von Österreich** • Das Poetische Tagebuch • **Friedrich Engels** • Die Lage der arbeitenden Klasse • **Ludwig Feuerbach** • Das Wesen des Christentums • **Johann G. Fichte** • Reden an die deutsche Nation • **Fitzgerald** • Zärtlich ist die Nacht • **Flaubert** • Madame Bovary • **Gorch Fock** • Seefahrt ist not! • **Theodor Fontane** • Effi Briest • **Robert Musil** • Über die Dummheit • **Edgar Wallace** • Der Frosch mit der Maske • **Jakob Wassermann** • Der Fall Maurizius • **Oscar Wilde** • Das Bildnis des Dorian Grey • **Émile Zola** • Germinal • **Stefan Zweig** • Schachnovelle • **Hugo von Hofmannsthal** • Der Tor und der Tod • **Anton Tschechow** • Ein Heiratsantrag • **Arthur Schnitzler** • Reigen • **Friedrich Schiller** • Kabale und Liebe • **Nicolo Machiavelli** • Der Fürst • **Gotthold E. Lessing** • Nathan der Weise • **Augustinus** • Die Bekenntnisse des heiligen Augustinus • **Marcus Aurelius** • Selbstbetrachtungen • **Charles Baudelaire** • Die Blumen des Bösen • **Harriett Stowe** • Onkel Toms Hütte • **Walter Benjamin** • Deutsche Menschen • **Hugo Bettauer** • Die Stadt ohne Juden • **Lewis Caroll** • *und viele mehr….*

Martin Luther

Martin Luthers Tischreden

Inhalt

I. Tischreden D. Martin Luthers von Gottes Wort oder der heiligen Schrift

Von der heiligen Biblia.

Er sagte einmal der Ehrwürdige Herr Doctor Martinus Luther zum Herrn Philippo Melanchthone, item zu Doctor Justo Jona und Andern von der Biblia oder heiligen Schrift, „daß sie wäre wie ein sehr großer weiter Wald, darinnen viel und allerlei Bäume stünden, davon man könnte mancherlei Obst und Früchte abbrechen. Denn man hätte in der Biblia reichen Trost, Lehre, Unterricht, Vermahnung, Warnung, Verheißung und Dräuung usw. Aber es wäre kein Baum in diesem Walde, daran er nicht geklopft und ein Paar Aepfel oder Birnen davon gebrochen und abgeschüttelt hätte.“ Ein ander Mal sagte D. M. Luther: „Ich zwar hab nun etliche Jahr her die Bibel jährlich zweimal ausgelesen; und wenn sie ein großer mächtiger Baum wäre, und alle Wort wären Aestlein und Zweige, so hab ich doch an allen Aestlein und Reislein angeklopft und gerne wissen wollen, was daran wäre und was sie vermöchten, und allezeit noch ein paar Aepfel oder Birnlein heruntergeklopft.“

Daß man den Text der Bibel fleißig lesen soll und bei ihm, als dem einigen wahren Fundament, bleiben.

Es kam einmal in Doctor Martini Luthers Haus eines vornehmen Doctors Sohn, ein ehrbarer fleißiger und züchtiger Student, der sich nicht auf hohe Dinge begab, noch in Lüften hin und her flatterte, sondern ließ sich begnügen am Niedrigen und blieb bei dem Fundament und bei den ersten Gründen, nämlich bei seinen Institutionibus juris. Dieselbigen studirete er fleißig. Wie denn die Tischgesellen ihn dem Herrn Doctori Martino Luthero fleißig commendireten, da sprach Doctor Martinus: „Das thut er ohn Zweifel aus seines Vaters Rath und Befehl. Denn wer einen guten Grund geleget hat und im Text wohl gestaffiret ist, daß er ein guter Textualis wird, der hat, darauf er gewiß fußen und gründen kann, er läuft auch nicht leichtlich übel an, noch irret nicht. Und zwar ist solches einem Theologo auch hoch von Nöthen. Denn ich hab mit dem Text und aus dem Fundament der heiligen Schrift alle meine Widersacher übertäubet und erleget, denn sie gehen nur schläferig einher, lehren und schreiben alles aus ihrem Sinne und nach der Vernunft, und meinen, es sei ein schlecht leicht Ding um die heilige Schrift. Gleich wie der Pharisäer gedachte, es wäre balde geschehen, da der Herr Christus Lucä am 10. Kap. (V. 28) zu ihm sprach: Thue das, so wirst du leben. Denn die Flattergeister und Schwärmer verstehen nichts in der Schrift, sondern gehen dieweil in der Irre mit ihren wankenden, unbeständigen und ungewissen Büchern, die sie erdacht haben.

Summa, wer mit Text wol gefasset, der ist ein rechter Pastor. Und das ist auch mein bester und christlichster Rath, daß man aus dem Bronne oder Quelle Wasser schöpfe, das ist, die Bibel fleißig lese. Denn wer im Text wohl gegründet und geübet ist, der wird ein guter und vortrefflicher Theologus, sintemal ein Spruch und Text aus der Bibel mehr gilt denn viele Scribenten und Glossen, welche nicht stark und rund sind, und sie halten doch den Stich auch nicht."

Die Bibel ist das Häupt aller Künste.

„Lasset uns", sprach einmal Doctor Martin Luther, „die Bibel nur nicht verlieren, sondern sie mit Fleiß in Gottes Furcht und Anrufung lesen und predigen; denn wenn die bleibet, blühet und recht gehandelt wird, so stehets alles wohl und gehet glücklich von Statten. Denn sie ist das Häupt und die Kaiserin unter allen Facultäten und Künsten; wenn sie, die Theologia, liegt, so schmisse ich auf den Strumpf."

Reime Doctor Martin Luthers von dem Neuen Testamentbuch.

„Das Testament ist ein edels Buch,
Groß Kunst, Weisheit es lehren thut.
Wohl dem, der sich auch hält darnach,
Dem wird Gott segnen all sein Sach;
Denn Gottes Wort bleibt ewiglich
Und theilt uns mit das Himmelreich.
Wir müssen doch von dieser Welt,
Als denn das Wort fest bei uns hält,
Und stärket uns in Sterbens Noth,
Und hilft uns aus dem ewigen Tod."

Andere Reime D. Martin Luthers über die Worte des Psalms: Beati omnes, qui timent Dominum. Gefunden in M. Erasmi Sarcerii Liberei unter den Colloquiis Lutheri.

„Dies Wort gewißlich bleibet wahr,
Wiewol es hat so manche Fahr,
Noch soll's nicht fehlen um ein Har,
Es wird erfüllet ganz und gar,
Und solln's nicht wehrn der Höllen Schar.
Verzeucht's sich dies und etlich Jahr,
Gar bald die Zeit wird kommen dar,
Die es wird machen offenbar,
Und alle Ding so zeigen klar,
Daß man davon frei reden thar.
Denn wird man ja bekennen zwar,
Daß Gott erhält sein Wort und Lahr."

Daß die heilige Schrift zu verstehen ein schwer Ding sei.

Doctor Martinus Luther sagte: „Ich, wiewohl ich ein alter Doctor der heiligen Schrift bin, so bin ich doch noch nicht aus der Kinderlehre kommen und verstehe die zehn Gebote Gottes, den Glauben und das Vater Unser noch nicht recht; ich kanns nicht ausstudiren noch auslernen, aber ich lerne noch täglich dran und bete den Katechismum mit meinem Sohn Hansen und mit meinem Töchterlein Magdalenen. Wenn verstehet man doch durchaus und gründlich nur das erste Wort im Vater Unser, als da wir sagen: Der du bist im Himmel? Denn wenn ich diese wenigen Worte verstünde und gläubete, daß Gott, der Himmel und Erden und alle Creaturen geschaffen und in seiner Hand und Gewalt hat, sei mein Vater, so schlösse ich bei mir gewiß, daß ich auch ein Herr Himmels und der Erden wäre; item, Christus sei mein Bruder, und alles mein sei. Gabriel mußte mein Knecht und Raphael mein Fuhrmann und alle Engel meine Diener sein in meinen Nöthen; denn sie mir von meinem himmlischen Vater zugegeben wären, daß sie mich auf meinen Wegen behüteten, daß ich nicht irgend meinen Fuß an einen Stein stoßen möchte.

Aber daß nun mein Glaube geübet und bewähret werde, so lässet mich mein Vater im Himmel in einen Kerker werfen oder im Wasser ersäufet werden, alsdenn sehen und erfahren wir, wie wohl wir diese Wort verstehen, und wie der Glaube zappelt und wie groß unser Schwachheit sei. Da fahen wir denn an, gedenken und sagen: Wer weiß, obs auch wahr ist, das in der heiligen Schrift geschrieben stehet?

Darum ist das einige Wörtlein Dein oder Unser am allerschwersten in der heiligen Schrift; wie auch im ersten Gebot zu sehen ist: Ich bin der Herr dein Gott. Die Ketzer, wie denn auch Campanus, heißen das Plerophoriam und eine Gewißheit in der Lehre, nämlich die angeborne und angenommene Hoffart des Herzens und die Vermessenheit, daß einer steif auf seinem eigenen Sinne stehe, den er gefasset und in die Schrift nach seinem Verstande bracht hat."

Zu einer andern Zeit redete Doctor Martinus Luther auch davon „daß in der Welt keine leichter Kunst wäre, denn die Theologia und Gottes Wort zu verstehen; denn es wollten die Weltkinder und fast Jedermann dafür angesehen und gehalten sein, als hätten sie die heilige Schrift und den Katechismum nur gar ausgelernet und verstundens nur gar wohl." Aber er sagte darauf, daß es noch weit fehlete, und sprach: „Ich wollte alle meine Finger drum geben, allein drei ausgenommen, daß mir die Theologia auch so leicht wäre. Es ist der Überdruß des göttlichen Worts; item, das Klügeln und Meistern gar viel, Jedermann lernet Gottes Wort balde aus. Also haben wirs in der Welt gefunden, wir müssens auch also bleiben lassen; im Auskehrich (wie man saget) wird sichs aber wohl finden, denn in fine videbitur, cuius toni."

Von der Verachtung des göttlichen Worts.

Auf ein ander Mal redete D. Justus Jonas gegen dem Herrn Doctor Luthern von einem Stattlichen vom Adel im Lande zu Meissen, der sich um nichts so sehr bekümmerte, denn wie er viel Geldes und Guts und große Schätze sammlete, und daß er also sehr verblendet wäre, daß er der fünf Bücher Mosi nichts achtete. Derselbige hätte dem Kurfürsten zu Sachsen, Herzog Johanns Friederichen (da sein Kurfürstliche Gnade mit ihm viel von der Lehre des Evangelii geredet hatte), diese Antwort gegeben und gesaget: Gnädigster Herr, das Evangelium gehet euer Kurfürstliche Gnade nichts an. Da sprach D. M. Luther: „Waren auch Kleien da?"

Und erzählete eine Fabel, „wie der Löwe alle Thiere hatte zu Gaste gebeten und ein köstlich, herrlich Mahl lassen zurichten, und auch die Sau dazu geladen. Als man nu die köstlichen Gerichte auftrug und den Gästen vorsetzte, sprach die Sau: Sind auch Kleien da? Also sind jetzt unsere Epikurer auch. Wir Prediger setzen ihnen in unsern Kirchen die allerbeste und herrlichste Speise vor, als ewige Seligkeit, Vergebung der Sünde und Gottes Gnade; so werfen sie die Rüssel auf und scharren nach Thalern; und was soll der Kuh Muscaten? sie isset wohl Haberstroh.

Also geschah einmal einem Pfarrherrn, Ambrosio R., von seinen Pfarrkindern. Da er sie zu Gottes Wort vermahnete, daß sie es fleißig höreten, sagten sie: Ja, lieber Herr Pfarrherr, wenn Ihr ein Faß Bier in die Kirche schroten und uns dazu berufen ließet, so wollten wir gerne kommen.

Das Evangelium ist zu Wittenberg wie der Regen, der ins Wasser fället, da der Regen wenig Nutz schaffet; aber fället der Regen auf ein sandiges Feld und da die Saat mager und von der Sonnen verwelket und verbrennet ist, da erquicket solcher Regen das Land und macht es fruchtbar."

Zur Lochau wurde zu Doctor Martin Luthern gesagt, daß im Bischoffthum Würzburg 600 reicher Pfarren ledig wären, die keine Pfarrherrn hätten. Da sprach der Doctor: „Daraus wird nichts Guts folgen; aber also wird es einmal bei uns auch gehen, wenn wir in solcher Verachtung Gottes Worts und seiner Diener werden fortfahren." Und sprach D. Luther darauf: „Wenn ich jetzt wollte reich werden, so wollt ich nicht predigen. Es sagten die Bauern einmal zu den Visitatoren, da sie gefraget wurden, warum sie nicht wollten ihre Pfarrherrn ernähren, da sie doch müßten die Kühehirten und Säuhirten unterhalten? Ja, sprachen sie, einen Hirten müssen wir haben, wir können sein nicht entbehren. Meineten, sie könnten eines Pfarrherrn wohl entrathen.

Pfui dich an, so weit ists kommen, weil wir noch leben! Was wills nach unserm Tode werden? Dazu haben die Antinomer fein geholfen, welche die sichern Herzen noch dazu vermessen machen. Und ich sehe jetzt eine solche große Vermessenheit an den Antinomern, den Gesetzstürmern, daß sie unter dem Schein des Vertrauens auf Gottes Barmherzigkeit dürfen thun, was sie nur gelüstet. Gleich als könnte ein Gläubiger nicht sündigen, sondern sie wären also gerecht, heilig und fromm, daß sie auch der Predigt des Gesetzes nicht bedürfen. Denn sie lassen ihnen träumen, gleich als wäre die Kirche so gerecht, wie Adam im Paradies war, welchem doch Gottes Zorn vom Himmel offenbaret ward, nachdem Gott ihm gesagt hatte: Adam, du sollt von allen Früchten essen, aber wenn du von diesem Baum issest, wirst du sterben.“ (Genes. 2, 16. 17.)

Die Leute widerstehen Gottes Wort mutwillig.

Doctor Luther sagte einmal: „Hätte ich in der Erste gewußt, da ich anfing zu schreiben, das ich jetzt erfahren und gesehen habe (nämlich, daß die Leute Gottes Wort so feind wären und setzten sich so heftig dawider), so hätte ich fürwahr stille geschwiegen; denn ich wäre nimmermehr so kühn gewesen, daß ich den Papst und schier alle Menschen hätte angegriffen und sie erzürnet. Ich meinte, sie sündigten nur aus Unwissenheit und menschlichen Gebrechen, und unterstünden sich nicht, vorsetzlich Gottes Wort zu unterdrücken; aber Gott hat mich hinan geführet wie einen Gaul, dem die Augen geblendet sind, daß er die nicht sehe, so zu ihm zurennen.“

Und sagte der Doctor darauf, „daß selten ein gut Werk aus Weisheit oder Vorsichtigkeit vorgenommen werde oder geschehe, sondern es müsse alles in einem Irrsal oder Unwissenheit geschehen. Also bin ich zum Lehre- und Predigtampt mit den Haren gezogen; hätte ich aber gewußt, das ich jetzt weiß, so hätten mich kaum zehn Roß dazu ziehen sollen. Also klaget Moses und Jeremias auch, daß sie betrogen sind; dergleichen nähme keiner kein Weib, wenn er sich recht besonne, was man im Ehestand und in der Haushaltung haben mußte.“ Darauf antwortete Philippus Melanchthon: er hätte es mit Fleiß in den Historien observiret und gemerket, daß keine große sonderliche Thaten von alten Leuten gethan und geschehen; des großen Alexanders und Sanct Augustinus Alter, die thätens; darnach wird man zu weise, und nehmen alte Leute ein Ding bedächtiglich für, ehe sie es thun. Da sprach D. Martinus: „Ihr jungen Gesellen, wenn ihr klug wäret, so könnt der Teufel nicht mit euch auskommen; weil ihr es aber nicht seid, so bedürft ihr unser auch, die wir nun alt sind. Unser Herr Gott thut nichts Großes mit Gewalt, wie man saget: Wenn das Alter stark und die Jungen klug wären, das wäre viel Geldes werth. Die Rottengeister sind eitel junge Leute, Icari, Phaetontes, die in den Lüften flattern, Gemsensteiger, oben an und nirgends aus, und die zwölf Kegel auf dem Boßleich umschieben wollen, da ihr nur neune darauf stehen, wunderliche Köpfe, wie Zwingel und Oecolampadius auch waren.“

Was Bischofs Albrecht von Mainz von der Bibel geurtheilet.

Doctor Martinus Luther sagete zu Eisleben kurz vor seinem Tode, „daß auf dem Reichstage zu Augsburg Anno 1530 Bischoff Abrecht von Mainz einmal in der Bibel gelesen hätte; nun kömmt einer seiner Räthe ungefährlich dazu, und spricht: Gnädigster Kurfürst und Herr, was machet euer kurfürstliche Gnade mit diesem Buch? Da hat er geantwortet: Ich weiß nicht, was es für ein Buch ist, denn alles, was nur darinnen ist, das ist wider uns."

Gottes Wort soll man gewiß sein.

Doctor Luther sagte einmal: „Vor allen Dingen müssen wir wissen, ob diese unsre Lehre, so wir führen, Gottes Wort sei; denn wenn wir solches wissen, so können wir festiglich darauf bauen, daß diese Sache soll und muß bleiben, und kein Teufel soll sie umstoßen, viel weniger die Welt mit all ihrem Hofgesinde, wie sehr sie dawider toben und wüthen. Ich, Gott Lob, halte meine Lehre gewiß für unsers Herrn Gottes Wort und hab nun aus meinem Herzen weggejagt alle andere Glauben, sie heißen auch, wie sie wollen. Und hab diese schwere Gedanken und Anfechtungen schier überwunden, da mein Herz eine Weile also sagte: Bist du denn allein der, so das rechte Wort Gottes rein hat? Und die andern allzumal habens nicht? Also ficht uns der Satan auch an, und stürmet mit Gewalt zu uns ein mit dem Namen und Titel der Kirchen. Ja, spricht er, was die christliche Kirche bisher beschlossen und so viel Jahr für recht gehalten, dasselbige stößest du um, als wäre es unrecht, und verrüttest beide, das geistliche und weltliche Regiment, mit deiner neuen Lehre.

Dieß Argument finde ich durchaus in allen Propheten, da die vornehmesten Häupter, beide in der Kirchen und Polizei sagen: Wir sind Gottes Volk, denn wir sind im ordentlichen Regiment, von Gott gestiftet und eingesetzet. Was wir, als der größte und beste Hauf, schließen und für Recht erkennen, das soll man halten; wer seid ihr Narren, daß ihr uns lehren wollet? ist euer doch kaum eine Hand voll! Da muß man wahrlich nicht allein mit Gottes Wort wohl gefastet und gerüstet sein, sondern auch die Gewißheit der Lehre haben, sonst kann man im Kampf nicht bestehen; man muß sagen können: Ich weiß gewiß, daß dasjenige, so ich lehre und halte, Gottes, der hohen Majestät im Himmel, eigenes Wort und endlicher Beschluß, und die ewige unwandelbare Wahrheit ist; das ander alles, was mit dem nicht übereinstimmet oder dawider ist, das ist eitel Teufelslügen, Falsch und Unrecht.

Und das thuts auch alleine, daß einer ein Spiel anfähet und dabei beständig bleibe und sage: Ihr andern allzumal irret und habt unrecht, aber meine Lehre ist allein recht und Gottes gewisse Wahrheit, dabei bleib ich, wenn gleich die ganze Welt anders sagte. Denn Gott kann nicht lügen, da hab ich sein Wort, das kann mir nicht fehlen, noch von allen höllischen Pforten überwältigt werden, und hab den Trost dazu, daß Gott saget: Ich will dir Leute und Zuhörer geben, die es sollen annehmen; laß mich nur sorgen, ich will über dir halten, bleibe du nur fest bei meinem Wort.

Man muß gewiß sein, daß die Lehre recht und die ewige Wahrheit sei, und darnach nichts fragen, wie sie werde von den Leuten gehalten."

Prophezei D. M. Luthers von seiner Lehre.

Doctor Martinus Luther sagete einmal, „daß diejenigen, so bei seinem Leben von seiner Lehre nicht wollten den Kern haben, die würden froh werden, wenn er nun todt wäre, daß sie die Schalen möchten davon bekommen, und die Finger darnach lecken, wenn sie nur dieselbigen haben könnten." Und sprach darauf: „Ein Jeglicher schicke sich in die Zeit und gebrauche sie, und schneide ein, weil noch Ernte ist, und wie der Herr Christus Joh. am 12. (V. 35) spricht: Wandelt im Licht, weil ihrs habt, daß euch die Finsterniß nicht überrasche."

Die Bibel ist verhasset von den Weltklugen und Sophisten.

Doctor Usingen, ein Augustiner-Mönch, der etwa mein Präceptor war im Augustiner-Kloster zu Erfurt, sprach einmal zu mir, da er sähe, daß ich die Bibel so lieb hatte und gerne in der heiligen Schrift las: Ei, Bruder Martine, was ist die Bibel? Man soll die alten Lehrer lesen, die haben den Saft der Wahrheit aus der Bibel gesogen, die Bibel richtet allen Aufruhr an. „Das ist der Welt Urtheil", sprach Doctor Martinus Luther, „von Gottes Wort, wie man solches auch im andern Psalm siehst. Denn, saget man zu den großen Hansen: Und nun ihr Könige, lasset euch weisen usw., so sagen sie Nein dazu und wollen die Lehre nicht leiden; so müssen wir sie auch hinfahren lassen als die guten Gesellen."

Majestät und Herrlichkeit des göttlichen Worts, daß Gott dadurch mit uns redet.

„Die Majestät und Herrlichkeit des göttlichen Worts ist unaussprechlich, und wir können Gott nimmermehr dafür danken. Die Vernunft gedenkt also: Ei, wenn ich Gott den Herrn, den Schöpfer Himmels und Erden, hören sollt, ich wollt an der Welt Ende laufen. Höre, Bruder! Gott, Schöpfer Himmels und der Erden, redet mit dir durch seine Diener, Pfarrherrn und Prediger, täufet, unterrichtet, lehret und absolviret dich selber durch das Geheimniß des Worts und Sacrament; dieselbigen Wort sind nicht Platonis, Aristotelis oder anderer hohen gelehrten Menschen, sondern Gott redet selber da.

Und da sind die besten Prediger, die da den gemeinen Mann und die Jugend auf das Einfältigste lehren, ohn eine Subtilität und Weitläufigkeit, gleich wie auch Christus das Volk durch grobe Gleichniß lehrete. Dergleichen sind das die besten Zuhörer, so Gottes Wort gerne hören und gläubens einfältiglich; ob sie gleich schwach im Glauben sind, wenn sie nur nicht zweifeln an der Lehre, ist ihnen noch zu rathen und zu helfen. Gott kann Schwachheiten, ja auch grobe Knollen und Fehle leiden, wenn mans nur erkennet und wieder zum Kreuz kreuchet, auch um Gnade bittet und sich bessert, und das göttliche Wort fleißig höret, demselbigen gläubet, und das sündliche Leben darnach ändert.

David spricht (Ps. 119, 113): Ich hasse die Flattergeister und liebe deine Gesetze; will, daß wir sollen auf die Kraft des göttlichen Worts fleißig Achtung haben, und nicht das mündliche Wort, wie jetzt die Enthusiasten und vornehmlich Schwenkfeld thut, verachten. Denn Gott will durch solche Mittel mit uns handeln, auch in uns wirken. Mir ist das ein großes, wenn Doctor Johann Pommer oder Herr Michael Stefel mir ein Wort aus dem Evangelio saget; da soll ich wissen, daß mirs Gott im Himmel selber hat gesaget. Darum haben die alten Väter wohl gesaget, man soll nicht ansehen die Person, die da täufet oder das Sacrament reichet, sondern auf Gottes Wort soll man sehen.

Bei Bileams Zeiten waren beide, rechtschaffene und falsche Prediger und Lehrer. Daß nun der Text (Num. 23, 3) saget, Bileam sei hingegangen und habe den Herrn gerathfraget, das soll man also verstehen, daß er hat rechtschaffene Lehrer um Rath gefraget, welche ihm gerathen haben, daß er nichts wider Gott vornehmen sollte. Darnach erkläret sich Moses selber und spricht: Er ging nicht mehr zu dem Richter wie zuvor, sondern zu einem falschen Lehrer und Schwärmer.

Diese Art und Weise zu reden, daß sie Gott haben um Rath gefraget, gibt uns ein Anzeigung, daß sie Gottes Wort hoch gehalten haben, und daß sie nicht diejenigen, so es geredet, angesehen haben, sondern betrachtet, was sie geredet haben. Also hat Rebecca (Genes. 25, 22) nicht Gott selber, sondern Sem oder einen Erzvater um Rath gefraget. Denn Gott hat alleweg gewisse Personen und Orte in der Welt gehabt, durch und an welchen er seinen Willen zu erkennen gegeben hat. Also sandte er Mosen und offenbaret durch ihn sein Wort den Kindern Israel, daß sie mußten sagen, wenn er etwas redete: Das hat nicht Moses, sondern Gott selber gesaget.

Nach Mose schickt er Christum. Deß Lehre ist gewiß, so ist seine Person auch gewiß, also, daß wir nicht können fehlen, noch betrogen werden, was wir von ihm hören, daß es Gott selber gewiß geredet hat; wie denn der himmlische Vater saget (Matth. 17, 5): „Dies ist mein lieber Sohn, den sollt ihr hören." Und da Christus gen Himmel fuhre, sendet er die Apostel in die ganze Welt, setzet zuvor die Taufe und sein Nachtmahl ein. Wenn nun Gottes Wort gehöret und die Sacrament empfangen werden, so können wir mit Wahrheit sagen: Das sagt Gott. Also hat mich oft, wenn ich in Anfechtung lag und in Angst gewesen bin, Philippus Melanchthon oder D. Pommer, ja wol meine Hausfrau mit Gottes Wort getröstet, daß ich darüber zufrieden ward und fühlte: Das saget Gott, weil es der Bruder sagte entweder Amts halben oder aus Pflicht der Lehre; denn Gott befiehlt ernstlich, man soll Christum hören, und Christus spricht, wir sollen die Apostel hören.

Und das betrüget auch die Sacramentirer und andere Schwärmer, die da von Gottes Sachen reden nach ihren Gedanken. Aber wir sagen, daß man hören soll, was Gott saget. Nun spricht Gott vor der Schöpfung der Welt: „Es sei die Welt!" Da ward und stund die Welt alsbald da. Dergleichen spricht er auch im Abendmahl, daß das Brod, so er seinen Jüngern gab, sei sein Leib; so ist es nun auch gewiß also da, wie die Worte lauten, und hindert des Bullingers Cavillation hie nichts, da er vorgibt, daß, weil Christus Leib nicht gesehen wird, so sei er nicht vorhanden oder gegenwärtig; denn hie hat er nicht geschaffen die sichtlichen, sondern die unsichtlichen, auf die Form und Weise, wie er gewollt und ihm gefallen hat.

Daß nun Gott sein Wort in der Welt erhalten hat und daß des Herrn Christi Reich in der Welt geblieben ist im Papstthum, das ist unsers Herrn Gottes größter Wunderwerke eins. Aber unser Herr Gott nimmet etliche Herzen, denen offenbaret er sein Wort und gibt ihnen einen Mund dazu, und erhält es nicht durch Schwert, sondern durch seine göttliche Gewalt."

Gottes Worts Kraft.

„Groß ist die Kraft des göttlichen Worts, darum heißt es die Epistel zun Hebräern (Kap. 4, 12) ein zweischneidig Schwert, denn es hat zweierlei Kraft, nämlich es schrecket und tröstet. Weil wir aber Gottes reines Wort nicht geachtet haben, noch das frische kalte Springwasser getrunken, so sind wir von den hellen Bornen zu den Pfützen gerathen, und daraus warm, faul, stinkend Wasser gesoffen; haben die alten Scribenten und ungewisse Lehrer gelesen mit großer Mühe und Arbeit, aber mit kleinem Nutz und Frommen. Chrysostomus schreibet schier nichts Reines, denn von der jungen Kinder Taufe. Hieronymus handelt und saget nichts, denn von seiner Andacht, wie er gelebt hab, und lobet die Jungfrauschaft und das Klosterleben über alle göttlichen Stände und Orden. Ihrer keiner lobt die weltliche Obrigkeit und Regiment, sondern gehen allein mit ihren andächtigen Gedanken und Speculation um wie die Mönche. Chrysostomus ist wohl zu Hofe gewesen, er hat aber die Hofweise, Sitten und Leben nicht können dulden noch leiden; es hat Alles sollen mönchisch einher gehen. Summa, wer ein Lehrer und Prediger in der Kirchen sein will, der muß auch in der Welt sein gewesen und derselbigen Händel gesehen oder je zum Theil erfahren haben; denn es thuts nicht, daß ein Mensch mit Klostergedanken etwas regieren sollte."

Daß man nach dem göttlichen Wort all unser Thun und Leben richten soll.

„Gott hat auch seine Richtschnur und Kanones, die heißen die zehn Gebote, die stehen in unserm Fleisch und Blut; und ist die Summa davon das, was du willt dir gethan haben, das thue du einem andern auch. Und darüber hält unser Herr Gott; denn mit dem Maß, damit du missest, soll dir wieder mit gemessen werden. Mit dieser Richtschnur und Winkelmaß hat Gott die ganze Welt gezeichnet; welche nun darnach leben und thun, wohl denen, denn Gott verlohnets ihnen reichlich hie in diesem Leben, und derselbigen Belohnung kann sowohl ein Türk und Heide teilhaftig werden als ein Christ."

Wer Gottes Wort lehren und bekennen will, der darf nicht Ehre, sondern das heilige Kreuz gewarten.

„Was unser Herr Gott den Leuten in der Welt für Gaben gibt, da nimmst man ihm die Ehre davon; also rühmen sich die Leute Guts, Gewalts, Reichthums, Weisheit, Kunst usw. Das läßt unser Herr Gott also passiren und leidets, allein Gottes Wort und die Religion ists (so sie anders rechtschaffen, rein und unverfälscht ist), da er allein will die Ehre von haben und behalten, wie billig. Darum hänget er uns, die wir rechtschaffene treue Lehrer sind, an den Hals das liebe Kreuz, Schmach, Verfolgung, die Welt und den Teufel, die uns in Demuth erhalten, und er ja allein die Ehre behalte, und wir nicht hoffärtig werden. Derhalben reimet es sich eben, wenn einer in Theologia und bei Gottes Wort will Ehre und Gut suchen, als wollt er Kohlen aus einem feurigen Ofen nehmen; der würde sich gewißlich verbrennen. Darnach wisse sich ein jeder Theologus zu richten, ja ein jeder Christ; anders wird nicht daraus, will er anders nicht ein falscher Lehrer und Maulchrist sein."

„Die Schrift verstehet man nicht, man erfahre es denn im Kreuz."

Gottes Worts Art.

„Gottes Wort ist zur Zeit des Herrn Christi und der Apostel ein Lehrwort gewesen, das man allenthalben in der Welt geprediget hat. Darnach unter dem ganzen Papstthum ist es nur ein leserlich Wort gewesen, das man allein gelesen und nicht verstanden hat. Aber nun ist es streitbar worden, das da um sich schlüget und hauet, und will seine Feinde nicht länger leiden, sondern es räumet sie aus dem Wege."

Durch wen Gott sein Wort erhalte.

„Unser Herr Gott wird sein Wort und Sprach auf Erden erhalten durch die Schreibfeder; die Theologen sind der Kopf oder der Kiel von der Feder, die Juristen aber der Strumpf. Wenn nun die Welt den Kopf oder Kiel von der Feder nicht will behalten, das ist, die Theologen und Prediger nicht hören, so muß sie doch den Strumpf, das ist die Juristen, behalten, und diese werden sie recht Mores lehren."

Gottes Wort soll man nicht nach den Früchten und Leben der Zuhörer urteilen.

„Die Schwärmer," sagt Doctor Martinus Luther, „sind unsinnige Narren und fehlen weit, und werden samt allen denen, die Gottes Wort aus den Früchten der Zuhörer urtheilen und richten wollen, schändlich betrogen. Denn also schreien sie: Ja, zu Wittenberg werden die Leute nichts frömmer aus der Predigt des Evangelii, und dieweil die Leute nichts frömmer werden, so muß die Lehre nicht recht sein. Darum sprechen sie: Das Evangelium hören ist nicht genug, sondern man muß auch etwas mehr thun, nämlich Weib und Kind verlassen, einen Hut und grauen Rock tragen, und eigene Gerechtigkeit erwählen. Das, sagen sie, ist die rechtschaffene Rechtfertigung, also wird man vor Gott fromm und gerecht. Verachten also Gottes Wort, dieweil es nicht in Allen Frucht bringet."

Niemand ärgere sich an der einfältigen Rede der heiligen Schrift.

„Ich bitte und vermahne treulich einen jeglichen frommen Christen, daß er sich nicht ärgere noch stoße an den einfältigen Reden und Geschichten, so in der Bibel stehen, und zweifele nicht daran; wie schlecht und albern es immer sich ansehen lässet, so sinds doch gewiß eitel Wort, Werk, Geschicht und Gerichte der hohen göttlichen Majestät, Macht und Weisheit. Denn dies ist das Buch, das alle Weisen und Klugen zu Narren machet und allein von den Albernen und Einfältigen kann verstanden werden, wie Christus saget Matth, am II. Kapitel (V. 25). Darum laß dein Dünkel und Fühlen fahren und halte viel von diesem Buch, als von dem allerhöchsten, edelsten Heilthum, auch als von der allerreichesten Fundgruben, die nimmermehr genug ausgegründet noch erschöpft werden mag. Auf daß du darinnen die göttliche Weisheit finden mögest, welche Gott in der Bibel so albern und schlecht vorleget, auf daß er aller Klüglingen Hochmuth dämpfe und zu Schanden mache. In diesem Buch findest du die Windeln und Krippen, darinnen Christus lieget, dahin auch der Engel die Hirten weiset. Es sind wohl schlechte und geringe Windeln, aber theuer ist der Schatz Christus, so darinnen lieget."

Klage D. Luthers über die Menge der Bücher, und Vermahnung, daß man die Bibel wohl lesen solle.

Doctor Luther klagte einmal über die Menge der Bücher, daß des Schreibens kein Ende noch Maß wäre und ein Jeglicher wollte Bücher machen, und sprach: „Eines Theils thätens aus Ehrgeizigkeit, daß sie auch wollten gerühmet sein und einen Namen davon bekommen. Etliche aber thätens um Genießes und Gewinstes willen, und förderten also solch Übel. Also wird durch so viel Comment und Bücher die liebe Bibel begraben und verschorren, daß man des Textes gar nicht achtete. Da doch in allen guten Künsten und Facultäten diejenigen die aller besten sind, so im Text wohl belesen und gegründet wären. Denn im Rechten ist der ein guter Jurist, welcher im Text wohl geübet und bekannt ist; jetzt aber begeben sie sich auch bald auf die Scribenten und Comment. Da ich jung war, gewöhnet ich mich zur Biblia, las dieselbe oftmals, und machete mir den Text gemein; da ward ich darinnen also bekannt, daß ich wußte, wo ein jeglicher Spruch stünde und zu finden war, wenn davon geredet ward; also ward ich ein guter Textualis. Darnach erst las ich die Scribenten. Aber ich mußte sie zuletzt alle aus den Augen stellen und wegthun, dieweil ich in meinem Gewissen damit nicht konnte zufrieden sein, und mußte mich also wieder mit der Bibel würgen; denn es ist viel besser, mit eigenen Augen sehen, denn mit fremden. Darum wollt ich auch wünschen, daß alle meine Bücher neun Ellen in die Erde begraben würden um des bösen Exempels Willen, daß mir sonst ein Jeglicher will Nachfolgen mit viel Bücher schreiben, dadurch einer denn will berühmet sein. Nein, Christus ist um unserer eitel Ehre willen nicht gestorben, daß wir Ruhm und Ehre hätten, sondern er ist gestorben, auf daß allein sein Name geheiliget würde.“

Von der Bibel.

„Ich hab genug geschrieben. Schreib ein andrer auch! Doch wenn ich könnte ein Buch schreiben, das jedermann lesen wollte, so möchte ich noch ein Buch schreiben. Es fehlt an Lesern; will man doch dem heiligen Geist sein Buch nicht lesen. Ich wills einem Andern befehlen.“

Gottes Wort wird ohne Anfechtung nicht gelernet.

Doctor Luther sprach einmal: „Meine Theologiam hab ich nicht gelernt auf einmal, sondern ich habe immer tiefer und tiefer darnach forschen müssen. Da haben mich meine Anfechtungen dazu gebracht; denn die heilige Schrift kann man nimmermehr verstehen, außer den Praktiken und Anfechtungen. Solches fehlet den Schwärmern und Rotten, daß sie den rechten Widersprecher, nämlich den Teufel, nicht haben, welcher es einen wohl lehret. Also hat S. Paulus auch einen Teufel gehabt, der ihn hat mit Fäusten geschlagen, und also ihn getrieben hat mit seinen Anfechtungen, fleißig in der heiligen Schrift zu studiren. Also hab ich den Papst, die Universitäten und alle Gelehrten und durch sie den Teufel mir am Halse kleben gehabt; die haben mich in die Bibel gejagt, daß ich sie hab fleißig gelesen und damit ihren rechten Verstand endlich erlanget. Wenn wir sonst einen solchen Teufel nicht haben, so sind wir nur speculativi Theologi, die schlecht mit ihren Gedanken umgehen und mit ihrer Vernunft allein speculiren, daß es so und also sein solle; wie etwa die Mönche in den Klöstern auch gethan haben.

Kann man doch andre gute Künste oder Handwerke nicht lernen ohne Übung. Was wäre doch das für ein Medicus oder Arzt, der stets für und für allein in Schulen bleibet und liefet? Er muß wahrlich die Kunst in Brauch bringen und anfahen, sie zu prakticirn, und je mehr er denn mit der Natur handelt, je mehr siehst und erführet er, daß er die Kunst noch nicht recht und vollkommen hat. Also muß auch ein Jurist und ein jeglicher Handwerksmann und Künstler thun; was sollt denn solches in der heiligen Schrift nicht sein, da unser Herr Gott gar einen gewaltigen Widersacher hat?

Es ist auch eine große Gnade Gottes, daß einer ein gewissen Text der Bibel für sich hat, davon er kann sagen: Das ist recht, das weiß ich gewiß. Die Leute meinen, sie können's bald Alles, wenn sie eine Predigt gehöret haben. Zwinglius meinete auch, er wüßte es wohl, es wäre eine schlechte Kunst. Ich aber weiß, daß ich das Vater Unser noch nicht recht kann, wie ein gelahrter alter Doctor ich sonst bin oder sollte sein. Ohne Übung und Erfahrung kann Niemand gelehrt sein. Derhalben hat jener Bauer wohl gesaget: Harnisch ist gut, wer ihn weiß recht zu gebrauchen. Also ist die heilige Schrift auch gewiß an ihr selbst genug, aber Gott gebe, daß ich den rechten Brauch auch erhasche und treffe; denn wenn der Satan mit mir disputiret, als: ob mir Gott auch gnädig sei? so darf ich diesen Spruch wider ihn nicht führen, daß, wer Gott liebet von ganzem Herzen, von ganzer Seele und von allen Kräften usw., der wird Gottes Reich besitzen. Denn der Teufel wirft mir balde vor und rucket mir auf und spricht: Du hast Gott nicht geliebet, wie mich denn dieß mein Gewissen überzeuget; sondern ich muß den Spruch ergreifen und wider den Teufel gebrauchen, daß Jesus Christus für mich gestorben ist, denn durch den hab ich einen gnädigen Vater, derselbige hat mich ihm versühnet, und wie S. Paulus 1. Kor. 1. (V. 30) sagt, so ist er mir von Gott gegeben zur Weisheit, zur Gerechtigkeit, zur Heiligung und zur Erlösung."

Wahrhaftige Christen sind bereit, den Tod und alles Unglück um des Evangelii willen zu leiden, aber Heuchler fliehen das Kreuz.

Doctor Luther sagte: „er hatte einen Tischgänger zu Wittenberg gehabt mit Namen Matthias de Vai, einen Ungar, welcher auch in Lutheri Haus zu Wittenberg gewohnet hatte. Dieser, nachdem er heim in Ungarn kommt und allda ein Prediger wird, da war er mit einem Papisten-Prediger uneins worden. Als nun der Papist ihn vor dem Mönch Georgen, des Woida Bruder, damals Statthaltern und Regenten zu Ofen, verklagt, wie nun in dem Verhör einer den andern hart verdammet hatte und der Mönch die Parten nicht konnte eins machen, denn es wollte ein jeglicher recht haben, da saget der Mönch George: Harret, ich will bald erfahren, welchs Theil recht habe oder nicht. Und fähret zu und setzet zwo Tonnen Pulvers auf den Markt zu Ofen, und spricht: Wer seine Lehre vertheidigen will, daß sie recht sei und das wahrhaftige Wort Gottes, der setze sich auf der Tonnen eine, so will ich Feuer unterstoßen; welcher denn lebendig bleibet, wenn das Feuer mit dem Pulver angehet, daß er nicht verbrennet, deß Lehre ist recht. Da springet Matthias von Vai flugs auf der Tonnen eine und setzt sich drauf, aber der Papist wollt mit seinem Beistand nicht auf die andere Tonne. Da saget der Mönch George: Nun sehe ich, daß der Glaube und Lehre des Vai recht und euer, der Papisten, Religion falsch ist; strafete denselbigen papistischen Pfaffen und seinen Beistand um vier tausend ungarische Gülden, und mußten ihm eine Zeit lang zwei hundert Kriegsknechte besolden und unterhalten; aber den Matthiam de Vai ließ er öffentlich das Evangelium predigen."

Und sagete D. Luther drauf: „Es will auf der papistischen Seiten keiner ins Feuer sich wagen, aber unsere Leute gehen getrost ins Feuer, ja in den Tod; wie man vorzeiten an den heiligen Märtyrern S. Agnes, S. Agatha, Vincentio und Laurentio erfahren. Sollte man die Papisten jetzt um ihrer Lehre und Religion willen zum Feuer treiben, o wie viele würden ihrer abfallen. Sie sind Märtyrer active, nicht passive. Kaiser, Könige, Fürsten und Herrn verjagen und ermorden jetzt die Christen, so nimmet der Türk sie an, vertheidiget, schützet und handhabet sie. Die Papisten wollen das Reich Christi nicht, so haben sie das Reich des Teufels.“ Solches redete D. M. Luther zu Eisleben Anno 1546 kurz vor seinem Tode, und saget ferner: „Wir sind in der Welt geachtet wie die Schlachtschafe.“

„Nähest sind zu Paris auf einmal zween vom Adel und zween Magistri um des Evangelii willen verbrannt worden; da haben die Theologen den König von Frankreich vermocht, daß er selbst das Feuer mit einem Strohwisch angezündet hat. Wir sind wie ein Haufen Schafe, die nicht auf die Weide gehen, sondern im Stall stehen und warten, wenn sie an den Spieß oder in den Topf gesteckt werden.“

II. Tischreden Doctor Martin Luthers von Gottes Werken

Daß die Vernunft Gottes Werke nicht verstehet, noch begreifen kann.

Doctor Luther sagte: „Alle Werk Gottes sind unausforschlich und unaussprechlich, keine Vernunft kann sie aussinnen, allein der Glaube fasset sie ohne alle menschliche Kräfte und Zuthun; welches man alsdenn verstehet und erfähret, wenn man allein bedenkt, wozu das Stroh gut und nütze ist.

Auf eine andere Zeit sprach Doctor Martinus Luther: „Glauben, daß Gott ein Schöpfer sei, ist menschlicher Vernunft unmöglich; denn wenn wirs glaubten, so wüßten wir, daß er so gewaltig ist, daß er nur mit einem Wort und in einem Augenblick die ganze Welt könnte in einen Haufen reißen, gleich wie ein Töpfer einen Topf zerbrechen und zerschmettern kann. Aber wir glaubens nicht, und wir setzen wider Gott unsere Weisheit und Macht, darum glauben wir nicht, daß er ein Schöpfer sei. Summa, Niemand kann Gott in seiner Majestät begreifen oder erkennen, darum hat er sich herunter gelassen in die allergeringste Gestalt, und ist Mensch worden, ja zur Sünde, zum Tode und Schwachheit selbst worden. Er ist klein genug worden da er Knechts Gestalt an sich genommen hat, wie Sanct Paulus zu den Philippern (2, 7) saget. Aber wer kanns glauben? Wir meinen, der türkische Kaiser sei viel mächtiger, Erasmus viel gelehrter, ein Mönch viel frömmer, denn Gott ist. Alle Werke Gottes sind öffentlich am Tage und doch unbegreiflich und unausforschlich. Denn wer kann sagen, wie Gott das allerkleinste Ding und die geringste Creatur geschaffen habe, als wie er hatte einem Floh oder Laus die Augen und Beine gegeben; oder wie im Menschen ein Auge sehe; oder wie es zugehe, daß ein Weib Milch in Brüsten habe und ein Kind im Leibe trägt, wie und von wem es gewartet wird? Am jüngsten Tage werden wirs sehen, und alle so hübsch sein, als Adam und Eva vor dem Fall waren, ja zehnmal schöner; wie denn solches jetzt vor Gott ist, als wäre es allbereits geschehen.

In Summa, in allen, auch den allerkleinsten Creaturen, ja auch in ihren Gliedern scheinet und siehst man öffentlich Gottes Allmacht und große Wunderthaten. Denn welcher Mensch, wie gewaltig, weise und heilig er auch ist, kann aus einer Feige einen Feigenbaum oder eine andere Feige machen? oder aus einem Kirschkern einen anderen, oder aber einen Kirschbaum schaffen? oder auch wissen, wie Gott Alles schaffet, wachsen lässet und erhält?

Und zwar in allen guten Künsten und Creaturen findet und siehst man gedruckt die heilige göttliche Dreifaltigkeit, als Gottes des Vaters Allmacht, Gottes des Sohnes Weisheit und Gottes des heiligen Geistes Güte. Weil wir aber nicht können recht begreifen oder verstehen, wie es zugehet, daß der Augapfel siehet; item, wie unterschiedene und deutliche vernehmliche Wort gehört und geredet werden, wenn die Zunge im Munde bewegt und gereget wird, welches doch natürliche Ding sind, die wir täglich sehen und damit wir umgehen, wie sollten wir denn den feierlichen Rath der göttlichen Majestät können begreifen und erforschen mit unsrer Vernunft?“

Gottes Wunderwerk siehet man in den kleinsten und geringsten Creaturen.

Doctor Martinus sagte: „Die größesten Wunderwerk Gottes werden in den allerkleinsten und unachtsamsten Creaturen und Dingen gesehen. Als an einer reifen Birn oder Apfel, welche, ehe sie reif ward, vor einem halben Jahre zuvor ohngefähr zu rechnen, da war sie tiefer, denn sie lang und groß ist, unter der Erden und saß im äußersten Wipfel der Wurzel.“

Sonst saget auf ein andermal Doctor Martinus Luther auf Eines Frage: Ob Gott außer, über und doch in allen, auch in den geringsten Creaturen wäre, als im Gräslein und Blättlein an Bäumen? und sprach: „Gott ist an keinen Ort gebunden, er ist auch an keinem ausgeschlossen; er ist an allen Orten, auch in der geringsten Creatur, als in einem Baumblatt oder in einem Gräslein, und ist doch nirgend. Nirgend verstehe greiflich und beschlossen; an allen Orten aber ist er, denn er schaffet, wirket und erhält alle Ding.

Wie ist er aber in allen Creaturen? wesentlich, oder durch seine allmächtige Kraft? Er ist auf beiderlei Weise in einer jeden Creatur; denn wie gesagt, er schafft, wirkt und erhält Alles. Andere Creaturen wirken ihrer Eigenschaft nach, Gott aber gegenwärtig und wesentlich."

Eine andere Frage.

Da Einer fragt: Warum Gott viel täte, deß man weder Ursach finden, anzeigen noch verstehen könnte? „Ach!" sagt Doctor Martinus, „wenn wir schon nicht Alles, was Gott macht, wissen oder verstehen, liegt nicht Macht daran, er will auch nicht, daß wir wissen sollen, was er vor hat. Wie er zu Petro sprach Joh. am 13. Kap. (V. 36): Was ich thue, das weißest du nicht, du wirsts aber hernach (nämlich an jenem fröhlichen Tage) erfahren. Da werden wir erst recht erkennen, wie treu und freundlich es der liebe Gott mit uns gemeinet hat, wenn gleich Unglück, Angst und Noth vorhanden gewesen. Indeß sollen wir uns gewiß zu ihm versehen, daß er es gut mit uns meine und uns nicht werde verderben lassen weder an Leib noch Seele, sondern also mit uns handeln, daß uns Alles, es sei gut oder bös, zum Besten dienen muß.

Wir Narren können nicht gründlich Ursach anzeigen, wie die Rede in unserm Munde entstehet, wie es zugehet, daß eines einigen Menschen Stimme von so viel Tausenden deutlich gehört wird, und wir mit unsern Augen so weit und fern sehen allerlei Farbe, und was wir vor uns im Gesicht haben, nichts ausgenommen, deutlich fassen und unterscheiden können; item wie Brod, Speis und Trank, so wir täglich genießen, in unserm Leibe so in kurzer Zeit in Fleisch und Blut, Harn und Mist verwandelt wird.

So wir, sage ich, in diesen geringen Dingen, so bei und in uns täglich geschehen, nicht gründlich Ursach können anzeigen, wie sind wir denn so vermessen und unsinnig, außer uns über die Wolken zu flattern, von göttlicher

Majestät Wesen und Willen zu speculiren, die unsrer blinden tollen Vernunft viel zu hoch, unbegreiflich und unerforschlich ist?

S. Hilarius setzt ein fein Wort: Wir geben uns zufrieden, spricht er, daß wir nicht wissen, wie es mit unserm Leibe zustehet, und wollen doch die Gottheit ausspeculiren. Das thuts aber nicht, da werden eitel Gemsensteiger aus, die stürzen und brechen den Hals. Darum rathe ich treulich, daß man höre, was Gott durch sein Wort uns saget, und uns nach demselben richten, sonst ist alle Mühe und Arbeit vergebens und wir sind verloren."

Eine andere Frage.

Da Einer fragte: Wo Gott gewesen wär, ehe der Himmel geschaffen ward? Darauf antwortet S. Augustinus: Er sei in ihm selber gewesen. Da er weiter forschet, sprach Doctor Martinus: „Er hat den müßigen fürwitzigen Flattergeistern die Hölle gebauet. Nachdem er nun alle Creaturen erschaffen hat," sagte er weiter, „ist er allenthalben und doch nirgend; denn ich kann ihn nicht fassen noch ergreifen ohn das Wort durch meine Gedanken; da aber lasset er sich gewiß finden, dahin er sich gebunden hat. Die Jüden fanden ihn zu Jerusalem bei dem Gnadenstuhl, Exodi am 25. Kap. (V. 17), wir im Wort und Glauben, in der Tauf und Sacrament; in der Majestät aber ist er nirgend zu finden.

Und ist eine große Gnade gewesen im alten Testament, da sich Gott an einen gewissen Ort gebunden hat, da er sich hat lassen finden, nehmlich an dem Ort, da der Gnadenstuhl war, gegen welchen sie beteten, als erstlich zu Silo und Sichem, darnach zu Gibeon und zuletzt zu Jerusalem im Tempel.

Solchem haben die Griechen und andere Heiden mit der Zeit nachgeahmet, ihren Götzen auch an gewissen Orten Tempel gebauet, als zu Epheso der Diana, zu Delphis dem Apollo usw. Denn wo unser Herr Gott eine Kirche bauet, da bauet der Teufel eine Kapelle hintennach. Auch haben sie das von den Juden genommen, daß wie das Allerheiligste finster war und kein Licht hatte, also haben sie demselben nach die Oerter, da der Teufel Antwort gab, als zu Delphis und anderswo, auch dunkel und finster gemacht. Also ist der Teufel allezeit unsers Herrn Gottes Affe.

Daß aber das Allerheiligste mußte finster sein, hat bedeut, daß Christus Reich allein durchs Wort und Glauben, sonst durch kein ander Weise zu finden und zu begreifen ist."

Überfluß der zeitlichen Güter hindert den Glauben.

„Gott könnte bald und leichtlich reich werden, wenn er sich besser vorsähe und versaget uns seiner Creaturen Brauch. Wenn er jetzt die Sonne aufhielt, daß sie nicht scheinen könnte, ein andermal die Luft einschlösse, auf ein ander Zeit das Wasser aufhielte, darnach das Feuer auslöschte, da würden wir gerne alles Geld und anders, was wir hätten, heraus geben, daß wir solcher Creaturen wieder gebrauchen möchten.

Weil er aber so mildiglich und häufig uns mit seinen Gaben und Gütern überschüttet, wollen wirs für ein Recht haben; Trotz ihm, daß ers uns versagen dürfte! Darum verhindert und verfinstert die unaussprechliche große Menge seiner unzähligen Wohlthaten den Glauben auch der Gläubigen, will geschweigen der Gottlosen."

Gott verdienet mit seinen Wohlthaten nur eitel Undank.

„Gott gibt Sonn und Mond, Sterne und Elemente, Feuer und Wasser, Luft und Erden, und alle Creaturen, Leib und Seel, und allerlei Nahrung an Früchten, Getreide, Korn, Wein, und Alles, was uns nütz und noth ist, zu erhalten dies zeitliche Leben. Und darüber gibt er uns noch dazu sein liebes Wort, ja sich selber. Was verdienet er aber damit? Nichts anders, denn daß er dafür geschändet und gelästert wird, ja sein lieber Sohn jämmerlich verhöhnet, verspottet und an den Galgen gehenkt wird, und seine Diener geplaget, verjaget, verfolget und getödtet werden. Das ist der Dank, daß er uns aus Gnaden geschaffen, erlöset, geheiliget, ernähret und erhalten hat. Ein solch Kräutlein, Früchtlein und fromm Kindlein ist die Welt. O, wehe ihr!"

Daß Gott schier alle seine Titel und Namen verloren hab.

„Gott wird jetzt endlich dafür angesehen und gehalten, als habe er alle seine Titel und Namen verloren; denn es scheinet, als wäre er ohnmächtig, machtlos und hülflos wider die Gewaltigen dieser Welt, und muß auch sein ein Narr und rathlos wider die Weisen und Klugen; so muß er auch sein gleich als ein Geselle der Bösen, der doch von Natur fromm und gut ist. Aber daran muß man sich nicht kehren, sondern solches Alles aus den Augen und Herzen thun; denn Alles, was Gottes ist, das ist und bleibet dieser Welt verborgen, wie geschrieben stehet 1. Corr. 1 (V. 18). Seine Macht wird angesehen und gehalten für Schwachheit, seine Weisheit für Thorheit, und seine Güte und Frommheit für eitel Bosheit."

Auf ein andere Zeit redete Doctor Martinus Luther eben davon, wie Gott von der Welt gehalten und angesehen würde, und sprach: „Allein Gott ist ein Sünder, und sonst Niemand; alle Menschen sind dagegen gerecht und Alles. Allein der Vater ist ohnmächtig und machtlos; denn die Menschen sind gewaltig und mächtig, als die Tyrannen, welchen Gott nicht widerstehen kann. Allein der Sohn ist ein Narr; denn die Menschen sind klug und weise, als die Ketzer, welchen der Sohn nicht kann antworten. Allein der heilige Geist ist gottlos; denn die Menschen sind gottfürchtig; wie sich denn also die falschen Brüder auch stellen, und ihnen der heilige Geist nicht kann genug thun für ihre Sünde. Also wird Gottes Kraft stark in Schwachheit, die in unsrer Stärke und Macht schwach wird. Darum so lasset uns gerne in uns selbst schwach sein, auf daß wir in Gott stark werden."

Daß Gott wohl könnte reich werden.

„Gott könnte wohl reich werden, wenn er's thun wollte; er will aber nicht. Denn wenn er zum Papst, Kaiser, Königen, Fürsten, Bischöfen, zu Doctoren, reichen Kaufmännern, Bürgern und Bauern käme, und sagte: „Du sollst diese Stunde sterben, da du mir nicht hunderttausend Gulden würdest geben", da würde ein Jeglicher sagen: Ja, von Herzen gern, wenn ich nur mag leben. Aber nun sind wir solche undankbare Unfläther, daß wir ihm für so viel und große Wohlthaten, die wir täglich reichlich und aus lauter Güte und Barmherzigkeit empfahen, nicht ein Deo gratias singen. Ist das nicht eine Schande? Noch lässet sich der gütige Vater dadurch nicht abschrecken, sondern thut uns immer wohl und alles Gute. Wenn er aber in seinen Gaben auszutheilen und zu geben kärger wäre, so würden wir ihm dankbarer sein. Als wenn er einen jeglichen Menschen nur mit einem Beine oder Fuße ließ geboren werden, und gäbe ihm hernach im siebenten Jahre das ander Bein; im vierzehnten Jahre gäbe er ihm erst eine Hand, und im zwanzigsten Jahre die ander Hand: so würden wir Gottes Wohlthaten und Gaben besser erkennen, auch viel lieber und werther halten, und Gott dankbarer sein, wenn wir derselbigen eine Zeitlang mußten beraubet sein und entbehren. Nun aber überschütt uns Gott, und gibt uns seine Gaben schier alle auf einen Haufen. Jetzt hat er uns ein ganz Meer voll seines Worts geschenkt; er gibt uns auch allerlei Sprachen und gute freie Künste umsonst; allerlei gute Bücher kauft man jetzt wohlfeil und um ein gering Geld; dazu gibt er gelahrte Leute, die da fein ordentlich und richtig lehren können, also daß ein junger Knab, der anders nicht gar ein Tölpel ist, in einem Jahr mehr studieren und lernen kann, denn zuvor in etlichen viel Jahren. So wohlfeil ist jetzt die Kunst, daß sie schier muß nach Brod gehen. Wehe uns, daß wir so faul, unachtsam nachlässig und undankbar sind! Aber Gott wird seine milde Hand und Barmherzigkeit wieder zuschließen und uns kärglich und spärlich genug geben, daß wir darnach werden Rotten, Secten, Lügenprediger und Spötter Gottes wiederum werden anbeten müssen und sie auf den Händen tragen, weil wir jetzt sein Wort und Diener also verachten."

Wie es Gott mit uns machet, so taugts nicht?

„Wie solls doch Gott mit uns machen? Gute Tage können wir nicht ertragen, böse können wir nicht leiden! Gibt er uns Reichthum, so stolziren wir und werden hoffärtig, daß schier Niemand kann mit uns auskommen, und wollen nur auf den Händen getragen sein und als Götter angebetet werden. Gibt er uns aber Armuth, so verzagen wir, werden ungeduldig und murren wider ihn. Darum ist nichts besser, denn nur balde mit den Schaufeln uns zum Tanze geleitet. Daher hat jener recht gesagt, der gesprochen hat: Unglück in und von der Welt wollt ihr nicht leiden, und von ihr wollt ihr euch doch nicht scheiden. Wie solls denn Gott mit euch machen? Was soll er thun, der seinen einigen Sohn für euch dahin gegeben hat? Warum fürchtet ihr euch denn, zu ihm aus der Welt zu ziehen, der euch geliebet hat und für euch gestorben ist? Meinet ihr, der Teufel oder die Welt werde das für euch und um euer willen thun, was Gott für euch gethan hat? O nein, lange nicht!"

Wie Gott mit den rechten Heiligen handele.

„Gott ist wundersam in seinen Heiligen, und handelt wunderbarlich mit ihnen wider alle menschliche Weisheit und Vernunft, auf daß die Gottesfürchtigen und Christen lernen an unsichtlichen Dingen hangen und durch die Mortification wieder lebendig werden. Denn Gottes Wort ist ein Licht, das an einem finstern Orte scheinet, wie alle Exempel des Glaubens anzeigen. Esau war verflucht, und ging ihm gleichwohl glückselig und wohl, er war Herr im Lande, und Priester in der Kirchen; Jacob aber mußte flüchtig werden und in einem andern Lande im Elende wohnen."

Davon sagte D. Luther auf eine andere Zeit: „Gott gehet mit den Gottfürchtigen und Christen schier um gleich als mit den Gottlosen und Unchristen, ja zuweilen wohl ärger. Er thut nicht anders, denn gleich wie ein Hausvater mit seinem Sohne und Knechte handelt. Den Sohn sträupt und schlägt er viel mehr und öfter, denn den Knecht, doch sammlet er ihm einen Schatz zum Erbe; aber einen bösen, ungehorsamen Knecht schläget er mit der Ruthen nicht, sondern er stößet ihn hinaus vor die Türe, und gibt ihm nichts vom Erbteil. Sonst kann ich dieß Argument nicht solviren, warum Gott seine lieben Kinder in der Welt durch die Rolle lässet laufen, Panzer fegen und plagen; den Gottlosen aber gibt er Alles vollauf und genug, daß sie es nach aller Lust im Sause gebrauchen ohne Widerwärtigkeit."

Gottes Güte, wenn man ihm könnte vertrauen.

Gegen dem Abend kamen zwei Vöglein, die in des Doctors Garten ein Nest machten, geflogen, waren aber oft von denen, so vorüber gingen, gescheucht. Da sprach der Doctor: „Ach, du liebes Vöglein, fleuhe nicht! ich gönne dirs von Herzen wohl, wenn du mirs nur glauben könntest. Also vertrauen und glauben wir unserm Herrn Gott auch nicht, der uns doch alles Gute gönnet und erzeiget; er will uns ja nicht todtschlagen, der seinen Sohn für uns gegeben hat."

Gott ist geduldig.

„Gott ist geduldig, langmüthig und barmherzig, daß er so schweigen kann und den ärgesten Buben so lange zusehen, und sie ungestrafet lässet hingehen. Ich könnts nicht thun."

Gott hält uns viel zu gut.

„Kann mir unser Herr Gott das schenken, daß ich ihn wohl zwanzig Jahr gekreuziget und gemartert hab mit Meßhalten, so kann er mir das auch wohl zu gute halten, daß ich bisweilen einen guten Trunk thue ihm zu Ehren; Gott gebe, die Welt lege es aus, wie sie wolle.“

Gottes und des Teufels Kanzelei.

„Unser Herr Gott und der Teufel haben zweierlei Kanzleien, die nicht übereinstimmen, sondern gar wider einander sind. Unsers Herrn Gottes Kanzlei schreckt erstlich, darnach richtet sie auf, und tröstet wieder. Und das darum, daß das Fleisch oder der alte Mensch getödtet werde, und der Geist oder neu Mensch lebe.

Der Teufel aber kehrets um, Gott zu Verdrieß, braucht gar einer widersinnischen Weise, macht aufs Erste die Leute sicher und kühne, daß sie ohn alle Scheu, Furcht und Schrecken unrecht thun und sündigen; und nicht allein in Sünden verharren, sondern Freude und Lust daran haben, und denken, sie richtens wohl aus.

Zuletzt aber, wenns übel zugehet, oder Streckbein kömmet, da betrübt und schrecket er ohn alle Maße; schüret zu, daß entweder der Mensch vor großem Leid stirbet, oder des bösen Gewissens halben endlich sich selber umbringet, und ohn allen Trost gelassen wird, an Gottes Gnade verzweifelt.“

Gott, und nicht Geld, erhält die Welt.

„Allein Gott nähret und erhält uns, nicht Geld und Gut; denn Reichthum und viel Geld macht hoffärtige und faule Leute. Wie zu Venedig, da die Allerreichsten sind, eine gräuliche große Theuerung einfiel, auch bei unserm Gedenken, also, daß sie mußten den Türken um Hilf anrufen; der schickt ihnen 24 Galeen voller Getreides, welche allzumal, da sie nun schier waren ankommen, hart vor Venedig im Meer untergingen und ersoffen vor ihrem Angesicht.

Darum kann groß Geld und Gut den Hunger nicht stillen, noch ihm rathen, sondern verursacht mehr die Theurung. Denn wo reiche Leute sind, ist es allezeit theuer. Zu dem macht das Geld Niemand recht fröhlich, sondern macht einen viel mehr betrübt und voller Sorgen; denn es sind Dornen, so die Leute stechen, wie Christus den Reichthum nennet. Noch ist die Welt so thöricht, und will alle ihre Freude darinnen suchen."

Gottes heimliche Räthe soll man nicht wissen, noch darnach grübeln.

„Wer der hohen göttlichen Majestät Räthe oder Werke so genau und scharf erforschen und ausgründen will, außer und ohne sein Wort, der unterstehet sich, den Wind mit Löffeln zu messen, und das Feuer auf Wagen zu wägen. Gott handelt und wirket bisweilen mit sonderlichem wunderbarlichem Rath und Weise über unser Vernunft und Verstand; verdammet diesen, jenen macht er gerecht und selig. Darnach zu forschen gebühret uns nicht, warum er's thue, sondern wir sollen uns deß zu Gott versehen, und gläuben, daß er's nicht thue ohne gewisse Ursach. Und zwar er wäre wahrlich gar ein armer Gott, wenn er einem jeglichen Narren müßte Ursach anzeigen und Rechnung geben, warum er dies oder jenes Werk thäte. Wir wollen uns an seinem Wort genügen lassen und damit zufrieden sein, in welchem er uns seinen Willen offenbaret hat."

Gott strafet und kann ihm Niemand entlaufen.

„Es ist nicht auszureden, wie gottlos und böse die Welt sei. Welches man daraus wohl merken und sehen kann, daß Gott die Strafen nicht allein gemehret hat, sondern hat auch einen solchen Haufen Sträfer und Henker geordnet, die seine Unterthanen strafen sollen, als die bösen Geister, Tyrannen, böse Buben und Weiber, ungerathene Kinder, wilde Thier, Unziefer, Krankheiten usw., noch wollen wir nicht bändig werden.

Besser ists, daß Gott mit uns zürne, denn wir mit ihm; denn er kann balde wiederum versöhnet und mit uns eins werden, denn er ist barmherzig, wenn aber wir mit ihm zürnen, so ist der Sachen nicht zu helfen."

Gottes leibliche Gaben achtet man gering.

„Die großen und mancherlei Gaben Gottes überschütten und blenden uns und machen, daß wir sie so gering achten, auch die allergrößten, darum, weil daß sie so gemeine sind. Es geschiehet unserm Herrn Gott, gleich wie den Aeltern mit ihren kleinen Kindlein, die achten des täglichen Brods nicht so viel, aber ein Apfel, Birn und ander Obst das wird von ihnen groß geachtet."

Ein anders.

Da Doctor Martinus sähe das Vieh im Felde gehen an der Weide, sprach er: „Da gehen unsere Prediger, die Milchträger, Butterträger, Käseträger, Wollenträger, die uns täglich predigen den Glauben gegen Gott, daß wir ihm, als unserm Vater, vertrauen sollen, er sorge für uns und wolle uns ernähren."

Wie Gott Meister bleibe.

„Willt du wissen, wie Gott Regent und Meister der Leute bleibet? Wenn er die Alten lähmet und die Jungen blendet. Also bleibet er Meister."

Gott nähret alle Tiere.

„Niemand kann ausrechnen, was es Gott gestehet, das er ausgibt, allein die Vögel und schier die, so nichts nütze sind, zu ernähren. Ich halte aber, es koste mehr, nur die Sperlinge ein Jahr zu erhalten, denn der König zu Frankreich ein Jahr Einkommen hat. Was will man nun von den Andern sagen?"

Gott kann alle Handwerke.

„Gott kann alle Handwerke aufs Allerbeste und Fertigste, denn mit seiner Schneiderei macht er einem Hirsch einen Rock, damit er sich bedeckt, und trägt ihn in neun hundert Jahren, daß er nicht zerreißet von ihm selbst. Als ein Schuster gibt er ihm Schuhe an die Beine; die Klauen, die währen viel länger denn er selbst. Also ist er ein Koch zum Feuer, welches ist die Sonne, die alles kocht und gar macht.

Gott gibt diese Welt mit allen seinen Werken den Leuten, die er zuvor weiß, daß sie werden sündigen, böse Schälke und Buben werden, die ihn erzürnen, schänden und lästern. Was meinest du, was er für Güter wird denen geben, die durch den Glauben gerecht sind worden, und weiß, daß sie also gerecht ewiglich bleiben werden?"

Gott will in allen Sprachen gelobet sein.

„Alles, was Odem hat, lobe den Herrn, sagt der Psalm. Daraus folget, daß man Gott in allen Sprachen predigen und loben soll; warum hat denn der Kaiser verboten deutsch zu beten und singen?“

Gott zur Rede setzen.

„Jeremias sagt: Herr, ist das recht, daß die Frommen also geplaget werden von der Welt, Sünde und vom Teufel, die setzen ihnen zu mit aller Gewalt, List und Tücken, und die Gottlosen leben im Sause und haben gute Tage? Bist du ein Gott des Gerichts?

Unser Herr Gott thut, wie wir; er stellet sich, als wollt er lassen regnen, und thut es nicht; wir stellen uns, als wollten wir fromm werden, und thun es doch auch nicht.“

Gott macht menschliche Räthe und Anschläge zunicht.

„Ich kann mich selber nicht regieren,“ sprach Doctor Martinus, „und will die Welt regieren, hab unserm Herrn Gott oft etliche feine Artikel vorgestellt und übergeben, und ihn wollen lehren, aber der fromme Gott hat mich fein lassen in Hintern sehen, daß mein Meistern ist zunichte worden.“

Gott ist viel freundlicher gegen uns, denn ein Vater gegen sein Kind.

„Gott muß mir gewiß viel freundlicher sein und mit mir reden denn meine Käthe mit ihrem Martinchen. Nun kann meine Käthe oder ich meinem Kinde mit Willen ja kein Auge ausstechen oder den Kopf abreißen; also auch Gott, ja viel weniger. Denn er hat gegen seine Gläubigen viel ein gütiger und freundlicher Herz, denn ein Vater und Mutter gegen ihr Kind haben, wie Gott selber sagt im Propheten Jesaia am 49. Kap. (V. 15), da er spricht:

Kann auch ein Weib ihres Kindleins vergessen, daß sie sich nicht erbarme über den Sohn ihres Leibs? Und ob sie desselbigen vergäße, so will ich doch dein nicht vergessen usw. Aber Gott muß Patienz und Geduld mit uns haben. Nun, er hats dahin gesetzt, ja seinen eingebornen Sohn ins Fleisch gesandt und lassen Menschen werden, daß wir uns ja des Besten zu ihm versehen sollen. Ich halt,

Paulus sei ihm selber feind gewesen, daß er nicht hat können gläuben und Christum lieben, wie er gern gewollt hätte.“

Ein anders.

„Wenn ich denke an die große Majestät und Barmherzigkeit Gottes, so erschreck ich selber davor, daß sich Gott so hoch hat herab gelassen.“

Ein anders.

„Ich halt, daß Gott gleich so viel zu schaffen und zu thun hat, daß er ein Ding wieder zu nichts mache, als daß ers schaffe und mache.“ Das sagte Doctor Martinus, da des Mists gedacht ward, und sprach weiter: „Mich wundert, daß man die Welt nicht längst hat voll geschmissen bis an den Himmel.“

Gottes Creaturen, wie sie in den Gottlosen sein.

„Alle Creaturen Gottes sind den Gottlosen zugleich offenbar und verborgen, gleich als wenn man einem Esel Rosmarin zu essen gäbe, so meinete er, er esse Heu. Offenbar aber sind sie ihnen, denn sie sehen sie vor Augen. Verborgen, denn sie sehen und erkennen den Schöpfer in den Creaturen nicht.“

Gottes Zorn ist am größten, wenn er schweiget.

„Böse, kleine Sachen bewegen mich sehr, aber große am wenigsten; denn in solchen gedenk ich also: Laß gehen, denn sie sind zu hoch. Wenn ich dürfte, so wollt ich mich an meinen Feinden am heftigsten damit rächen, wenn ich nur stillschwiege und antwortete ihnen auf ihr Lästern nichts. Das wäre die gräulichste Strafe und Rache. Und zwar hat Gott keinen größern Zorn, denn wenn er schweiget und nicht mit uns redet.“

Warum Gott die Bösen geschaffen hat?

Weil Gott wußte, daß der Mensch nicht würde bleiben in der Würde und Güte, wie er ihn geschaffen hatte, warum hat er denn den Menschen geschaffen?

Antwort: „Ein großer Herr muß in seinem Hause auch Schmeis- und Pinkkacheln haben; die andern, die sein sind, kennet er wohl."

Gott ernähret alle Menschen und Creaturen in der ganzen Welt.

„Wie viel meinet ihr, daß Leute sind, die das Brod erwerben? Ich halte, daß ein Bauer die wenigste Zeit des Korns warte usw., denn sonst gehet er mit seinem Holz um, Gersten, Bräuen usw. Item, der dritte Theil der Aecker träget kaum Korn, noch werden wir ernähret.

Mein Vater sagte einmal zu mir, er glaubte nicht, daß so viel Garben wüchsen, als Menschen auf Erden wären; aber ich glaube, daß mehr Garben wachsen, aber das glaube ich nicht, daß so viel Mandel Korn wachsen, als Menschen sind. Eine Mandel aber gibt kaum einen Scheffel, davon sich kann ein Mensch nicht das Jahr über ernähren, und werden doch alle ernähret, ja, es bleibet noch Getreide übrig, wenns Jahr um ist. Das ist ja ein wunderlich Ding, daran wir sollten Gottes Gnade und Segen spüren."

Gott gönnet uns wohl, daß wir seiner Creaturen brauchen.

„Unser Herr Gott gönnet uns gern, daß wir essen, trinken und fröhlich sind und aller Creaturen brauchen, denn darum hat er sie alle geschaffen. Er will nicht haben, daß wir sollen klagen, er habe uns nicht genug geben, er könne unsern armen Madensack nicht ernähren noch füllen; allein, daß wir ihn für unsern Gott erkennen und für seine Gaben danken."

Da Weintrauben, Nüsse, Pfersingen usw. auf den Tisch nach der Mahlzeit gesetzt worden und Alle mit Lust davon aßen, sprach er: „Was sagt unser Herr Gott droben im Himmel dazu, daß wir also hie sitzen und seine Güter verzehren? Nun, er hats darum geschaffen, daß wir sie brauchen sollen, fodert anders nichts von uns, denn daß wir erkennen, daß es seine Güter sind und ihrer mit Danksagung genießen."

Gott braucht der Bösen zum Guten.

„Gott braucht Alles nur sehr wohl, dagegen der Mensch und Teufel alles Guten schändlich mißbrauchen. Durch heimlich Leiden und Brunst treibet Gott zum Ehestand; denn wenn ein Mensch zum andern nicht Liebe, Lust und Begierde hätte, wer wollte freien? Allein, daß hernach verbotener Lust gesteuert werde, daß der Mann sich nicht an eine Fremde hänge, sondern sich seines Weibes freue und in ihrer Liebe sich ergötze, also auch das Weib.

Durch Ehrgeiz treibt Gott viel, daß sie nach Gut und Ehren trachten, ein groß Ansehen in der Welt haben, zu hohem Stande vor andern vorgezogen werden, zu Regenten, Räthen usw. Wer wollt sich sonst dazu brauchen lassen? Allein, daß der Ehrgeiz darnach aus dem Kreis seines Befehls und Regiments nicht schreite, sondern darinnen bleibe, nach dem nicht trachte, das nicht sein ist, noch den Unterthanen und dem Nächsten Schaden thue, denn es muß eine Neigung und Lust dazu sein.

Durch Geiz zwinget Gott viel, daß sie darauf gedenken, wie sie sich ernähren wollen; wer wollt sonst ohn solche Begierde, etwas Eigens zu haben, arbeiten und ihms sauer lassen werden, daß er zur Nahrung käme? Ja, alle Habe und Güter würden verstieben und zergehen. Allein, daß der Geiz auch in seinem Kreis gehalten werde.

Durch Furcht, Zagen und Zweifeln treibt Gott viel zum Glauben, daß sie sich an Gottes Verheißung halten, derselben sich in Christo trösten, der die Sünder Gott versöhnet hat, daß sie, durch den Glauben gerecht, mit Gott Friede haben. Zu den Römern am 5. Kapitel (V. 1).

Allein Hoffart und Neidhart ausgenommen, die schlecht teufelische Laster sind und bleiben; doch braucht Gott derselben auch wohl zum Guten, aber widersinnisch nicht in denen, die damit befleckt und verblendt sind, sondern in denen, so von den Hoffähigen und Neidischen verfolget werden. Denn also übet Gott seine Heiligen zu ihrem Besten durch den Teufel und seine Gliedmaß.

Dagegen aber mißbrauchet der leidige Satan Gottes und alles Guten; der Keuschheit und Ehelosen Leben zur Heuchelei, der Demuth zur geistlichen Hoffart, der Liebe zu Rotten und Aufruhren, der Güter zur Pracht und Müssiggang."

Weil Gott alle Güter umsonst gibst, achtet man ihrer nicht.

„Wenn unser Herr Gott seine Güter verkaufte, so würde er Gelds genug daraus markten, weil er sie aber umsonst gibt, achtet man ihrer wenig. Als wenn Gott nur ein Jahr nicht Regen gäbe, noch Segen zu allerlei Gewächsen des Erdreichs, würde jedermann klagen, rufen und bitten um einen fruchtbaren Regen, und wenn er um Geld zu kaufen wäre, würde man kein Geld sparen. Nun aber der liebe Vater allerlei, was zur Erhaltung dieses Lebens Noth ist, reichlich dargibt, wie viel sind ihrer, die es erkennen und ihm dafür danken?

Zu dem lässet der liebe Gott und Schöpfer die Sonne täglich aufgehen, des Nachts Mond und Sterne scheinen und leuchten, gibt zu unserm Brauch ohn Unterlaß die Element Feuer, Luft, Wasser, Erden und alle Creaturen, dazu Leib, Leben, Brod, Wein, allerlei Vieh, Früchte und Güter auf Erden, daß der Mensch erhalten könne werden, über das auch sich selber, und heißt nun Emanuel, das ist, Gott mit uns.

Was verdienet aber der liebe Gott durch diese seine große, ja unaussprechliche Wohlthaten bei der Welt? Das verdienet er, daß sie seinen Namen lästert, seinen Sohn, den er ihr zum Heiland gesandt, kreuziget, seine Kirche samt ihren Dienern verfolget und verwüstet usw. Wie er nun aus lauter Güte gar umsonst alle Creaturen geschaffen hat, also nähret und erhält er sie; doch das kleine Häuflein, die liebe Christenheit, spricht ihm ein Deo gratias dafür."

Gottes Liebe auch gegen den Bösen.

„Gott ist gnädig und barmherzig, wie ihn die Schrift rühmet, weil er die böse Buben kann lieb haben; ja der blinden verstockten Welt, die im Argen lieget, hat er seinen Sohn gesandt zum Heiland. Ich könnts nicht thun, und bin doch selber ein Bube."

Wie Gott große Herren achtet.

„Gott achtet die großen Potentaten, Könige, Fürsten usw. gleich wie die Kinder eines Kartenspiels achten; weil sie spielen, haben sie die Kartenblätter in der Hand, darnach, wenn sie des Spiels müde werden, werfen sie dieselben in ein Winkel unter die Bank oder ins Kehrich.

Also tut Gott auch mit den Potentaten und großen Herrn; weil sie im Regiment sind, hält er sie für gut; alsobald sie es übermachen, stößet er sie vom Stuhl, wie Maria singet (Luc. I, 52) und lässet sie da liegen wie den König von Dänemark.

Des Königs zu Dänemark Christians Gemahl, Kaiser Carols und Königs Ferdinandi Schwester, ist gestorben, er gefangen worden und über etlich und zwanzig Jahr gefangen gesessen; und der einige Erbe des Königreichs, sein Sohn (welcher bei Kaiser Carol, seinem Vettern, am Hofe war), ist Anno 1541 unter dem Reichstage zu Regensburg gestorben."

Unsers Herrn Gottes Karte.

„Gott hat ein schön, herrlich und sehr stark Kartenspiel von eitel mächtigen, großen Herren als Kaiser, Königen, Fürsten usw. zusammen gelesen; schlägt einen mit dem andern. Davon ich viel Exempel erzählen könnte, die allein zu unsrer Zeit geschehen sind usw.

Der Papst ist nun etliche hundert Jahr für das oberste Häupt in der Christenheit gehalten; wenn er nur mit einem Finger gewinkt hat, so haben sich vor ihm Kaiser, König, Fürsten usw. müssen fürchten, demüthigen und bücken; ist also ein Herr über alle Herrn, ein König über alle Könige auf Erden, ja ein irdischer Gott gewesen. Nun kömmt unser Herr Gott und schlägt mit dem Taus (dem Luther) den Papst, den großen König, daß er da liegt. Das ist unsers Herrn Gottes Regiment, wie Maria im Magnificat singet: Deposuit potentes: Er setzt die Gewaltigen vom Stuhl." (Luc. 1, 52.)

Gott preiset seine Barmherzigkeit an uns Sündern mit seinen Wohlthaten.

„Wiewohl die Erbsünde verdienet hat, daß viel wilder, böser Thiere dem Menschen schaden sollten, als da sind die Löwen, Wölfe, Bären, Schlangen, Eidechsen usw., dennoch, so hat der barmherzige, gnädige Gott also unser wohl verdiente Strafe gemildert, daß noch viel mehr Thier sein müssen, die da uns dienen und nütze sein, denn derer, die uns schaden. Denn, ists nicht wahr, es sind viel mehr Schafe denn Wölfe; item viel mehr Krebs denn Scorpiones; viel mehr Fische denn Schlangen; viel mehr Ochsen denn Löwen; viel mehr Kühe denn Bären; viel mehr Hasen denn Füchse; item viel mehr Enten, Gänse und Hühner denn Geier oder Raben? Und wer es wollt gegen einander mit Fleiß halten, der würde befinden, daß er viel mehr nützlicher denn schädlicher Thiere in der Welt sehen würde, und daß man in allen Creaturen mehr Gutes denn Böses, mehr Wohlthat denn Schaden und Nachtheil finde. Es kanns Niemand bedenken, was für große Wohlthat Gott uns durch die vier Elemente thut; als: die Erde bringet herfür Bäume, gibt Holz, allerlei Thier, Erz, Wasserflüsse, Bornen, allerlei Getreide, Kraut, item Wolle. Und wer kanns alles erzählen, was wir aus der Erden Gutes empfangen? Item das Feuer, das wärmt; es erquickt und erhält den Menschen, man kochet darbei usw."

Gottes Werke sind wunderbar.

Doctor Martinus sagte, „daß es ein wunderbarlich Ding wäre, daß aus den Bäumen solche Früchte wüchsen, die zu Fleisch und Blut gemacht würden. Denn was sind Bäume anders, denn Holz? Du siedest oder brätst sie, so ist's Holz; noch sollen so süße und liebliche Früchte daraus wachsen, daraus Fleisch und Blut ernährt werde. Also habe ich gesehen, daß in Italien auf harten Steinfelsen die allerschönsten Oelbäumlein wuchsen; da lernete ich die Worte verstehen, so im Psalm (78, 15) geschrieben sind: Et de Petro saturavit eos melle, und wir müssens allhier zu Wittenberg auch bekennen, da unser Land gar sandig ist und anders nichts, denn eitel Steine; denn es ist nicht ein fett, köstlich Erdreich.

Darum hat," sprach D. Mart. Luther, „einer einmal von Wittenberg gesagt:

Lendicken, Lendicken,
Du bist ein Sendicken!
Wenn ik dik arbeite,
So bist du licht;
Wenn ik dich ege,
Bist du schlicht;
Wenn ik dik meie,
So finde ik nicht.

Dennoch gibt uns Gott aus diesen Steinen guten Wein und köstlich Korn. Aber weil dieß Wunderwerk täglich geschicht, so verachten wirs."

Und saget Doctor Martinus Luther: „Gottes Werke kann man nicht aussinnen, noch gnug davon reden, sie müssen gegläubet werden. Das befindet man also, wenn man allein betrachtet, wozu das Stroh gut ist."

Gott wendet große Unkostung auf der Vögel Speise und Nahrung, darum will er auch die Menschen ernähren, speisen und erhalten.

Doctor Martinus Luther sagete, „daß kein Mensch auf Erden sei, der da vermöchte zu bezahlen die Unkosten, so unserm Herr Gott täglich aufgehet, daß er nur die unnützen Vogel ernähret und speiset. Und ich gläub es gänzlich, daß der König von Frankreich mit alle seinem Reichthum, Zinsen und Renten nicht vermöchte zu bezahlen, was allein auf die Sperlinge gehet; was soll ich denn von der andern Vögel, als Raben, Dohlen, Krähen, Zeisig, Stiglitz, Finken und dergleichen Vögel Speise sagen? So denn nun Gott die Vögel so reichlich und überflüssig ernähret, wer wollte denn vom Menschen verzweifeln, daß Gott ihm nicht Nahrung, Futter, Decke und alle Nothdurft geben sollte?

Die Sperlinge sind die geringsten und lösten Vögel, noch haben sie die allergrößtste Herrlichkeit. Sie haben das ganze Jahr über die allerbesten Tage und thun auch den größten Schaden. Im Winter liegen sie in Scheunen und auf den Kornböden; im Lenzen fressen sie den Samen auf dem Felde, item Pflanzen und andere Gewächse; zur Erntezeit haben sie aber auf dem Felde genug zu essen; im Herbst sind die Weinberge und Obst ihr Labsal. Ergo digni sunt omni persecutione."

Gott kann seine Gottheit vor uns Menschen nicht vertheidingen.

„Gott kann bei uns Menschen nicht erhalten, daß er allein Gott sei; denn alle Menschen von Natur stehen und trachten nach der Gottheit, wie Adam und Eva im Paradies durch die Schlange verführet usw. Viel weniger kann er erhalten, daß allein er weise und selig sei; allein erhält er doch schwerlich, daß er unsterblich sei.

Aristoteles der Heide disputiret also: Wer den Jammer und das Elend in der Welt siehet von außen an, nicht in ihm selbst, der stehet viel, das ihn traurig und betrübet macht, kann derhalb nicht selig sein; Gott aber ist selig, darum folget, daß er außer ihm nichts siehet. Damit verneinet er erstlich die Unsterblichkeit der Seelen, darnach daß sich Gott unser annehme, für uns sorge usw. Was ist aber das für ein Gott? er sei nur mein Gott nicht!

Keine Sünde plaget uns so sehr als die schändliche Lust und Begierde, damit wir nach der Gottheit trachten. Die böse Lust und Neigung des Fleisches ist zwar wohl auch ein heftig Übel, dadurch die Leute schwerlich angefochten werden, aber es ist nur ein Kinderspiel gegen dem geistlichen Hurenübel, welches das fleischliche weit übertrifft."

Verkehrte Klugheit der Epikurer jetziger Zeit, derer viel sind, und täglich mehr werden, so Gottes Regiment urtheilen.

„Wenn ein Epikurer von Gott Gedanken hat und siehet, daß es in der Welt so ungleich und übel zugehet, daß die Frommen Noth leiden und unterdrückt werden, dagegen böse Schälke alles überflüssig haben und hoch empor schweben, da vermag er nicht anders zu schließen, denn also: Kann Gott dieses unordig und wüst Wesen in der Welt nicht verbieten und hindern, so ist er ein armer, schwacher Gott, nicht mächtig, viel weniger allmächtig, wie er gerühmet wird. Will ers aber nicht ändern, hindern oder verbieten, so ist er ein ungütiger, ja ungerechter Gott, der Lust und Freude daran hat, wenns übel zugehet. Weiß er aber nicht, wie es in der Welt gehet und stehet, so ist er ein unbedächtiger, unweiser, ja toller, thörichter Gott.

Also führet zur Schule und meistert die blinde, verdammete Welt Gott, ihren Herrn und Schöpfer, entzeuhet und raubet ihm seine göttliche Gewalt, Gerechtigkeit und Weisheit!“

Wer sich vor Gott von Herzen demüthigen kann, der hat gewonnen.

„Wer sich mit Ernst und von Herzen vor Gott demüthigen kann, der hat gewonnen, und Gott vermag ihm nichts zu thun, denn er kann nichts denn barmherzig sein gegen denen, die sich demüthigen und begehrens. Denn wenn Gott nichts könnte denn schnurren und murren, so müßte ich mich vor ihm als vor dem Henker fürchten. Und weil ich mich fürchten muß vor dem Kaiser, Bischoffen und sonst vor Tyrannen, Gottes und seines Worts Feinden, zu wem wollt ich denn fliehen, wenn ich mich auch vor Gott fürchtete?“

Gott recht kennen, die höchste Kunst.

„Gott schreibet sich und lässet allenthalben in der Schrift von sich sagen, er sei ein Gott des Lebens, Friedens und der Freude um Christus willen. Darum bin ich mir selber feind, daß ichs nicht glauben kann. Das heißet Gott nicht recht kennen, noch wissen, wie er gesinnet sei gegen uns. Wenn ich nun könnte Gott und den Teufel unterscheiden, so würde ich hoch gelahret.“

Gott hat den Widersachern ein Ziel zu wüthen gesteckt.

„Man lasse die Widersacher nur wüthen und toben, so lange sie können. Gott hat dem Meer sein Ziel gesatzt, er lässets wohl wüthen und heftig mit den Wellen anschlagen und laufen, als wollts Alles bedecken und ersäufen, aber gleichwohl muß es über das Ufer nicht fahren, wiewohl Gott das Wasser hält nicht mit einem eisernen, sondern sündigen Ufer." Dieß sagte Doctor Martin, da von der Papisten Praktiken und Anschlägen geredet ward, daß sie uns wollten allenthalben überfallen.

Ein anders.

„Der ander Psalm ist der feinsten und besten Psalm einer, ich bin ihm hold, daß er also in die Fürsten, Könige, Räthe, Richter usw. schmeißet und so frisch unter sie schlüget. Wenns wahr ist, das dieser Psalm saget, so ist jenes ein große Lügen." Und sprach weiter: „Wenn ich unser Herr Gott wäre und hätte meinem Sohn (wie er seinem Sohn) das Regiment befohlen und man wäre ihm also ungehorsam, wie man jetzt ist, so würf ich die Welt in einen Klumpen.

Maria, die arme Kindermagd von Nazareth, will auch mit den Königen rumpeln, da sie saget: Er setzet die Gewaltigen von Stühlen usw. (Luc. 1, 52.) Sie ist ein fein Mägdchen gewesen, muß eine gute Stimme gehabt haben. Ich dürfte nicht also singen. Ja, sprechen die Tyrannen, lasset uns ihre Bande zerreißen usw. (Ps. 2, 3.) Was das sei, lehret uns jetzt die Erfahrung; denn man ertränkt, henket, senget, brennet, köpft, würget usw., verjagt, stöckt und plöckt usw. Und thuts nur Alles Gott zu Trotz. Der sitzet droben im Himmel, lachet und spottet ihr (Ps. 2, 4), aber es ist den Papisten kein Gelächter, sondern ein großer Ernst.

Wenn mir unser Herr Gott nur ein wenig Raum und Zeit zugeben wollt, daß ich noch ein Psälmlein oder zwei könnte auslegen; so wollt ich mich so weidlich unnütze machen, wie Simson wollt ich sie mit mir nehmen."

„Bittet," saget er, „daß der jüngste Tag bald komme, es ist der Welt nimmer zu helfen; ich habs Alles aufs Beste und Aeußerste versucht, es will aber nirgend angehen. Es will Zeit sein, daß Gott seinen Himmel nur schließe; er hat gar zu wohl lassen wittern, wir sind nur frecher und stölzer dadurch worden."

Gott vermaledeiet ein Land um der Sünde willen.

„Ich gläube, daß Gott das gelodete Land verfluchet hat um der Juden Bosheit willen; denn er pfleget alle Fettigkeit eines Landes abzuwaschen, daß es unfruchtbar und sündig bleibet, läßt ihr Land zu Salzgruben werden, wie der Prophet saget, daß es nichts oder je sehr wenig trägt. Also pfleget Gott einem Lande allen Schmuck, damit ers begabet und begnadet hat vor andern, abzuziehen, daß es bloß und öde wird. Der alte Herr von Stolberg, nachdem er wieder vom heiligen Lande kommen war, das er durchaus wohl besehen hatte, soll gesaget haben: Soll das das gelobte Land sein? Ich nähme die güldene Aue dafür! Denn auch das heilige Land nicht mehr also fruchtbar ist, als es vor Zeiten gewesen."

Wo und wie man Gott gewiß findet und erkennet.

„Ich habs oft gesagt," sprach D. Martinus, „und sag es noch: Wer Gott erkennen und ohne Gefahr von Gott speculiren will, der schau in die Krippen, heb unten an und lerne erstlich erkennen der Jungfrau Mariä Sohn, geboren zu Bethlehem, so der Mutter im Schoos lieget und säuget, oder am Kreuz hänget, darnach wird er fein lernen, wer Gott sei. Solches wird alsdann nicht schrecklich, sondern aufs Allerlieblichste und Tröstlichste sein. Und hüte dich ja vor den hohen fliegenden Gedanken, hinauf in Himmel zu klettern ohne diese Leiter, nämlich den Herrn Christum in seiner Menschheit, wie ihn das Wort vorschreibet fein einfältig; bei dem bleibe und laß dich die Vernunft nicht davon abführen, so ergreifest du Gott recht."

Worinnen Gottes Trost und Menschen Trost bestehe.

„Menschen Trost und Gottes Trost ist zweierlei: Menschen Trost bestehet in äußerlicher ansehnlicher Hilfe, die man sehen, greifen und fühlen kann; Gottes Trost aber bestehet allein im Wort und Verheißungen, da weder Sehen, Hören noch Fühlen ist."

Um unser Härtigkeit willen muß Gott hart und Gott sein.

Da D. Martinus von einem jungen Fürsten hart angesprochen und ihm vorgeworfen ward: Warum er doch so heftig schriebe und die Leute so hart angriffe? sprach er: „Unser Herr Gott muß zuvor einen guten Platzregen mit einem Donner lassen hergehen, darnach fein mählig lassen regnen, so feuchtets durch. Item: Ein weidenes oder häseln Rüthlein kann ich mit einem Brodmesser zerschneiden, aber zu einer harten Eichen muß man Barten, Beile und Aexte haben, man kann sie dennoch kaum fällen und spalten."

Unser Herr Gott handelt mit den Christen wunderbarlicher Weise.

„Anfechtung kömmet vor Errettung, und nach der Errettung Freude. Unterdrückt und beschweret werden, ist gebauet werden und doch wachsen und zunehmen.

Unser Herr Gott macht seinen Willen gegen die Christen sehr bunt und kraus, daß sich schier Niemand darein schicken kann. Gottes Reich wohnet in den Menschen, die getauft sind und gläuben von Herzen an Christum, beweisens auch mit dem Leben; und die rechten Christen sind Gottes Reich, nicht aber die Maul- und gefärbten Christen. Und ob gleich die Christen hie geplaget und getödtet werden, so lebet doch ihr Herr im Himmel, und derhalben müssen sie auch leben.

Der Teufel hat Lust daran und ist sein Werk und größte Freude, Gottes Werk zu verdrucken, zu martern und zu plagen die, so Gottes Wort lieb haben und fest darüber halten; die Andern lässet er wohl zufrieden. Dieweil nun die Christen Gottes Reich sind, so müssen sie auch geplaget, zermartert und verdruckt werden.

Ein Christ muß böse Tage haben und viel leiden; so will unser Adam, Fleisch und Blut, gute Tage haben und nichts leiden; wie reimet sich nun das zusammen? Unser Fleisch ist dem Tode und der Hölle übergeben darum, daß es dem Teufel gefolget hat und von Gottes Gebot abgetreten ist. Soll nun unser Fleisch vom Tode und der Hölle erlöset und dem Teufel wiederum abgestrickt und abgewonnen werden, so muß es sich wieder zu Gottes Gebot halten und zu ihm treten, welches nichts anders ist, denn an Christum Jesum gläuben, daß der Gottes Sohn und unser Erlöser sei, und wir an seinem Wort halten. Das Wort Christi aber ist nichts anders, denn das Kreuz tragen, die Liebe und Hoffnung im Kreuz haben und glauben, daß er nicht wird in Ewigkeit lassen geplagt sein und uns erretten und versetzen aus diesem Leben in jenes ewige Leben; in der Liebe aber Geduld haben, und daß einer dem andern seine Schwachheit zu Gute halte, der auch im Leiden ist und es mit Christo hält.

Darum wer sich einen Zuhörer und Jünger Gottes Wortes rühmet und ein Christ sein will, und selig werden, der muß keines guten Tages hier gewarten, sondern all sein Glaube, Hoffnung und Liebe ist auf Gott und den Nächsten gerichtet. Daß also sein ganzes Leben nichts anders ist, denn eitel Leiden, Kreuz und Verfolgung, und allerlei Widerwärtigkeit und Unglück alle Stunden, ja alle Augenblick müssen gewärtig sein."

Wie schwer es ist, glauben, was Gott saget.

„Ah!" sprach D. Martinus, „ich hab dem Papst und Mönchen Alles geglaubt, was sie nur sagten; aber was jetzt Christus saget, der doch nicht läuget, das kann ich nicht glauben. Das ist je ein jämmerlich, verdrießlich Ding. Wohlan, wir wollens und müssens sparen bis an jenen Tag!"

Gott wird einmal aufwachen.

„Es scheinet, daß unser Gott ein schläfriger, stummer, tauber und blinder Gott sei, wie ihn der Psalter an vielen Orten also nennet; aber er wird einmal aufwachen, so sehen sie sich vor. Denn es stehet geschrieben: Ich will vom Schlaf erwachen, aufstehen und meine Feinde schlagen." Dies redet D. Martin Luther, da Baceus sagte, daß der Kurfürst von Brandenburg dem Bischofs von Straßburg hätte in der Messe die Kasel aufgehoben und das Crucifix geküsset, da mans hatte ins Grab geleget.

III. Tischreden v. Martin Luthers von der Schöpfung

Gottes Proceß in der Schöpfung und seinen Werken.

„Unsers Herrn Gottes Weise ist, daß er diesen Brauch hält, auf daß seine Kraft und Macht durch und in Schwachheit vollbracht und stark werde. Also machte er erst die Welt einen wüsten leeren Klumpen, der finster und ungestaltet war; darnach gab er einer jeglichen Creatur Form und Gestalt fein ordentlich, sichtlich und herrlich. Den Menschen schuf er nicht bald, noch zuerst, sondern die Erde zuvor. Also versteckt und verbieget er erstlich in die Erde den Strauch, der muß nicht so bald ein Baum sein. Er könnte es zwar Alles wohl alsbald nur mit einem Wort schaffen, er wills aber nicht thun, es gefällst ihm diese Weise, daß er aus Nichts Etwas mache. Also war unser Sache auch mit dem Evangelio in der Erst schwach, hat aber, Gott Lob, immer je mehr zugenommen und gewachsen, daß je mehr dazu kommen sind; wird aber wieder fallen um der großen Undankbarkeit willen und Verachtung."

Gottes Schöpfung können wir nicht gründlich verstehen.

„Ich zwar," sprach D. Martinus Luther, „bin hart krank gelegen, auch also, daß ich mein Leben Gott befahl; aber viele Einfälle und Gedanken hab ich in solcher Schwachheit gehabt. Ah, wie hab ich gedacht, was doch das ewige Leben sei, was es für Freude habe! wiewohl ich deß gewiß bin, daß es uns durch Christum geschenkt und dasselbige allbereit unser ist, weil wirs glauben. Aber dort wirds offenbar werden; hie sollen wirs nicht wissen, wenn die neue Schöpfung der Welt soll werden, sintemal wir die erste Schöpfung der Welt nicht verstehen.

Wenn ich bei Gott wäre gewesen, ehe er die Welt schuf, hätte ich ihm diesen Rath nicht können geben, daß er aus Nichts solche runde Scheibe und Kugel machen, das Firmament hätte sollen schaffen; und hat darein eine Spange, die Sonne, gesetzt, welche durch ihren sehr behenden schnellen Lauf den ganzen Erdboden erleuchtet. Item, daß er also ein Mann und Weib sollte schaffen. Das Alles hat er uns gemacht ohn unsern Rath und Gedanken. Darum mögen wir ihm auch billig die Ehre geben vom künftigen Leben und der neuen Schöpfung, wie es soll zugehen und werden, und ihn allein lassen den Schöpfer bleiben."

Kinder sind Gottes sonderlicher Segen und Geschöpfe.

Da Doctor Jonas einen schönen Ast von Kirschen über den Tisch gehänget zum Gedächtniß der Schöpfung und lobete den herrlichen Segen Gottes an solchen Früchten, sprach Doctor Martinus Luther: „Warum bedenkt ihr das nicht viel mehr an euren Kindern als euers Leibes Früchten, welche übertreffen und schönere, auch herrlichere Creaturen Gottes sind denn aller Bäume Früchte? An denen siehet man Gottes Allmacht, Weisheit und Kunst, der sie aus Nichts gemacht hat; hat ihnen in einem Jahr Leib, Leben und alle Glieder so fein artig und hübsch geschaffen, gegeben und will sie ernähren und erhalten. Gleichwohl gehen wir dahin, achtens nicht viel, ja sollen wohl über solchen Gaben Gottes blind und geizig werden; wie gemeiniglich geschieht, daß die Leute, wenn sie

Kinder kriegen, ärger und geiziger werden, scharren, schinden und schaben, wie sie nur können, daß sie ihnen viel mögen lassen. Wissen nicht, daß einem Kindlein, auch ehe es auf die Welt kömmst und geboren wird, sein bescheiden Teil, was und wie viel es haben und was aus ihm werden soll, allbereit zugeeigenet und versehen ist; wie die Schrift saget und das gemeine Sprichwort lautet: Je mehr Kinder, je mehr Glücks. Ah, lieber Herr Gott, wie groß ist doch die Blindheit, Unwissenheit und Bosheit an einem Menschen, der das nicht bedenken kann, sondern thut das Widerspiel in den allerbesten und herrlichsten Gaben Gottes, die mißbraucht er zu allen Sünden und Schanden nach all seinem Gefallen und Wollust; singen unserm Herrn Gott nicht ein Deo gratias dafür!"

Vom Mißbrauch Gottes Creaturen.

Da des Doctors Hausfrau hatte ihr Teichlein im Garten fischen lassen und allerlei Fische gefangen, Hechte, Schmerlen, Forellen, Kaulbärsche, Karpfen usw. und derselben etliche gesotten auf den Tisch brachte und mit großer Lust, Freude und Danksagung davon aß, sagte Doctor Martinas Luther zu ihr: „Käthe, du hast größer Freude über den wenig Fischen denn mancher Edelmann, wenn er etliche große Teiche und Weiher fischet und etliche hundert Schock Fische fähet. Ah, der Geiz und Ehrsucht machen, daß wir Gottes Creaturen nicht können recht und mit Lust brauchen; es sitzet mancher Geizwanst und lebet in großer Wollust, hat überflüssig genug, und kann dennoch desselben nicht mit Lust und Nutz genießen. Es heißet: Der Gottlose wird Gottes Herrlichkeit nicht sehen; ja, er kann auch nicht die gegenwärtigen Creaturen erkennen. Denn Gott überschüttet uns zu sehr damit, und weil es so gemeine ist, achtet man es nicht; wenn es seltsam wäre, so achtet mans höher, aber wir können nicht bedenken, was für Lust und Freude an den Creaturen sei.

Sehet doch nur, wie fein ein Fischlein leichet, da eines wohl tausend bringet; wenn das Männlein mit dem Schwanz schläget und schüttet den Samen in das Wasser, davon empfähet das Fräulein. Sehet an die Vöglein, wie fein rein gehet doch derselben Zücht zu; es hacket die Siehe in das Häuptlein, leget sein Eierlein säuberlich in das Nest, setzet sich darüber, da gucken die jungen Küchlein heraus; siehe das Küchlein an, wie gar stekts doch im Ei? Wenn wir ein solch Ei niemals gesehen hätten und eines würde aus Kalekuthen bracht, so würden wir uns alle darüber verwundern und entsetzen. Kein Philosophus, noch gelehrter Naturkundiger kann gewisse Ursache anzeigen, wie es mit solchen Creaturen zugehet und wie sie geschaffen werden, allein Moses zeigets an, da er saget: Und Gott sprach, da wards; er befahls, da stunds da. Wachset und mehret euch. Aus diesem Sprechen und Gebieten kommen und mehren sich noch heutigen Tages allerlei Creaturen und werden ersetzet bis an den jüngsten Tag."

Ein anders.

Auf einen Abend sah Doct. Mart. ein Vögelein auf einem Baum sitzen und die Nacht über darauf ruhen; sprach er: „Dieß Vögelein hat sein Nachtmahl gehalten und will hie fein sicher schlafen, bekümmert sich gar nicht, noch sorget für den morgenden Tag oder Herberge, wie David saget (Ps. 91, 1): Wer unter dem Schirm des Allerhöchsten wohnet usw. Es sitzt auf seinem Zweigelein zufrieden und lässet Gott sorgen.

Ach, wenn Adams Fall nicht alles verderbet hätte, wie eine schöne herrliche Creatur Gottes wäre doch der Mensch, gezieret mit allerlei Erkenntniß und Weisheit! Wie seliglich hätte er gelebet ohn alle Mühe, Unglück, Krankheit, und wäre darnach ohne alles Fühlen des Todes verwandelt worden, hätte dieß zeitliche Leben abgeleget, an allen Creaturen seine Lust und Freude gehabt und wäre ein feine lustige Veränderung und Verwechseln aller Ding gewesen! Wie in diesem elenden Leben Gott in vielen Creaturen die Auferstehung der Todten entworfen und abgemalet hat."

Wein oder Salz verschütten.

Doct. Martin zerbrach ein sehr helles Glas voll Weins auf dem Tisch; da sprach er: „Das ist dahin, es ist ein schwach Gefäß." Und sagte, „es wär eine große Superstition und Aberglaube in der Welt, daß die Leute lieber sehen, daß man den Wein, denn das Salz verschütte. Man kann ihm aber noch also helfen, daß noch leidlich ist: wenn man den Wein verschüttet oder wegnimmt, so kann man gleichwol ohne denselben leben; wenn man aber Brod und Salz verschütten will und den Leuten entziehen, da wills Mühe und Arbeit gewinnen, da beginnet man sauer zu sehen, das will allererst arg werden."

Vom Kometen.

„Ein Komet ist auch ein Stern, der da läuft und nicht haftet, wie ein Planet, aber er ist ein Hurenkind unter den Planeten. Ist ein stolzer Stern, nimmet den ganzen Himmel ein; thut, als wäre er allein da; hat eine Natur und Art, wie die Ketzer, welche wollens auch alleine sein und vor andern stolziren, meinen, sie seien allein die Leute, die es verstehen."

Gottes Geschöpf und Werk versteht ein Mensch nicht.

„Wir wissen nicht, wie unser Herr Gott seinen Bau zurichtet, wir sehen nur das Gerüste von Stangen und bästenen Stricken zugerichtet, darum achten wir Gottes Willen nicht, sondern schlagens in den Wind, fragen nicht viel darnach. Aber wenn wir in jenem Leben Gottes Gebäu und Haus sehen, werden wir uns verwundern und freuen, daß wir in Anfechtungen ausgestanden haben. Gott ist wunderbar und wird auch wunderbarlicher Weise von seinen Heiligen erkannt, wie Paulus sagt durch närrische Predigt, nämlich von Christo dem Gekreuzigten, an dem sich die Welt zu Tode ärgert."

Reden scheidet einen Menschen von allen Thieren.

„Unter allen Gaben Gottes ist Reden die allerschönste und herrlichste, dadurch allein der Mensch von allen andern Thieren unterschieden ist. Sonst sind etliche Thier, die in andern Gaben einen Menschen übertreffen; etliche mit dem Gesicht, etliche mit dem Gehör, etliche mit Riechen, aber keins kann reden. Wiewohl das ein Anzeige ist, daß das Wort einer hohen Art und Verstandes muß sein."

Was für ein Wesen und Sinn im Paradies gewest wäre.

Es waren bei Doct. Mart. M. Spalatinus und der Pfarrherr zu Zwickau, M. Lenhart Beier, da scherzte der Doctor fein freundlich mit seinem Söhnlein Martinichen, der wollte sein Bühlichen ehrbarlich vertheidigen, sie ehrlich kleiden und lieben; sprach er: „Also wären wir im Paradies gesinnet gewest, schlecht, einfältig, aufrichtig ohn alle Bosheit und Heuchelei, und wäre rechter Ernst gewest, wie dies Kind von Gott redet und ist deß gewiß.

Darum sind solche natürliche Possen und Scherze die allerbesten an Kindern, das sind die lieblichsten Närrlein. Angenommener Scherz und Poßwerk an den Alten hat solch Gnade nicht, fleußt und gefällt nicht so wohl; denn was gefärbet und gedichtet ist, das verleuret Gunst, haftet nicht und macht wenig Lust als das, so von Herzen natürlich zugeht. Darum sind die Kinderlein die feinsten Spielvögel, die reden und thun alles einfältig, von Herzen und natürlich. Ein solcher ist Claus Narr gewest, der in die Stiefel hofirte, und da er beschuldiget ward, entschuldiget er sich und sprach, die Mäuse hätten es gethan."

Von Kindern und derselben Leben.

Doct. Mart. Anno 38 den 17. Augusti hörte, daß sich seine Kinder unter einander zankten und haderten, und bald wiederum vertrugen und versöhneten; sprach er: „Lieber Herr Gott, wie wohl gefällt dir doch solcher Kinder Leben und Spielen? Ja, alle ihre Sünde sind nichts denn Vergebung der Sünden."

Ein anders.

Er sahe seiner Kinderlein Einfalt und lobte ihre Unschuld, daß sie im Glauben viel gelehrter wären denn wir alte Narren; denn sie glaubten aufs Einfältigste, ohn alle Disputation und Zweifel, Gott sei gnädig, und daß nach diesem Leben ein ewiges Leben sei. „Wie wohl geschieht den Kindern, die in solcher Zeit sterben; wiewohl mirs ein groß Herzleid wäre, denn es stürbe ein Stück von meinem und ein Theil von der Mutter Leibe, welche natürliche Liebe und Zuneigungen auch in gottseligen und rechtschaffenen Christen nicht aufhören, daß sie sichs nicht annehmen noch bewegen ließen oder ihnen nicht sollt zu Herzen gehen, wenns ihnen, ihren Kindern oder Verwandten, die sie lieb haben, übel geht, wie die störrigen und verhärteten Köpfe und Stöcke. Denn solche Bewegungen und Neigungen sind Werk der göttlichen Schöpfung, die Gott einem Menschen natürlich eingepflanzt hat, und sind an ihnen selbst nicht böse. Die Kinder leben fein einfältig, rein, ohn Anstoß und Hinderniß der Vernunft im Glauben; wie Ambrosius sagt: An der Vernunft mangelts, aber nicht am Glauben."

Ein anders von Kinderlein.

Sein, des Doctors, Söhnlein, einst saß am Tisch und lallte vom Leben im Himmel, sagte, wie eine so große Freude im Himmel wäre mit Essen, Tanzen. Da wäre die größte Lust, die Wasser flössen mit eitel Milch und die Semmelein wüchsen auf den Bäumen. Da sprach D. Mart.: „Das Leben der Kinderlein ist am allerseligsten und besten, denn sie haben keine zeitliche Sorge, sehen die gräulichen, ungeheuren Schwärmer und Rottengeister in der Kirchen nicht, leiden noch fühlen keine Schrecken des Todes noch der Hölle, haben nur reine Gedanken und fröhliche Spekulation."

Ein anders von Kindern.

Er, D. Mart., hatte Achtung, wie sein Kindlein von dreien Jahren spielete, und mit ihm selber lallete; sprach er: „Dieß Kind ist wie ein Trunkener, weiß nicht, daß es lebet, lebt gar sicher und fröhlich dahin, springet und hüpfet. Und solche Kinder sind gern in großen weiten Gemachen und Wohnungen, da sie Raum haben."

Der Aeltern Liebe gegen die Kinder.

„Die Aeltern haben die jüngsten Kinder allezeit am liebsten," sagte Doct. Martin. „Mein Martinichen ist mein liebster Schatz, und solche Kinderlein bedürfen der Aeltern Sorge und Liebe wohl, daß ihrer fleißig gewartet wird. Hänsichen, Lenichen, Paulichen können nun reden, bedürfen solche Sorge so groß nicht. Darum steiget die Liebe der Aeltern allzeit und einfältig niederwärts mehr denn aufwärts zu denen, so am neulichsten geboren sind."

Der Aeltern und der Oberkeit Gewalt ist unterscheidlich.

„Die Aeltern sorgen viel mehr für ihre Kinder, bewahren sie auch fleißiger, denn die Oberkeit ihre Unterthanen; darum sagte Moses zu den Jüden: Hab ich euch gezeuget? Denn Vaters und Mutters Gewalt ist ein natürliche und freiwillige Gewalt und selbgewachsene Herrschaft über die Kinder; der Oberkeit Herrschaft aber ist gezwungen, ein gemachte Herrschaft. Wo Vater und Mutter nicht mehr können, das muß Meister Hans, der Henker ausrichten und ziehen, daher auch die Oberkeit nur ein Hüterin des vierten Gebots Gottes ist wie die

Katze über die Maus. Darum ist der Aeltern Dignität auch größer, man soll ihnen auch mehr Ehrerbietung thun, denn sie sind die Quelle und der Ursprung des vierten Gebots."

Der Kinder Zucht und Strafe ist nöthig.

Doct. Mart, wollte seinen Sohn N. in dreien Tagen nicht vor sich kommen lassen, noch wiederum zu Gnaden annehmen, bis so lang er schrieb, demüthigete sich und bats ihm ab. Und da die Mutter, D. Jonas und D. Teuteleben für ihn baten, sprach er: „Ich wollt lieber einen todten denn einen ungezogenen Sohn haben. S. Paulus hat nicht vergebens gesagt, daß ein Bischoff soll ein solcher Mann sein, der seinem Hause wohl vorstehe und wohlgezogene Kinder habe, auf daß andere Leute davon erbauet, ein gut Exempel nehmen und nicht geärgert werden. Wir Prediger sind darum so hoch gesetzt, daß wir Andern ein gut Exempel geben sollen, aber unsere ungerathenen Kinder ärgern Andere so wollen die Buben auf unsere Privilegia sündigen. Ja, wenn sie gleich oft sündigen und allerlei Büberei treiben, so erfahre ichs doch nicht, man zeiget mir nichts an, sondern man hälts heimlich vor mir. Und gehet uns nach dem gemeinen Sprichwort: Was Böses in unsern eigenen Häusern geschieht, das erfahren wir am allerletzten; wenns alle Leute durch alle Gassen getragen haben, so erfahren wirs erst. Darum muß man ihn strafen und gar nicht durch die Finger sehen, noch es ihm also ungestraft lassen hingehen."

Es ist am Brauch der Güter am meisten gelegen.

Da M. Ph. (Melanchthon) sagte, daß ein reicher Bürger zu Leipzig, Simon Leubel, ein groß, schön, lustig, wohlgebaut Haus hätte, antwortet D. Martinus: „Es liegt nicht daran, daß man die Erben reich mache, sondern daran ists am meisten gelegen, daß sich die Erben darein schicken lernen und Gottes Segen recht brauchen. Und wir Aeltern sind große Narren, daß wirs uns blutsauer werden lassen, arbeiten Tag und Nacht, daß wir unsern Kindern viel Gutes lassen; aber sie in Gottes Furcht, guter Zucht und Ehrbarkeit zu ziehen und unterweisen, da sind wir sehr nachlässig. Es ist gar eine böse, verkehrte Welt."

Kein Vater soll seinen Kindern bei seinem Leben seine Güter übergeben.

Einer war bei D. Martinus und klagte sein Elend, daß er von seinen Kindern, die er ausgestattet und ehrlich begabet, ja alle seine Güter auf sie gewandt hatte, nun in seinen alten verlebten Tagen verlassen und unter die Füße getreten würde. Sprach der Doctor: „Jesus Sirach gibt den Aeltern den besten Rath, der da sagt: Gib nicht Alles aus der Hand, weil du lebest, denn die Kinder halten nicht Glauben. Ein Vater (wie das Sprichwort lautet) kann wohl zehn Kinder ernähren, aber zehn Kinder können nicht einen Vater ernähren. Darum predigte man vorzeiten wider die undankbaren Kinder von einem Vater, der sein Testament hatte gemacht, welches er heimlich in einen Kasten verschloß und legte ein Zettel dazu samt einer Keule mit diesen Worten:

> Welcher Vater das Seine gibt aus der Gewalt,
> Den soll man todtschlagen mit der Keule bald.

So lieset man von einem Vater, der all sein Gut unter die Kinder ausgetheilet hatte, daß sie ihn sollten sein Lebenlang davon ernähren und erhalten; aber die Kinder achteten seiner nicht. Wenn er acht Tage bei einem Kinde gewesen war, so sagt es: Er sollt zum andern auch gehen, und so lange mit ihm essen. Einmal kam der Vater ohngefähr zum Eidam, der saß und aß von einer Gans; da er des Vaters gewahr ward und sah ihn, von Stund an verbarg er sie und steckte sie untern Tisch. Da nun der Vater wegging und der Sohn wollte die Gans wieder herfür thun, war eine Kröte daraus worden, die sprang dem Eidam unters Angesicht, und fraß um sich, daß er ihrer nicht konnte los werden, so hart klebet sie an ihm, bis sie an ihm Alles verzehrete ohn Aufhören, konnte nicht satt noch voll werden, daß er davon starb.

Solche Exempel zeigeten sie darum an, daß man sehe, wie hart Gott der Kinder Undankbarkeit gegen die Aeltern strafet; denn der Ungehorsam und Undankbarkeit der Jugend ist überaus groß. Gerne nehmen sie, was die Aeltern mit ihrer saueren Arbeit, Blut und Schweiß erworben haben, aber sie wollen sie nicht auch wiederum nähren, da doch die Aeltern es lassen ihnen darum so sauer werden Tag und Nacht, daß sie die Kinder reich machen und ihnen viel lassen mit Gefahr Leibes und Lebens, und werden darnach so verachtet.

Ah! die Welt ist böse, hebt bald in der Jugend und Blüthe an; darum hat Gott das vierte Gebot gegeben und mit großem Fleiß und Ernst befohlen: Ehre dein Vater und deine Mutter usw., hält auch hart darüber. Aber der Papst, der

Antichrist, hat mit seinen Traditionen dies Gebot Gottes aufgelöset und mit Füßen getreten."

Ein anders.

„Ein Vater, der nun alt war, hatte seinen Kindern alle seine Güter übergeben, daß sie ihn sein Leben lang nähren und erhalten sollen; aber die Kinder waren undankbar und des Vaters bald überdrüssig, hielten ihn sehr kärglich und genau, gaben ihm nicht satt zu essen. Da verschloß sich der Alte, als ein gescheidter Mann, der nun gewitziget war, heimlich in eine Kammer und klingelt mit den Gülden, die ihm sein Nachbar darum geliehen hatte, als hätte er viel Gelds. Da das die Kinder höreten, hielten sie ihn darnach wohl und in Ehren, hoffeten, er würde ihnen viel Gelds lassen. Er gabs aber dem Nachbar wieder, da er sterben wollte, und betrog also die Kinder."

Weiber sollen nicht beredt sein.

Ein Engländer, ein sehr gelehrter, frommer Mann, ging mit Doctor Martin zu Tisch, verstand die deutsche Sprache nicht; zu dem sagte er: „Ich will Euch mein Weib zum Präceptor geben, die soll Euch die deutsche Sprache fein lehren, denn sie ist sehr beredt, kann es so fertig, daß sie mich damit weit übertrifft. Wiewohl wenn Weiber wohl beredt sind, das ist an ihnen nicht zu loben; es stehet ihnen besser an, daß sie stammeln und nicht wohl reden können. Das zieret sie viel besser."

Was den Weibern übel anstehet.

„Es ist kein Rock noch Kleid, das einer Frauen oder Jungfrauen übeler anstehet, als wenn sie klug sein will."

Die Jugend bricht herfür.

„Ein junger Mensch ist wie ein neuer Most, der lässet sich nicht halten, muß gähren und übergehen, will sich immer sehen lassen und etwas sein vor Andern, kann sich nicht innen halten."

Ein anders.

Doct. Martinus Söhnlein, der des Vaters Namen hat, hatte ein Hündlein, mit dem er spielte. Da das der Vater sah, sprach er: „Dieser Knabe prediget Gottes Wort mit der That und im Werk, da Gott spricht: Herrsche über die Fische im Meer und die Thiere auf Erden (Genes. 1, 28); denn der Hund leidet Alles von den Kindlein.“

Ob auch die Sprachen und gute Künste und andere natürliche Gaben etwas nütze seien zur Theologia und die heilige Schrift zu verstehen?

Hierauf antwortet D. Martinus, da er gefraget ward, und sprach: „Ein Messer schneidet besser denn das andere; also kann auch einer, der die Sprachen kann und gute Künste wohl gelernet hat, besser und deutlicher reden und lehren. Daß nun ihrer viele wie Erasmus, wohl gelehret und erfahren sind in Künsten und Sprachen und doch mit großem Schaden irren, das geschieht gleich also, wie der mehrer Theil der Waffen zu tödten und würgen, zu beschädigen und zu verwunden zubereitet und gemacht werden. Darum muß man die Dinge absondern und scheiden vom Mißbrauch, gleichwie Hiob unterscheidet, da er zu seinem Weibe saget, da sie sein spottete: Du redest wie eine von den närrischen Weibern, welcher Spruch mir allzeit wohlgefallen hat darum, daß er die Creaturen vom Mißbrauch unterscheidet.“

IV. Tischreden D. Martin Luthers von der Welt und ihrer Art

Der menschlichen Herzens Unersättlichkeit, und es wird doch eines Dinges bald überdrüssig.

Doct. Martinus sagete: „Wer jetzt ein Fürst ist, der wollte gern ein König sein oder ein Kaiser. Ein Buhler, der eine Jungfrau lieb hat, gedenket immerdar, wie er sie möchte zur Ehe bekommen, und ist in seinen Augen keine schöner denn sie. Wenn er sie nun bekommen hat, so wird er ihrer bald überdrüssig und meinet, ein andere sei viel schöner, die er wohl hätte können überkommen. Also gedenkt ein Armer, hätte ich hundert Thaler, so wollt ich der Allerreichste sein, wenn er sie aber kriegt, so will er ihrer noch mehr haben. Das Herz bleibet auf einem Ding nicht beständig, das haben die Heiden auch ab experientia gehabt und gesaget: Virtutom presentem odimus, sublatam ex oculis quaerimus invidi."

Und sagete Anno 1542 Doctor Luther darauf: „Als Lucas Cranach Maler, der ältere, sein Weib genommen hatte und die Hochzeit wäre gehalten gewesen, da hätte er immerdar bei der Braut der nächste sein wollen. Da hatte er einen guten Freund gehabt, der hat ihn eine Weile aufgehalten und gesaget: Lieber, thue nicht also! Ehe ein halb Jahre hingehet, wirst du sein gar genug haben, und es wird keine Magd im Hause sein, du wirst sie lieber haben denn dein Weib. Und es gehet auch also. Denn praesentia odimus, absentia amamus."

Warum die Heiden so schön Ding vom Tode geschrieben.

„Mich nimmt oft Wunder," sprach D. Martinus Luther, „was die Heiden bewogen, daß sie so schön Ding vom Tode geschrieben haben, weil er so grausam, gräßlich und häßlich ist. Aber wenn ich gedenke an die Welt, so wundert es mich gar nichts, denn sie haben unter sich viel Bubenstück von ihrer Oberkeit sehen müssen, die ihnen wehe gethan, haben sie mit nichts anders denn mit dem Tode bedräuen können.

Haben die Heiden den Tod so gering geachtet, ja so ehrlich und hoch gehalten, wie viel mehr sollten wir Christen es thun? Denn die armen Leute haben vom ewigen Leben weniger denn nichts gewußt; wir wissens aber, noch fürchten wir uns und erschrecken so hart, wenn man uns vom Tode saget. Wohlan, es sind unsere Sünden, und wir müssen bekennen, daß wir ärger denn die Heiden leben; darum geschieht uns nicht unrecht daran. Denn je größer die Sünde, je grausamer der Tod ist. Das siehet man an den Leuten, die wider Gottes Gebot gehandelt haben und sterben sollen, oder daß man ihnen vom jüngsten Tage saget, wie sie zagen und toben, wenn sie gleich frisch und gesund sind. Solche Kräutlein sind wir!"

Gleißender, ansehnlicher Rathgeber.

„Es ist nichts Schädlichers denn ein gleißender, ansehnlicher, heuchlischer Rathgeber. Wenn man seinen Rath und Bedenken höret, so hats Hände und Füße, wenns aber soll angehen, so stehets wie ein stätiger Gaul, den man nicht kann forttreiben."

Unbeständigkeit menschlichen Herzens.

„Des Menschen Herz ist gleich wie Quecksilber, das jetzt da, balde anders wo ist, heut also, morgen anders gesinnet. Darum ists gar ein armselig Ding und Eitelkeit, wie Ecclesiastes, der Prediger Salomonis saget, daß ein Mensch, begehrt ungewiß Ding und sehnet sich darnach, und daß er nicht weiß, wie es gerathen wird; dagegen das gewiß ist und das allbereit gerathen ist, verachtet er.

Da Herzog Friedrich regierte, mißfiel uns beide, er und seine Sanftmüthigkeit und Lindigkeit, daß er ein friedlich, geruhig und eingezogen Regiment und Hof führete, und hofften auf einen andern bessern, der nach ihm würde ans Regiment kommen. Ei, sagten wir, wenn wir Herzog Hansen hätten, da wirds fein werden! Da wir ihn nun hatten nach Herzog Friedrichs Tode, da begehrten wir den jetzigen Herzog, Johanns Friedrichen Kurfürsten, der wirds thun, sagten wir; aber über drei Jahre so wird er uns gewißlich auch nicht tügen."

Das Evangelium deckt auf der Menschen Bosheit.

„Gleich wie die Kälte größer und geschwinder wird im Winter, wenn sich die Tage längern und die Sonne uns näher kömmet (denn dieselbe macht die Kälte dichter und preßt sie zusammen), also wird auch der Menschen Bosheit größer, das ist scheinlicher, und bricht baß herfür, wenn das Evangelium geprediget wird. Denn der Heilige Geist strafet die Welt um die Sünde, welches die Welt nicht kann noch will leiden."

Die Welt muß ernste und geschwinde Regenten haben.

„Die Welt kann solcher Häupter nicht entbehren, von denen sie regieret muß werden, ja N. N. mit seiner Tyrannei ist gleich ein Leckerbißlein für die Welt. Darum spricht Gott durch den Propheten Samuel zu dem Volk Israel, das um einen König bat, er wollte ihnen geben einen König: aber das sollte sein Recht sein, ihre Söhne würde er nehmen zu seinen Wagen und Reitern, ihre Töchter zu seinen Köchinnen, item, ihre besten Aecker, Gärten, Weinberge und Oelgarten nehmen und seinen Kämmerern und Knechten geben (I. Sam. 8, II ff.)."

Und sagete D. Mart. Luther drauf: „Als Kurfürst Friederich vom Wahltage zu Cöln war wieder heim kommen, da Kaiser Karol war zum römischen Kaiser erwählet worden, da hatte S. Kurfürstl. Gn. ihren vornehmsten Rath, Hr. Fabian von Feilitzsch, gefraget, wie ihm diese neuen Zeitungen gefielen, daß sie den König von Hispanien hätten zum Kaiser erwählet? Da hatte derselbige weise Mann geantwortet: Die Raben müssen einen Geier haben."

Der Welt Reden und Wesen.

„Des Bischoffs von Mainz Leibarzt, der vom Evangelio wieder zum Papstthum gefallen und zum Mamelucken war worden, sagte: Ich will Christum dieweil hinter die Thür setzen, bis ich reich werde, darnach will ich ihn wieder hervor nehmen. Und ein gottloser Wücherer sagte: Willt du todtschüchter sein, so wirst du nimmermehr reich. Solche gottlose und gotteslästerische Wort verdienen und bringen mit sich die höchste Strafe.

Wenn einer das könnte enden, daß er Gott hinter die Thür könnte beiseit setzen und ihn wieder hervor ziehen, wenn er wollte, so hätten die Menschen gut handeln; denn also müßte Gott ihr Gefangener sein. Es sind Wort der epikurischen Säue und der letzten Zeiten, die eine große Plage und Strafe Gottes, dazu den jüngsten Tag reizen und reif machen."

Was in Amtsverrichtung zu betrachten.

„Wenn ich mirs nicht von Herzen ließe sauer werden um des Mannes willen, der für mich gestorben ist, so sollt mir die Welt nicht können Gelds genug geben, daß ich ein Buch schreiben oder etwas in der Bibel verdolmetschen wollte. Ich will meine Arbeit von der Welt unbelohnet haben, sie ist zu gering und arm dazu; ich habe noch nie meine Herrn zu Sachsen um einen Pfennig gebeten, weil ich bin hie gewest."

Welt sucht Unsterblichkeit von ihrem Stolz.

Doctor Martin Luther redet von der Welt Hoffart: „Weil alle Menschen fühlen und erkennen, ja sehen, daß sie sterben und vergehen müssen, suchet ein Jeglicher hie auf Erden Unsterblichkeit, daß seiner ewig gedacht werde. Etwan suchtens große Könige, Fürsten und Herrn damit, daß sie ließen setzen große Marmelsäulen und sehr hohe Pyramides; Gebäue und Pfeiler, viereckicht aufgeführet und immer je höher je spitziger, damit vermeinten sie unsterblich zu werden, wie jetzt mit großen Kirchen, köstlichen, herrlichen Häusern und

Gebäuen. Kriegsleute jagen und trachten nach großen Ehren und Lobe mit Obsiegen und rühmlichen Victorien. Gelehrte suchen ein ewigen Namen mit Bücherschreiben, wie wir denn jetzt bei unser Zeit auch sehen. Aber auf die ewige, unvergängliche Ehre und Ewigkeit Gottes siehet man nicht. Ah, wir sind arme Leute!"

Wie man alt werde.

„Willst du alt werden, so werde bald alt.
Behalt den Kragen warm,
Fülle nicht zu sehr den Darm,
Mache dich der Grethen nicht zu nah:
Also wirst du langsam grau!"

Junge Leute.

„Ein junger Mensch ist wie ein junger Most, der läßt sich nicht halten, er muß gähren. Wir essen und trinken uns zu Tode, schlafen, feisten, farzen uns zu Tode. Ei, wir haben feine gute Ursach, hoffärtig zu sein!"

„So viel wir Gliedmaße haben, so viel Töden sind wir unterworfen. Mägdlein lernen ehe reden und gehen dann die Knäblein; denn Unkraut wächst allzeit ehe heraus denn das Gute. Also werden Jungfrauen auch ehe reif zu freien denn Gesellen."

Der Welt Narrheit.

„Groß ist der Welt Thorheit, sie achtet Edelgesteine nicht nach ihrer Dignität und Würde, sondern nach dem sie viel gelten. Dürfen einen Türkis um fünfhundert Gulden achten, der doch keine bewährte Kraft hat und den gemeine Leute würden kaum einen Groschen werth achten. Darum hat Claus Narre (wie man sagt, dem Kurfürsten, der Edelgestein kaufte, und fragte ihn, wie theuer er sie schätzte) eine feine Antwort gegeben und gesagt: „So theuer ist er und werth, so hoch ihn ein reicher Narr achten und bezahlen darf.""

Ein anders.

„Der Welt Bosheit ist so groß," sprach D. M. Luther, „daß sie aller Gaben Gottes mißbraucht; denn obwohl viel, so durch Gottes Wort erleuchtet sind, den Armen gerne leihen und helfen, doch sind ihr dagegen viel, die nicht allein nichts wieder geben, sondern auch Böses für Gutes bezahlen; ihnen ist das Leihen gleich als gefunden.

Ich bin oft betrogen worden von unverschämten Bettlern und Streichern. Einen kleidete ich einmal und bracht ihm zuwegen einen guten Zehrpfennig, da er doch ein verzweifelter Bube war gewesen. Denn er kam zu mir und fragte mich um Rath in einem Fall des Gewissens; ich tröstete ihn, da er mich doch täuschte und eine Zeitlang zur Hochzeit gebettelt hatte; aber nicht lange darnach ward er gehängt. Ich bin vielmal von solchen Gesellen betrogen; ich meinte, alle Leute wären wie ich. Also hat D. Valentinus Mellerstadt Vielen mit seinem Gelbe gedienet, aber mit seinem großen Schaden. Es heißet, wenn ich einem leihen muß, so soll ers wiedergeben; leihen und geben ist zweierlei."

Die Welt ist immer ärger worden, nachdem das Evangelium ist wieder an Tag kommen und geprediget.

„Es ist ein Wunder und sehr ärgerlich Ding, daß nachdem die rechte reine Lehre des Evangelii wieder an den Tag ist kommen aus sonderlicher Gnade und Offenbarung Gottes, die Welt immer ärger ist worden. Jedermann ziehet die christliche Freiheit nur zum fleischlichen Muthwillen, als hätte ein Jeglicher nun Macht zu thun, was ihn gelüstet. Darum ist des Teufels und Papsts Reich, was das äußerliche Regiment belanget, am besten für die Welt, denn damit will die Welt regieret sein, mit strengen Gesetzen und Rechten, Superstition und Aberglauben. Durch die Lehre von Gottes Gnade wird sie ärger; denn wenn sie höret, daß ein ander Leben nach diesem sei, ist sie mit diesem Leben zufrieden, und läßt unsern Herrn Gott das ander immerhin behalten. Wenn sie nur hie gute Tage, Ehr und Gut hat; wie gemeiniglich der Papst und seine Cardinäle und Geschmierten thun, wie eines Cardinals Testament anzeiget. Denn zu Rom starb ein reicher Cardinal, der groß Geld hinterließ. Nun hatte er bei dem Gelde in einem Kasten eine Bulla verschlossen; wie nach seinem Tode der Kasten aufgemacht ward, fanden sie den Brief, darinne standen geschrieben auf Pergamen diese Worte:

Dum potui, rapui; rapiatis, quando postestis.
(Weil ich konnt, raubt ich immer zu,
Also nach mir ein jeder thu.)

O, wie muß dieser Cardinal gestorben und gefahren sein."

Nachahmen, was es sei.

„Nachahmen und thun, was man von einem Andern siehet, ohne Beruf, ist ein menschlich und teuflisch Ding, darum ist es stracks unnütz und schädlich. Also ahmen nach die Ketzer Gottes Wort, führen dasselbe traun auch auf der Zunge; die Heuchler die Werke des Glaubens, die thun sich auch äußerlich; die Abgöttischen die Ceremonien, die halten sie auch; die Dummkühnen und Wagehälse folgen dem Kriege, wollen auch Kriegsleute sein; die Narren und Klüglinge dem Regiment, wollen auch regieren; die Hümpeler und Störer den Handwerken, wollen auch kunstreiche Meister sein; die Eselsköpfe ahmen nach gute Künste, wollen traun auch gelehrt sein, wie Mäusedreck sich unter den Pfeffer menget.

Darum, wenn Gott sein Wort, Werk und Künste gibt, so thut er nichts, denn daß er Affen reizet und macht, und der große Haufen folget den Affen nach. Gott aber behält das Übrige von dem ersten Contrafeit. Also ist die Welt von Anfang gewest."

Die Welt thut Niemand etwas umsonst.

Die Welt ist so eigennützig, daß sie Niemand etwas umsonst thut, sondern Alles will verlohnet haben. „Wie diese Fabel anzeiget," sprach D. Martinus: „Einer vermiethet dem Andern seinen Esel und ging neben ihm; der aber drauf saß, da die Sonne so heiß schien und stach ihn, bat er den Herrn, er wollte drauf sitzen und ihn auch ein wenig im Schatten gehen lassen. Aber er wollte nicht und sagte: Er hätt ihm den Esel zu reiten vermiethet und nicht den Schatten davon, denselben sollt er ihm sonderlich bezahlen, da er ihn haben wollte. Diese Fabel ist ein Contrafeit und Bild der Welt, die thut nichts umsonst, will einem auch nicht den Schatten mittheilen und vergönnen!"

Wie die Welt die Wohlthat vergilt und belohnet.

Philippus Melanchthon sagete einmal über D. Luthers Tisch diese Fabel: Daß einmal ein Bäuerlein wäre über Feld gegangen, und da er sich müde gegangen hatte, kam er an eine Höhle oder Loch, in welchem eine Schlange lag, die war mit einem großen Steine verschlossen. Die Schlange rief ihn an und bat, er wollt den Stein vom Loche wälzen und sie los machen, wenn er das thäte, wollte sie ihm den besten Lohn und Dank geben, den man auf Erden pfleget zu geben. Das gute Bäuerlein ließ sich endlich bereden, wälzet den Stein vom Loch und machte die Schlange los, und foderte seinen Lohn; da wollt ihn die Schlange stechen und umbringen, und sprach: Liebes Männlein, also pflegt die Welt zu lohnen denen, die ihr alles Guts gethan haben! Da er aber einen andern und bessern Lohn begehrte und die Schlange auf ihrem Erbieten verharrte, berief sich das Bäuerlein auf Anderer Erkenntniß, welches Thier ihnen am ersten begegnete, das sollte darüber Richter sein. Da brachte man einen alten und abgearbeiteten Karrnhengst geführt, der kaum die Haut ertragen konnte, der sollte zum Schinder, daß man ihm die Haut abzöge; der sprach: Mir gehets also, nun ich mein Herz gar abgezogen habe, will man mich todtschlagen und schinden. Darnach kam ein alter Hund, den sein Herr ausgeschlagen hatte, der klagte, es ging ihm gleich auch also. Da sich nun das Bäuerlein auf den dritten Richter, der ihnen begegnet, berief und stellt es auf desselben endlichen Machtspruch und Aussage, kam ein Füchslein; dasselbige rief das Männlein an und verhieß ihm, da es ihm würde helfen und von der Schlangen erretten, so wollt er dem Füchslein alle seine Hühner geben. Das Füchslein sprach: Die Schlange sollt wieder ins Loch gehen, denn wollt es darüber sprechen; Ursach: ein jeglicher müßte zuvor in seinen vorigen Stand wieder gesetzet und restituirt werden, ehe denn eine Rechtfertigung, ein Urtheil und Sentenz erginge. Die Schlange, weil sie einmal gewilliget und es dem Fuchs Macht geben hatte, kroch sie wieder ins Loch. Da ward der Bauer her, wälzte von Stund an den Stein wieder davor, daß die Schlange nicht konnte herauskommen. Da nun das Füchslein des Nachts kam und wollte die Hühner, die ihm verheißen waren, holen, schlug ihn das Weib und das Gesinde todt. Darauf sprach D. Martinus: „Dieses ist ein recht Contrafeit der Welt: Wem man vom Galgen hilft, der bringet einen gerne wieder daran. Wenn ich kein Exempel dergleichen mehr hätte, so wäre doch der Herr Christus Exempels genug, der die ganze Welt von Sünde, Tod, Teufel und Hölle erlöset hat und ist von seinem eigenen Volk gekreuzigt und an den Galgen gehenkt worden."

Von epikurischen Leuten.

Es ward Doctor Martin Luthern über Tisch zu Eisleben gesaget, daß ein Edelmann, C. von Seckendorf, sollte in einem Convivio gesagt haben: Wenn Gott ihm seinen Reichthum und Wollust ließe, daß er tausend Jahre leben und allen seinen Willen treiben möchte, so wollte er darnach unserm Herrn Gott gerne seinen Himmel lassen. Darauf sagte Doctor Martinus Luther: „Das ist eine rechte Sau gewesen, und denen gehören nichts anders denn Trebern."

Der Welt Güter und Schätze.

„Die Fugger können," sprach Doctor Martinus, „in einer Eile aufbringen ein Tonne Goldes, fünf oder sechs, das der Kaiser nicht vermag. N. Fugger hat bei 18 Tonnen Golds verlassen. Man sagt, daß die Fugger und Welser haben dem Kaiser einmal zwölf Tonnen Goldes im Kriege für Padua geliehen. Augsburg vermag in dreien Wochen dreißig Tonnen Goldes aufzubringen; das vermag der Kaiser nicht."

Und sagte der Herr Doctor: „Daß ein Bischofs von Brixen einmal zu Rom gestorben, welcher auch war ein Kardinal gewesen und sehr reich, und als er war todt gewesen, hatte man bei ihm kein Geld gefunden, denn allein ein Zettelein eines Fingers lang, das in seinem Aermel gesteckt war. Als nun Papst Julius denselbigen Zettel bekommen, hat er bald gedacht, es würde ein Geldzettel sein, schickt bald nach der Fugger Factor in Rom und fraget ihn, ob er die Schrift nicht kenne? Derselbige spricht: ja, es sei die Schuld, so der Fugger und seine Gesellschaft dem Kardinal schuldig wären und machte dreimal hundert tausend Gülden. Der Papst fraget: Wenn er ihm solch Geld erlegen könnte? Des Fuggers Diener sprach: alle Stunde. Da fodert der Papst zu sich den Kardinal aus Frankreich und England, und fraget: Ob ihr König auch vermöchte drei Tonnen Goldes in einer Stunden zu erlegen? Sie sagten: Nein. Da sprach er: das vermag ein Bürger zu Augsburg zu thun. Und hat der Papst Julius dasselbige Geld bekommen."

Es sagete auch der Herr Doctor: „Daß der Fugger dem Rath zu Augsburg einmal hätte sollen die Schatzung geben, da hätte er die Antwort gegeben: Er wüßte nicht, wie viel er hätte oder wie reich er wäre, darum könnte er die Schatzung nicht geben. Denn er hätte sein Geld in der ganzen Welt, in Türkei,

Griechenland, zu Alexandria, in Frankreich, Portugal, England, in Polen und allenthalben; jedoch wollte er die Schatzung geben von dem, das er zu Augsburg hätte."

Der Herr Doctor sagete auch, „daß er von einem gehört hätte, der da gesaget, daß er von dem Kaiser Maximiliano ein Kartenblatt hätte empfangen, darauf wenig Wort waren geschrieben gewesen, damit war er zum Fugger gen Augsburg kommen, der hätte ihm darauf sechs tausend Gülden gegeben, die hätte er in einen Aermel gesteckt und bei sich geführet, daß es seine Knechte nicht wären gewahr worden." Aber der Doctor sagete, „daß er das mit dem Kartenblatt gerne gläubete, denn vor Zeiten hätte man kleine Briefe geschrieben und wäre großer Glaube gehalten worden. Aber das Geld zu führen, daß mans nicht gewahr würde, däuchte ihn etwas zu milde geredet sein."

Daß Fürsten und Herren die Klöster und geistlichen Güter zu sich reißen.

Doctor Luther sagte einmal über Tisch davon, „daß ein wahres Sprichwort wäre: Daß Pfaffengut Raffengut wäre, und daß Pfaffengut nicht gedeihe. Und dasselbige habe man aus der Erfahrung, daß diejenigen, die da geistliche Güter zu sich gezogen haben, zuletzt darüber verarmen und zu Bettlern werden." Und sprach darauf, „daß Burkhard Hund, Kurfürst Hansen zu Sachsen Rath, hätte pflegen zu sagen: „Wir vom Adel haben die Klostergüter unter unsere Rittergüter gezogen; nun haben die Klostergüter unsere Rittergüter gefressen und verzehret, daß wir weder Klostergüter noch Rittergüter mehr haben." Und erzählete Doctor Luther davon ein hübsche Fabel und sprach: „Es war einmal ein Adler, der machte Freundschaft mit einem Fuchse, und vereinigten sich, bei einander zu wohnen. Als nun der Fuchs sich aller Freundschaft zum Adler versah, da hatte er seine Jungen unter dem Baume, darauf der Adler seine jungen Adler hatte. Aber die Freundschaft währete nicht lange; denn alsbald der Adler seinen Jungen nicht hatte Essen zu bringen, und der Fuchs nicht bei seinen Jungen war, da floh der Adler herunter und nahm dem Fuchs seine Jungen und führete sie in sein Nest und ließ sie die jungen Adler fressen. Da nun der Fuchs wieder kam, sah er, daß seine Jungen hinweggenommen waren, klagets derhalben dem obersten Gott Jovi, daß er Ius violati hospitii rächen und diese Iniuriam strafen wollte. Nicht lange darnach, da der Adler wiederum seinen Jungen nichts zu essen zu geben hatte, sah er, daß man an einem Orte im Felde dem Jovi sacrificirete.

Derhalben floh er dahin, und nahm flugs einen Braten vom Altar hinweg und brachte denselbigen den jungen Adlern ins Nest, und flog wieder hinweg und wollte mehr Speise holen. Es war aber am Braten eine glühende Kohle behangen blieben, dieselbige als sie ins Nest gefallen war, zündet sie das Nest an, und als die jungen Adler nicht fliegen konnten, da verbrannten sie mit dem Nest und fielen auf die Erde.“ Und saget Doctor Luther darauf, „daß es pflege also zu gehen denen, so die geistlichen Güter zu sich reißen, die doch zu Gottes Ehren und zu Erhaltung des Predigamts und Gottesdiensts gegeben sind; dieselbige müssen ihr Nest und Jungen, das ist ihre Rittergüter und andere weltliche Güter, verlieren und noch wohl Schaden an Leib und Seel dazu leiden.“

Auf ein ander Mal sagete Doctor Luther, „daß die geistlichen Güter Adlers Federn Art und Natur an sich hätten, denn wo man sie zu andern Federn legete, so fressen und verzehren sie dieselbigen. Also wenn man die geistlichen Güter per fas et nefas unter andere Güter menget, so verzehren sie auch dieselbigen, daß einer zuletzt gar nichts behält.“

Es war einer zu Wittenberg mit Namen Severus, welcher des Römischen Königs Ferdinandi Söhne Präceptor gewesen, der bei Doctor Luther zu Tisch gegangen. Dieser hatte über Doctor Luthers Tische gesaget: Es wäre zu Linz ein Hund gewesen, der dazu gewöhnet worden, daß er hat pflegen Fleisch aus den Fleischbänken zu holen in einem Korbe. Wenn aber andere Hunde wären an ihn kommen, hatten ihm das Fleisch nehmen wollen, so hat er den Korb niedergesetzt und sich weidlich mit ihnen durchbissen. Wenn sie ihn überwältiget hatten, so wäre er am ersten mit dem Maul in den Korb gefallen, habe ein Stück Fleisch erwischt, auf daß er auch etwas davon überkäme. Da sprach Doctor Luther darauf: „Eben das thut jetzt unser Kaiser Karol auch; welcher nachdem er lange die geistlichen Güter vertheidiget hat und nun siehet, daß ein jeglicher Fürst die Klöster und Stifte zu sich reißet, so nimmt er jetzt auch die Bischthümer ein; wie er denn neulich das Bischthum Utrich und Lüttich zu sich gerissen hat, auf daß er auch partem de tunica Christi überkomme.“

Von denen, die an der Welt Reichthum hangen.

„Ein Mensch, der sich ergeben hat auf der Welt Reichthum und Ehre, und indeß vergisset seiner Seelen und Gottes, der ist gleich einem kleinen Kindlein, das in der Hand hält einen Apfel, der schön ist von Gestalt und äußerlicher

Farbe, und meinet, es habe etwas Gutes; inwendig aber ist er faul und voller Würmer.“

Tischreden von D. M. Luthers von Händeln und Wucher.

„Ein bürgerlicher und rechtmäßiger Handel wird von Gott gesegnet, daß einer von zwanzig Pfennigen einen hat, aber ein gottloser und unleidlicher Gewinn im Handel wird verflucht. Wie Melchior Lotther Buchdrücker, der aus seinen Büchern, die ich ihm zu drucken gab, ein groß Geld gewonnen hat, daß ein Pfennig zweene erworben. Es hat in der Erste mächtig viel getragen, also daß Hans Grünenberger, der Drucker, mit Gewissen sagte: Herr Doctor, es trägt allzu viel; ich mag nicht solche Exemplaria haben. Es war ein gottfürchtiger Mann, darum war er auch von Gott gesegnet.

Ein billiger Gewinn ist, daß man von zwanzig Pfennigen einen habe, von hundert Gülden einen Gülden; aber der schändliche verfluchte Geiz schreitet gar über die Schnur und Maß; jetzt will man für einen Pfennig zweene haben, ein Pfennig muß ihr zweene, hundert Gülden müssen zwei hundert dazu gewinnen; darum ist auch kein Segen Gottes dabei. Wie unsern Buchführern geschieht, die alles auf den höchsten Gewinn treiben und aufs Theuerste geben; darum werden sie auch nicht reich, und wenn sie gleich reich werden, so druhets nicht, entweder sie oder ihre Kinder und Erben verarmen und werden drüber zu Bettlern, kriegen einen bösen Namen zu den Exemplaren.

Die Römer haben verboten zwölfe vom Hundert zu nehmen, jetzt aber dürfen sie alle Leipzigsche Märkte vom hundert fünfzehn Gülden nehmen, das thut jährlich achtundvierzig Gülden, ist eben der XXV. Pfui dich mal an! Wenn Sünde nicht mehr für Sünde gehalten wird, da ist weder Rath noch Hülfe; aber ich hoffe, Gott wird mit dem jüngsten Tage kommen, alsbald das Wort des Evangelii wird aufhören.“

Leihen.

„Leihest du, so kriegst du es nicht wieder. Gibt man dirs wieder, so geschiehts doch nicht so balde und so wohl und gut. Geschiehts aber, so verleurest du ein guten Freund.“

Vom Spiel.

„Karten- und Würfelspiel ist jetzt am gemeinsten, denn diese Welt hat viel und mancherlei Spiele erfunden; sie hat sich wahrlich wohl gelöset! Da ich ein Knabe war, waren alle Spiele verboten, also daß man die Kartenmacher, Pfeifer und Spielleute nicht ließ zum Sacrament gehen, und mußten vom Spielen, Tanzen und andern Spectakeln und Schauspielen, wenn sie es geübt oder zugesehen hatten und dabei waren gewest, beichten. Jetzt gehets im hohen Schwang und man vertheidingts für Übung des Verstandes usw."

Vom Saufen.

„Ich habe neulich," sprach D. M. L., „zu Hofe eine harte, scharfe Predigt gehalten wider das Saufen; aber es hilft nicht. Taubenheim und Minkwitz sagen: Es könne zu Hofe nicht anders sein, denn die Musica und alles Ritter- und Saitenspiel wäre gefallen, allein mit Saufen wäre jetzt die Verehrung an Höfen. Und zwar unser Gnädigster Herr und Kurfürst ist ein großer starker Herr, kann wohl einen guten Trunk ausstehen, seine Nothdurft machet einen andern neben ihm trunken; wenn er ein Buhler wäre, so würde es sein Fräulein nicht gut haben.

Aber wenn ich wieder zum Fürsten komme, so will ich nicht mehr thun, denn bitten, daß er überall seinen Unterthanen und Hofleuten bei ernster Strafe gebieten wolle, daß sie sich ja wohl vollsaufen sollten. Vielleicht, wenn es geboten würde, möchten sie das Widerspiel thun, quia nitimur in vetitum, was verboten ist, dawider thut man gern."

V. Tischreden D. M. Luthers von Abgötterei

Von Abgötterei, was die sei.

„Abgötterei heißet und ist allerlei Heiligkeit, Gottesdienst und geistlich Wesen, es gleiße von außen, wie schön und herrlich es kann, dazu allerlei hitzige und brünstige Andacht des Herzen derer, die Gott dienen wollen ohne Christum, den Mittler, ohne sein Wort und sonderlichen Befehl. Wie man etwa im Papstthum das für der allergeistlichsten Werk eines hielt, wenn die Mönche in ihrer Zelle saßen und dichteten von Gott und seinen wunderbarlichen Werken;

wenn sie in ihrer großen Andacht so brünstig entzündet waren, daß sie auf den Knien lagen, beteten und ihre Beschaulichkeit von himmlischen Sachen hatten mit solcher großen Lust und Andacht, daß sie vor großer Freude weineten. Da schlugen sie alle Gedanken aus von Weibern und alle dem, das vergänglich ist, gedachten allein an Gott und seine große Wunderwerk. Noch ist dieß Alles, welches doch die Vernunft für eitel engelische Geistlichkeit hält, ein Werk des Fleisches, wie S. Paulus klar anzeiget, da er spricht: Offenbar aber sind die Werk des Fleisches, als da sind Ehebruch, Hurerei usw., Abgötterei, Zauberei usw.

Darum ist allerlei Religion, sie habe einen Namen und Schein, so groß und heilig sie sein mag, da man Gott ohne sein Wort und Befehl dienen will nichts anders denn Abgötterei. Und je heiliger und geistlicher sie scheinen, je schädlicher und giftiger sie sind; denn sie führen die Leute vom Glauben an Christum und machen, daß sie sich verlassen auf ihre eigenen Kräfte, Werke, Gerechtigkeit; wie dieser Zeit der Wiedertäufer Wesen auch ist, die vor andern etwas weit besser sein wollen usw. Und aller Mönche, sonderlich der Carthäuser Orden, Fasten, Beten, hären Hemde, die heiligsten Werk, Regel und ganzes Leben, welcher Stand doch im Papstthum der allerheiligst gehalten ward, sind eitel fleischliche Werk; denn sie halten, daß sie heilig seien und selig werden nicht durch Christum, den sie als einen strengen, zornigen Richter ansehen und fürchten, sondern durch ihre Ordensregel.

Also kann jetzt auch Niemand die Papisten deß bereden, daß die Winkelmesse die größte Gotteslästerung und Abgötterei auf Erden sei, dergleichen so gräuliche in der Christenheit seit der Aposteln Zeit niemals gewesen ist; denn sie sind verblendet und verstockt. Darum ist all ihr Verstand und Erkenntniß von Gott und allen göttlichen Sachen auch verkehret und unrecht, halten das für den rechten und größten Gottsdienst, das die allergrößte und gräulichste Abgötterei ist, und wiederum das für Abgötterei, das doch der rechte und beste Gottsdienst ist, als Christum erkennen und an ihn gläuben. Wir aber, so an Christum gläuben und seinen Sinn haben, können Gott Lob alles wissen und richten, können aber von Niemand mit Wahrheit gerichtet werden."

Abgötterei, so mit der Möncherei und Nonnerei getrieben ist.

„Es müssen Sekten sein," sprach D. M., „die Abgötterei treiben, so lang die Welt steht, und mit höchster Andacht den Irrthümern einen großen Schein und Ansehen geben. Sehet nur, wie ein Weinen und Heulen bei dem Einsegnen war, wenn die Aeltern ihre Kinder in die Klöster gaben, daß man sie einsegnete, sonderlich die Mägdlein, wenn dieselben das Regnum mundi sangen. Ah, welch ein Weinen war da, da die Aeltern ihre Kinder dem Moloch opferten und verbrannten! Es ist jenes vor Zeiten ein gräulich Opfer gewesen, sonderlich wo der Aeltern angeborne natürliche Liebe und Neigung gegen den Kindern groß gewesen ist; denn sie sind ja nicht Klötze und Stöcke gewesen."

VI. Tischreden von dem Herrn Christo

Gedanken Doctor Martini Lutheri von der Geburt Christi.

Anno Domini 1538 am 25. Decembr. am Christabend war Doctor Martinus Luther sehr fröhlich und alle seine Reden, Gesänge und Gedanken waren von der Menschwerdung Christi, unsers Heilandes, und sprach mit tiefem Seufzen: „Ah, wir arme Menschen, daß wir uns so kalt und faul gegen diese große Freude stellen, die uns doch zu Gute geschehen ist! Und ist die größte Wohlthat, die weit, weit übertrifft alle andere Werk der Schöpfung; und sollens dennoch so schwächlich gläuben, da es uns doch von den Engeln verkündiget, geprediget und gesungen wird, welche himmlische Theologi und Prediger sind und haben sich unserthalben also gefreuet, und ihr Gesang ist gar ein schöner Gesang, darein kurz gefasset ist die Summa der ganzen christlichen Religion. Denn das Gloria in excelsis Deo, Gott in der Höhe sei die Ehre, ist der höchste Gottesdienst; denselbigen wünschen sie uns und bringen ihn uns in diesem Christo. Denn die Welt nach dem Fall Adams kennet weder Gott noch die Creaturen, lebet aller Ding außerhalb Gottes Ehre, preiset, lobet noch rühmet ihn nicht. O wie feine, schöne, lustige Gedanken hätte der Mensch gehabt, wenn er nicht gefallen wäre! wie hätte er speculiret von Gott in allen Creaturen, daß er auch in den kleinesten und geringsten Blümlein betrachtet hätte Gottes Allmacht, Weisheit und Güte! Denn wahrlich die Anschauung und Betrachtung der ganzen Creatur Gottes, sonderlich aber für die Einfältigen das Feldgewächse und der Schmuck des Erdbodens beweisets, daß unser Herr Gott ein solcher Meister und Künstler sei, dem es keiner wird nachthun. Solches wäre von Adam und seinen Nachkommen gerühmet und gepreiset worden, das nun des erbärmlichen verderblichen Falls halben nachbleibet, ja der Schöpfer wird noch gelästert und verunehret.

Darum rufen die lieben Engel die Leute, so gefallen sind, wiederum zum Glauben an Christum und zur Liebe, das ist, daß sie Gott allein die Ehre geben und in diesem Leben Friede haben, beide vor Gott und unter einander."

Von Christo im Phantheon zu Rom.

„Zu Rom ist eine Kirche gewesen, die hat geheißen Pantheon, darinne sind alle Götter gemalet gewesen, die sie aus der ganzen Welt haben können zusammen bringen. Und diese haben sich alle mit einander wohl können vertragen, und ist guter Friede unter ihnen gewesen, denn der Teufel hat damit nur der Welt in die Fäuste gespottet. Aber wie nur der Christus kömmet, den können sie nicht leiden, da werden die Teufel, alle Götzen und Ketzer toll und thöricht. Denn ist der rechte Mann und er hat sie auch Alle über einen Haufen gestoßen. Der Papst legt sich wider Christum auch gewaltiglich, aber er muß auch noch gestürzt werden. Es sind zu Rom etlich viel tausend Märtyrer begraben, die alle ihr Blut daselbst um des Herrn Christi willen haben vergossen."

Von Christi Auferstehung, was sie nützet.

„Da Christus wieder auferstanden ist, hat er Alles mit sich gezogen, daß alle Menschen müssen auferstehen, auch die Gottlosen. Daß wir aber noch leben und dieser Welt brauchen, das ist gleich, als wenn ein Hausvater wollte über Land ziehen und spräche zu seinem Kinde oder Diener: Siehe, da hast du dieweil zweene gülden Groschen, die brauche zur Leibes Nothdurft und Nahrung, bis ich wiederkomme.

Auch sind alle Creaturen ein Figur und Bild der künftigen Auferstehung, denn gegen dem Sommer werden sie aus dem Tod wieder lebendig, wachsen und grünen; welches im Winter Niemand gläubte, daß geschehen würde, wo ers zuvor nicht erfahren und gesehen hätte.

Deßgleichen, da er gen Himmel fuhr, hat er auch Alles mit sich geführt, sitzt zur Rechten Gottes des Vaters, und hat uns, die wir seines Leibs Gliedmaß sind, mit ihm in das himmlische Wesen versetzt, daß wir auch sollen Herrn sein aller Ding wie Christus, doch also, daß er bleibe der Erstgeborne unter vielen Brüdern.

Darum ein Christ, der das gläubt, siehet an die Sonne und Alles, was wir in dieser Welt brauchen, als wären sie nicht da, sondern gedenkt allzeit an das künftige Leben, in welchem er allbereit ist, obs wohl noch nicht scheinet, auch warten alle Creaturen auf die Erlösung und Offenbarung der Kinder Gottes (Röm. 8,19).

So sind nun alle Creaturen ausgemustert, auch alle Werk, wie heilig sie auch sind, sind rein ausgeschlossen und abgeschälet als nöthig zur Seligkeit. Da ein Werk selig machet, so machen auch Aepfel und Birnen selig. Christliche Gerechtigkeit ist nicht eine solche Gerechtigkeit, die in uns ist und klebet, wie sonst eine Qualitas und Tugend, das ist, das man bei uns findet oder das wir fühlen; sondern ist eine fremde Gerechtigkeit gar außer uns, nämlich Christus selber ist unsere formalis Iustitia, vollkommene Gerechtigkeit und das ganze Wesen." I Kor. I. (V. 30).

Christus soll allein in eines Christen Herz sein.

„In meinem Herzen," sprach D. Mart., „herrschet allein und soll auch herrschen dieser einige Artikel, nämlich der Glaube an meinen lieben Herrn Christum, welcher aller meiner geistlichen und göttlichen Gedanken, so ich immerdar Tag und Nacht haben mag, der einige Anfang, Mittel und Ende ist. Aber gleichwohl empfinde ich, daß ich von der Höhe, Tiefe und Breite dieser unmäßigen, unbegreiflichen und unendlichen Weisheit kaum und gar nährlich ein geringes schwaches Anheben erreiche, und kaum etliche kleine Stüfflein und Bröcklein aus der allerköstlichsten und reichsten Fundgrube habe erlangen und ans Licht bringen mögen."

Christum will Niemand zum Herrn haben.

An S. Stephans Tage auf den Abend über Tisch sagt D. Mart.: „Mein Predigt ist nicht anders, denn als ging ich durch einen großen Wald und schrie, daß es herwieder schalt, daß ich den Echo und Wiederschall hörete; denn ich sehe und merk, daß Niemand den Christum will für einen Herrn haben."

Des heiligen Pauli Person.

Da fraget ihn Magister Veit Dieterich und sprach: Wie achtet ihr, Herr Doctor, was Paulus sei für eine Person gewest? Da sprach der Doctor: „Ich gläube, Paulus sei ein verachtete Person gewest, die kein Ansehen gehabt; ein armes dürres Männlein wie Magister Philippus".

Es folget nicht: Christus hat dieß und das gethan, darum mögen wirs auch thun.

„Jetzt geben etliche vor, Christus habe die Käufer und Verkäufer mit Gewalt aus dem Tempel getrieben, darum mögen wir auch gleiche Gewalt wider die Bischöffe und Feinde des Worts üben; wie sich denn Münzer und andere Rottengeister in der Bauern Aufruhr unterstanden Anno 1525."

„Nein," sagt D. M., „Christus hat viel gethan, das wir ihm nicht nachthun sollen noch können. Er ist auf dem Wasser gegangen, hat vierzig Tag und Nacht gefastet, Lazarum vom Tod auferweckt, da er vier Tage im Grabe gelegen war usw. Das und dergleichen werden wir wohl lassen.

Viel weniger will er, daß wir uns wider die Feinde der Wahrheit setzen sollen, sondern gebeut das Widerspiel (Matth. 5, 44): Liebet eure Feinde, bittet für die, so euch beleidigen und verfolgen usw. Wir sollen ihm aber folgen in den Werken, daran er ein öffentlich Gebot gehänget hat, als (Luc. 6, 36): Seid barmherzig, wie euer Vater barmherzig ist. Item (Matth. 11, 29): Nehmet auf euch mein Joch und lernet von mir, denn ich bin sanftmüthig und von Herzen demüthig usw. Item (Luc. 9, 23): Wer mir folgen will, der verläugne sich selber, und nehme sein Kreuz und folge mir."

Christus ist der einzige Arzt wider den Tod, deß doch gar wenig begehren.

„Ein Trunk Wassers, wenns einer nicht kann besser haben, ist ein gute Aerznei wider den Durst. Ein Stück Brod stillet den Hunger, und wer sein bedarf, trachtet mit Fleiß darnach, daß ers bekomme. Also ist Christus die beste, gewisse, einige Aerznei wider den schrecklichsten Feind menschlichen Geschlechts, nämlich wider den ewigen Tod. Es will aber menschlichen Herzen nicht eingehen. Wenn sie einen Arzt wüßten über hundert Meilen, welcher den leiblichen, zeitlichen Tod vertreiben oder nur eine Zeit lang aufhalten könnte, wie würden sie ihn holen lassen, kein Geld noch Unkosten sparen? Daraus man siehet, wie gräulich menschlich Natur verderbet und verblendet ist.

Doch das kleine Häuflein hält sich zu dem rechten Arzt, und lernet an dieser Kunst, welche der heilig alte Simeon Luc. 2 (V. 29. 30) wohl gewußt hat, daher er fröhlich singet: Mit Fried und Freud ich fahr dahin, denn meine Augen haben deinen Heiland gesehen, darum der Tod mein Schlaf worden. Wo kömmet aber die Freude her? Da kömmet sie her, daß er den Heiland, den rechten Arzt wider Sünd und Tod, mit geistlichen, auch leiblichen Augen gesehen hat.

Darum ists ein gräuliche Plage, daß wir täglich vor Augen sehen, wie gierig ein Durstiger ist nach Trinken, ein Hungeriger nach Essen, so doch ein Trunk Wassers oder Stück Brods nur ein Stunde oder zwo den Durst oder Hunger vertreiben. Dagegen Niemand oder gar wenig nach diesem allertheuersten Arzte begierig sind, ob er wohl freundlich Alle zu sich locket und spricht Joh. am 7. Kap. (V. 37): Wen dürstet, der komme zu mir und trinke; dazu Speise und Trank gibt, die unvergänglich sind und bleiben bis ins ewige Leben, wie er auch saget (V. 38): Wer an mich gläubet, wie die Schrift saget, von deß Leibe werden Ströme des lebendigen Wassers fließen."

Christi und der Apostel Mirakel.

„So lang Jupiter, Mars, Apollo, Saturnus usw. Juno, Diana, Pallas, Venus regierten, das ist: für Götter gehalten und geehret worden von den Heiden (die Jüden hatten auch ihre fremde Götzen und viele, denen sie dieneten), mußte Christus anfänglich und hernach die Apostel viel leibliche Zeichen und Wunder thun, beide unter Jüden und Heiden, die Lehre vom Glauben an ihn (Christum) zu bekräftigen, und aufzuheben und zu vertilgen alle falsche Lehre und Götzendienste. Daß also dieselben Zeichen so lang im Schwang mußten gehen, bis die Lehre des Evangelii gepflanzet und angenommen, die Taufe und des Herrn Abendmahl seines wahren Leibs und Bluts angerichtet worden.

Die geistlichen Mirakel aber, die Christus für die rechten Wunderwerk hält, geschehen täglich und bleiben bis an der Welt Ende; als da ist, daß der Häuptmann Matthäi am achten Kapitel (V. 10), der ein Heide war, so ein starken Glauben an Christum hat können haben, daß er auch abwesend könnte seinem Knecht helfen. Also verwundert sich auch der Herr über des kananäischen Weibs Glaube und spricht: O Weib, dein Glaube ist groß! (Matth. 15, 28.)

Auch sind noch täglich etliche und deren viele, die das Evangelium annehmen, an Christum den Gekreuzigten gläuben, und ehe Alles, was sie haben, auch Leib und Leben ließen, denn sie ihn und sein Wort verläugnen wollten. Welches wahrlich ein groß Wunderwerk ist. Daher wünscht Sanct Paulus die überschwengliche Größe göttlicher Kraft, die er an uns, die wir gläuben, beweiset."

Name Jesus Christus.

„Ich hab und weiß nichts von Jesu Christo, weil ich ihn leiblich weder gesehen noch gehöret habe, denn allein seinen Namen. Doch hab ich aus der Schrift, Gott Lob, von ihm so viel gelernet, daß ich mir nur sehr wohl genügen lasse, begehre derhalb in diesem sündhaftigen Leben ihn leiblich nicht zu sehen noch zu hören.

Zudem hab ich in meiner höchsten Schwachheit, im Schrecken und Fühlen der Sündenlast, in Furcht und Zagen vor dem Tode, in Verfolgung der argen falschen Welt, oft erfahren und gefühlet die göttliche Kraft, so dieser Name an mir, der ich sonst von allen Creaturen verlassen war, beweiset hat, mich mitten aus dem Tod gerissen, wieder lebendig gemacht, in der größten Verzweifelung getröstet, sonderlich im Reichstage zu Augsburg Anno 1530.

Daß ich, ob Gott will, bei dem Namen will bleiben, leben und sterben. Und ehe ich wollte bei meinem Leben gestatten, daß Erasmus oder ein anderer, er heiße und sei wer er wolle, meinem Herrn Christo zu nahe sollt sein mit seiner gottlosen und falschen Lehre, wie köstliche Farbe er ihr auch anstreicht, sie zu zieren und schmücken, ehe wollt ich nicht leben. Ja, es sollt mir träglicher sein, samt Weib und Kind alle Plage und Marter zu leiden und endlich des schmählichsten Todes zu sterben, denn daß ich solches sehen und dazu still schweigen sollte."

Außer Christo soll man nicht an Gott gedenken.

Es sagete Doctor Martinus Luther ein ander Mal, daß man außer Christo Gott nicht erkennen könnte, und sprach: „Ich klagte einmal Doctor Staupitzen, wie mich die hohe Anfechtung von der Vorsehung hart plagete. Da sagte er zu mir: In den Wunden Christi wird die Vorsehung verstanden und gefunden und sonst nirgend nicht; denn es stehet geschrieben: Den sollt ihr hören (Matth. 17, 5). Der Vater ist zu hoch, darum saget er: Ich will einen Weg geben, darauf man zu mir kommen möge, nämlich Christum, an den gläubet, hänget an ihm, so wird sichs zu seiner Zeit wohl finden, wer ich bin. Das aber thun wir nicht, darum ist uns Gott unbegreiflich und unverständlich; wir könnens nicht ausdenken, was er sei, viel weniger, was er gesinnet ist; er wird nicht begriffen, will auch ungefasset sein außer Christo. Willt du nun die Ursach wissen, warum viel Leut verdammet werden? Sie hören nicht, was Christus saget und lehret vom Vater; bei dem

Christo sollt ihr finden, was und wer ich bin und was ich haben will; sonst werdet ihrs weder im Himmel noch auf Erden finden.“

Christus und der Papst sind an einander gehetzt.

„Ich hab,“ sagt D. M., „Christum und den Papst an einander gehangen; darum kümmer ich mich weiter um nichts. Wiewohl ich zwischen Thür und Angel komme und gedränget muß werden, ficht mich nicht an; denn, gehe ich darob zu Boden, so wirds Christus wohl hinaus führen!“

Vom Vorzug Gottes Worts.

Vom Vorzug Gottes Worts redete Doctor Martinus Luther also: „Christus ist einmal auf Erden sichtlich kommen und hat unter uns gewohnet und seine Herrlichkeit sehen lassen; hat aus bedachtem Rath und Vorsehung Gottes das Werk der Erlösung menschlichen Geschlechts ausgerichtet. Ich begehre nicht, daß er noch einst komme, will auch nicht, daß er mir einen Engel sende. Und ob gleich ein Engel vom Himmel käme, und sich mir sichtbar unter die Augen stellete, so wollt ich ihm doch nicht gläuben, denn ich hab meines Herrn Christi Brief und Sigil, das ist sein Wort und Sacrament, daran halte ich mich, begehre keiner neuen Offenbarung.“

Und daß Doctor Martinus Luther allein bei Gottes Wort geblieben und an dasselbige sich gehalten und keinem Gesichte hat gläuben wollen, davon hat er selbst diese Historie erzählet, daß er in seinem Stüblein einmal heftig gebetet und daran gedacht hätte, wie Christus am Kreuz gehangen, gelitten und für unsere Sünde gestorben wäre, da wäre ein heller Glanz an der Wand worden, und darinnen eine herrliche Gestalt Christi mit den fünf Wunden erschienen, hatte ihn, den Doctor, angesehen, als wäre es der Herr Christus selber leibhaftig. Als nun der Doctor gesehen, hat er erstlich gemeinet, es wäre etwas Gutes, doch hat er balde sich bedacht, es müßte des Teufels Gespenst sein, denn Christus erscheine uns in seinem Wort und in niedriger demüther Gestalt, als wie er am Kreuz gehangen und geniedriget worden ist. Darum hatte der Doctor zum Bilde gesagt: Hebe dich, du Schandteufel! Ich weiß von keinem andern Christo, denn der gekreuziget worden ist und der in seinem Wort vorgebildet und geprediget wird. Und balde war das Bild verschwunden, welches der leibhaftige Teufel gewesen war.

Es sind unter dem Collegio zu Worms, Anno 1545 gehalten, diese Vers gemacht worden, daß der Papst und Luther mit einander nicht können vertragen werden:

Ja, wenn der Teufel morgen stürb.
Und ein Wolf zum Schaf und Lamm würd.
So wird der Papst und Luther eins!
Der beider geschieht gewißlich keins.
Noch will man viel davon tractirn,
Das ist Geld, Müh und Zeit verliern,
Bleibet Christus Wort mit Ehrn bestahn,
So muß der Papst zu Trümmern gahn.
Kein Mittel ist zu finden hie;
Was thun wir denn mit unser Müh?

Wie Christus sein Verdienst austheilet.

„Christus Verdienst ist ein Werk, um welches willen Christus ein Belohnung und Geschenk geheißen wird. Nun aber gibt Christus sein Verdienst, Gaben und Gerechtigkeit aus Verheißung, die wird allein mit dem Glauben gefasset. Als wenn ein Fürst zu mir sagte: Komm zu mir aufs Schloß, so will ich dir hundert Gülden geben. Da thue ich wohl ein Werk mit dem Gehen, aber die hundert Gülden, als ein Geschenk, werden mir nicht um meines Gehens als eines Werks willen gegeben, sondern darum, daß sie mir der Fürst hat zugesaget und verheißen."

Christi Predigt ist nicht so gewesen, als jetzt zur Zeit des Evangelii.

„Des Herrn Christi Autorität und Ansehen, da er gelehret und gepredigt hat, ist so groß nicht gewesen, als sie jetzt zu unser Zeit ist", saget Doctor Martinus, „wie er selber spricht: Ihr werdet größere Werke thun denn ich. Johannis am 14. Kap. (V. 12). Er ist das Senfkörnlein, wir aber die Blätter und Meien."

VII. Tischreden D. Mart. Luthers von der Sünde

Wie man der Sünde los werde.

Da einer fragte, wie man ihm doch mit den Sünden thun soll, nicht allein mit den Sünden anderer Leute, sondern vielmehr mit unsern eigenen Sünden, wie man ihrer soll los werden? sprach D. Martin: „Darauf gibt S. Paulus diese Antwort: Wir sollen getrost sein und nur nicht zweifeln, es sei ein Mann, der heiße Jesus Christus, welcher sich selber dafür gegeben hat, Gal. I. (V. 4), nämlich daß unsre Sünden durch sonst kein ander Mittel oder Weise konnten getilget werden, denn daß Gottes Sohn sich selber dafür opfere.

Mit solchen Karthaunen, Nothschlangen, Häuptstücken, Büchsen und gewaltigen Kriegsrüstungen muß das heillose Papstthum gestürmet und allerlei vermeinte Religion, Abgötterei, Werk und Verdienst zu Grunde und Boden gehen und umgekehret werden. Denn wo unsere Sünden durch unser eigene Werk, Verdienst und Genugthuung getilget könnten werden, Lieber, was wäre doch von Nöthen gewest, daß Gottes Sohn sich selber dafür gegeben hätte? Weil er sich aber dafür gegeben hat, werden freilich wir sie mit unsern Werken wohl ungetilget lassen."

Der Gottlosen Fall, und wie sie in ihrem gottlosen Wesen und falscher Lehre ergriffen werden.

„Unser Herr Gott läßt die Gottlosen gefangen werden und ergriffen in gar schlechten geringen Sachen, da sie es nicht gemeint noch gedacht haben, wenn sie am allersichersten sind und in allen Sprüngen, Freuden und gutem Frieden leben. Also hat er den Papst durch mich gefangen im Ablaß, das gar ein schlecht Ding war; die Venediger durch Kaiser Maximilian." Und sprach weiter: „Was im Himmel fällt, das ist teuflisch; was auf Erden strauchelt, das ist menschlich."

Was zu der brüderlichen Vergebung gehöre.

„Zu der brüderlichen Vergebung gehört auch, daß der Bruder, dem ich vergeben soll, seine Fehle bekenne; denn die Sünde, welche nicht bekannt wird, kann ich nicht vergeben. Wo der Bruder nun fortfähret, mir Leides zu thun, und von Tag zu Tag ärger wird; so soll ichs wohl leiden, aber ich soll nicht die

Absolution drüber sprechen, sondern soll ihm sein Gewissen beschweren und sagen: Bruder, so und so hast du wider mich gesündiget, du sollt wissen, daß du mir Unrecht gethan hast. Verachtet ers und lachet, so soll ichs wohl leiden, aber ich kanns ihm nicht vergeben, weil ers nicht will für Sünde erkennen. Wenn ers aber von Herzen erkennet und spricht: Bruder, ich hab wider dich gesündiget, ich bitte dich, du wollest mirs vergeben, so sollt du sprechen: Lieber Bruder, von Herzen gerne."

Christus vergibt rechtschaffene Sünde.

„Da ich ein Mönch war, schreib ich Doctor Staupitzen oft, und ein Mal schreib ich ihm: O meine Sünde, Sünde, Sünde! Darauf gab er mir diese Antwort: Du willt ohne Sünde sein, und hast doch keine rechte Sünde; Christus ist die Vergebung rechtschaffner Sünde, als die Aeltern ermorden, öffentlich lästern, Gott verachten, die Ehe brechen usw., das sind die rechten Sünde. Du mußt ein Register haben, darinne rechtschaffene Sünde stehen, soll Christus dir helfen; mußt nicht mit solchem Humpelwerk und Puppensünden umgehen und aus einem jeglichen Bombart eine Sünde machen!"

Vergebung der Sünde ist in allen Ständen und Aemtern.

Doctor Luther sagte einmal: „Den Artikel von der Vergebung der Sünde hätte Gott in alle Creaturen gesteckt. Denn die, so in der Obrigkeit und in öffentlichen Aemtern wären, müßten alle der Vergebung der Sünden gebrauchen. Ein Bürgermeister in der Stadt, Vater und Mutter, Herren und Frauen; item Handwerksleute, wenn's nicht wider Gott und gar zu groß ist, müssen gegen Bürger, Kinder, Gesinde und Handwerksgesellen zuweilen durch die Finger sehen. Und wo die Vergebung der Sünde nicht ist und man wills Alles schnurgleich haben, da ist weder Friede noch Ruhe. Und wo einer will haben summum ius, das schärfste Recht, da folget oft summa iniuria, daß Alles darüber zu Trümmern geht. So treffen die es auch nicht allewege, die in Aemtern sind, sondern sie irren und sündigen vielmals und thun Unrecht, und müssen um Vergebung der Sünden bitten."

Vergebung der Sünde muß über alles durchaus gehen.

„Das Gesetz macht in keinem Stande oder Kunst gerecht; ist unmöglich, daß Alles schnurgleich nach dem Gesetz gehen und geschehen könnte. Wie wir auch in der Kinder-Kunst, so man in Schulen lehret, der Grammatica, sehen; da ist keine Regel so gemeine und schnurgleich, die nicht ihre Auszüge hat. Darum ist Vergebung der Sünden durchs ganze Leben in allen Händeln, Werken und Künsten allenthalben ausgestreuet und gesetzt. Denn daß ein Poema und Gedicht oder Lied von gemeinen Regeln ausgenommen und nicht stracks wie sonst ein andere schlechte Rede gestellt wird, das ist Vergebung der Sünden.

Das man heißt punctum mathematicum, das untheilbar und schnurgleich sei, also daß es auch am allerkleinsten und geringsten Pünctlein nicht fehle, dasselbige ist unmöglich zu finden; wie man auch die Gerechtigkeit, so das Gesetz erfodert, nirgend nicht finden kann. Das physicum punctum aber, wie mans nennet in Schulen, daß nicht so genau und schnurgleich Alles zugehet und geschieht, ist Vergebung der Sünde, da man muß Geduld haben, da es nicht also allenthalben gehet, wie es wohl sein sollte.

Wiewohl aber dasselbige Pünctlein, das sie mathematicum heißen, nirgend zu finden ist, doch muß man nach dem Zweck und Ziele schießen, so viel es möglich ist, man triffts doch nicht und kömmet noch weit genug davon. Es will gleichwohl heißen, man muß bisweilen durch die Finger sehen, hören und nicht hören, sehen und nicht sehen. Also sagt ich neulich M. S., daß er seinem Schösser sollte sagen, er sollt das punctum physicum lernen und Geduld haben, es werde doch aus dem mathematico puncto nichts, daß es Alles sollte schnurgleich zugehen und wie man spricht: Man kanns nicht Alles zu Bolzen drehen.“

Von der Erbsünde.

Zu Eisleben sagete D. Martinus Luther zu Doctor Jonas, als ein Balbirer ihm die Hare abschnitt und den Bart abnahm, „daß die Erbsünde im Menschen wäre gleich wie eines Mannes Bart, welcher, ob er wohl heute abgeschnitten würde, daß einer gar glatt ums Maul wäre, dennoch wüchse ihm der Bart des Morgens wieder. Solches Wachsen der Hare und des Barts hörete nicht auf, dieweil ein Mensch lebete; wenn man aber mit der Schaufel zuschlägt, so hörets auf. Also bleibet die Erbsünde auch in uns und reget sich, dieweil wir leben; aber man muß ihr widerstehen und solche Hare immerdar abschneiden.“

Von einem bösen Gewissen.

Doctor Martinus Luther sagete ein Mal über Tische, „daß es ein zart schwach Ding wäre um ein böses Gewissen, denn es könne sich nicht bergen. Wie auch die Heiden darvon gesaget haben: Conscia mens pravi de se putat omnia dici. Und erzählete Doctor Luther drauf diesen Possen: Es wäre einer in eine Herberge eingekehret und darinnen übernachten wollen, der hatte gerne pflegen zu stehlen. Wie nun der Gast und Wirth zu Tisch sitzen, da fänget das Licht an zu rinnen, denn ein Knoten im Docht gewesen war. Da weiset der Wirth mit der Hand aufs Licht, und schreiet: ein Dieb, Dieb. Der Gast, so ein Dieb war, springt vom Tisch herfür, nimmt sich der Wort an und wollt den Wirth schlagen. Dahin trieb ihn sein Gewissen; denn wäre er kein Dieb gewesen, so hätte er sich an diese Wort nicht gekehret."

Item er sagete: „Es wäre ein Prediger gewesen, der hätte auf der Kanzel die Ehebrecher übel gescholten, und gesaget: Ich hab nun lange mit Worten die Ehebrecher gestraft, jetzt will ich sie auch mit der That strafen; denn ich weiß einen Ehebrecher unter diesem Haufen meiner Zuhörer und ich sehe ihn vor meinen Augen, und kenne ihn so eben, daß ich ihn auch mit diesem Steine treffen will. Und hub den Stein auf und stellte sich, als wollt er nach dem Ehebrecher werfen. Da standen ihrer einer oder zwanzig drunten unter der Kanzel, die duckten sich Alle, und fürchtete ein jeder, er würde auf ihn werfen, und wollten aus der Kirchen laufen. Da sagte der Pfarrherr: Ich meinete, es wäre nur einer ein Ehebrecher unter euch, so sollt ihr wohl alle Ehebrecher sein! Das thut Conscientia!" Und sagte drauf den Possen mit der Frauen, die da hatte die Bürste gestohlen: wo sie sahe andere Frauen mit einander reden, so gedachte sie nicht anders, denn man redete von ihrer gestohlenen Bürsten usw.

Von einem zarten Gewissen.

„Ich halte, wenn die Apostel hätten zu einer solchen Zeit sollen leben, als wir jetzt, da die Sünde und Laster Alles überschwangen, sie hätten viel zu zarte Gewissen gehabt, sie hättens nicht können leiden. Wir aber haben Bärenhäute, Wildschweinshäute; wir fühlens so hart nicht! Wer drum ein hartes Häutchen hat über seinem Herzen, dem möcht es wohl zerbrechen. Wohlan, wir mögen wohl beten und fromm werden."

VIII. Tischreden D. M. Luthers vom freien Willen

Was der freie Wille schaffe.

Doctor Martinus gedachte des trefflichen Mannes D. Staupitzen oft (der in ihrem Orden Provincial und eines großen Ansehens gewest, in der rechten Religion wohl berichtet), was er pflegte vom freien Willen zu sagen; nämlich sagte er: Ich hab mir oft, ja täglich vorgenommen, ich wollt frömmer werden, und derhalben so oftmals gebeichtet und zugesagt, ich wollte mein Leben bessern; aber es war gar ein weite Frömmigkeit und wollt nichts draus werden, noch von Statten gehen, obs wohl mein Ernst war; wie Petro, da er schwur, er wollte sein Leben bei Christo lassen. Ich mag Gott nimmer lügen, ich kanns doch nicht thun, sprach er, ich will eines guten Stündleins erwarten, daß mir Gott mit seiner Gnade begegene, sonst ists verloren. Denn des Menschen Wille macht entweder Vermessenheit oder Verzweifelung, denn der Mensch kann doch dem Gesetz Gottes nicht genug thun!

Und sprach ferner, „daß D. Staupitz oft hätte pflegen zu sagen, daß das Gesetz Gottes zu uns Menschen sagt: Es ist ein großer Berg, du sollt hinüber. So sagt denn das Fleisch und die Vermessenheit: Ich will hinüber. Darauf spreche das Gewissen: Du kannst nicht. So will ichs lassen, antwortet denn Desperatio. Also machet das Gesetz im Menschen entweder Vermessenheit oder Verzweifelung, und muß doch gelehrt und geprediget werden. Predigen wir das Gesetz, so machen wir die Leute verzagt; lehren wirs aber nicht, so machen wir die Leute faul und roh."

„Ich bekenne und sage auch," sprach Doctor Martinus, „daß du ein freien Willen habest, die Kühe zu melken, ein Haus zu bauen usw., aber nicht weiter, denn so lang du in Sicherheit und Freiheit sitzest, bist ohn Gefahr und steckest in keinen Nöthen. Da lässest du dich wohl dünken, du habest einen freien Willen, der etwas vermöge. Wenn aber die Noth vorhanden ist, daß weder zu essen, noch zu trinken, weder Vorrath, noch Geld mehr da ist, wo bleibt hie dein freier Wille? Er verlieret sich und kann nicht bestehen, wenns ans Treffen geht. Der Glaube aber allein stehet und suchet Christum.

Darum ist der Glaube viel ein ander Ding denn der freie Wille; ja der freie Wille ist Nichts und der Glaube ist Alles. Lieber, versuche es, bist du keck, und führe es hinaus mit deinem freien Willen, wenn Pestilenz, Krieg, theuere Zeit vorfallen.

Zur Pestilenzzeit kannst du vor Furcht nichts beginnen, da gedenkst du: Ah, Herr Gott, wäre ich da oder da! Könntest du dich hundert Meilen Wegs davon wünschen, so fehlets am Willen nicht. In theuerer Zeit gedenkst du: Wo soll ich Essen nehmen? Das sind die großen Thaten, die unser freier Wille ausrichtet, daß er das Herz nicht tröstet, sondern machts je länger je mehr verzagt, daß es sich auch vor einem rauschenden Blatt fürchtet.

Aber dagegen ist der Glaube die Frau Domina und Kaiserin; ob er schon klein und schwach ist, so stehet er dennoch und lässet sich nicht gar zu Tod schrecken. Er hat wohl große gewaltige Stücke für sich, wie man hin und wieder in der heiligen Schrift und an den lieben Jüngern siehet. Wellen, Wind, Meer und allerlei Unglück treiben Alle mit einander zum Tode zu. Wer sollte in solcher Noth und tödtlicher Fahr nicht erschrecken und erblassen? Aber der Glaube, wie schwach er auch ist, hält er doch wie eine Mauer und leget sich wie der kleine David wider Goliath, das ist wider Sünde, Tod und alle Fährlichkeit; sonderlich aber streitet er ritterlich, wenns ein starker vollkommener Glaube ist. Ein schwacher Glaube kämpfet auch wohl, ist aber nicht so keck."

IX. Tischreden D. M. Luthers vom heiligen Katechismus

Der Katechismus muß bleiben.

„Der Katechismus wird müssen bleiben und das Regiment in der christlichen Kirche behalten und Herre bleiben, das ist, die zehn Gebot Gottes, der Glaube, Vater Unser und die Sacramente usw. Und wiewohl sich viel dawider legen, doch wird er bleiben und die Herrschaft und Oberhand behalten durch den, von welchem geschrieben stehet: Du bist ein Priester ewiglich. Psalm 110 (V. 4). Denn derselbige will Pfaff bleiben und wird auch Pfaffen haben, wenn gleich die ganze Welt dawider strebete. Er hat allbereit zwo Schlachten gethan, eine mit Thomas Münzer und die ander mit Zwingel, welche beide ihre Jünger noch für Heiligen ausrufen."

Der Katechismus ist nötig in der Kirchen, sonderlich für die Kinder.

Da gedacht ward, wie in Pomern die Lehre des Katechismi nachlässig in Kirchen und Schulen und Häusern gehalten und getrieben wurde, sprach D.

Martin Luther: „Ah, die gemeinen öffentlichen Predigten in den Kirchen bauen die Jugend wenig, Kinder lernen und behalten nicht viel davon; sondern das thuts, daß man sie in der Schul und in Häusern daheim sonderlich mit Fleiß und fein richtig und ordentlich lehre, verhöre und examinire, was sie gelernet haben; das schafft viel Nutzens. Es ist solches wohl ein verdrießlich und müheselig Ding, aber es ist sehr nöthig. Die Papisten haben solche Mühe und Arbeit geflohen, haben nur mit den Zinsregistern zu thun gehabt. Also ist das christliche Häuflein und die Gemeine Gottes verlassen und versäumet worden."

Ein anders.

„Der Katechismus ist die vollkommenste und beste Lehre, darum soll man sie für und für predigen und gar nicht unterlassen, wie denn alle andere gemeine öffentlichen Predigten sollen darauf gerichtet und gezogen werden. Ich wollt, daß man ihn täglich predigte und aus dem Buch einfältig lese. Aber unsre Prediger und Zuhörer kennen ihn auf einem Nägelein, sie haben ihn allbereit gar ausgelernet, schämen sich dieser schlechten geringen Lehre, dafür sie denn sie halten; wollen aber gesehen sein und von hohen Dingen reden. Der Adel und die Bauern sagen: Was? unser Herr Pfarrherr geiget nur immerdar ein Liedlein, prediget allein den Katechismus, als die zehn Gebot, den Glauben, das Vater Unser, item von der Taufe und vom Abendmahl. Das alles kann ich vorhin wohl. Also begeben sich denn die Prediger auf hohe Ding und richten sich nach dem Lüstern der Zuhörer, und predigen was sie gerne hören, lassen denn die Fundamente und Grundfesten stehen, darauf man sonst bauen sollte."

Ein Anders.

„Wer sich an dem Katechismo nicht lässet genügen, wenn man den Katechismum prediget, dem predige der Teufel!" sagte D. Martinus.

Der Katechismus muß regieren.

„In Kürzen wird es an Predigern mangeln. Mein gnädigster Herr, der Kurfürst zu Sachsen usw., hat an 20 Juristen genug; dagegen muß er wohl an acht hundert Pfarrherrn haben. Jurista est nomen reale, praedicator autem individuuum. Ein jeglich Kirchspiel und Gemeine muß ihren eigenen Seelsorger und Prediger, aufs wenigste einen haben; da man dagegen mit einem, zweien, dreien oder vieren Juristen ein ganz Land kann wohl versehen und versorgen.

Wir werden noch mit der Zeit aus Juristen und Aerzten müssen Prediger und Pfarrherrn machen, das werdet ihr sehen. Die Zeit und Gelegenheit macht einen Prediger. Ich kann mich nicht mit und an Worte binden lassen, ich predige oft von einer Meinung mit andern Worten."

Da sagte D. Jonas: Herr Doctor, ich kann Euch im Predigen gar nicht nachfolgen, und wer will es Euch nachthun? Darauf sprach D. M. L.: „Ich kanns selber nicht, denn oft gibt mir meine Person oder eine sonderliche Privatsache Ursach zu einer Predigt, nach dem die Zeit, Händel und Zuhörer sind. Wenn ich jünger wäre, so wollte ich viel in meinen Postillen abschneiden und kürzer machen, denn ich darinnen über die Maße und zu viel Wort habe gebraucht. Demselbigen langen Reden und Geschwätz kann Niemand nachfolgen, noch es erlangen, auch schickt noch reimet sich nicht Alles zu allen Zeiten; Alles muß man richten nach den Umständen, doch wird der Katechismus müssen bleiben und herrschen."

Wofür die zehn Gebote Gottes in der Welt gehalten werden.

„Die erste Tafel in der Welt ist gar nichts, die ander ist ein wenig in einem Ansehen, also, daß die Übertreter bisweilen gestraft werden. Die letzten zwei Gebot in der andern Tafel sind in der Welt keine Sünde."

Was die Strafe der Erbsünde sei.

„Der Erbsünde Strafe ist eigentlich, Gott nicht erkennen und nichts von ihm wissen, welches eine Lästerung ist; darnach den Nächsten nicht kennen, seiner nicht achten, das ist, ihm alles Leid thun, ihn erwürgen und umbringen. Zum Dritten, sich selber nicht kennen, das ist, für sich selber sorgen und seiner warten, und das Seine suchen auch wohl mit eines Andern Schaden."

X. Tischreden D. M. Luthers vom Gesetz und Evangelio

Ob man Moses weltliche und politische Gesetze zu halten schuldig sei.

Anno 1524, Feria 2. post Judica, sagete D. Martinus Luther: „Die, so da Moses Gerichtsordnung, ludicialia, Gesetze und Rechte in Welthändeln so hoch rühmen, soll man verachten; denn wir haben unsere beschriebenen kaiserlichen und Landrechte, unter denen wir leben und dazu wir uns verpflichtet haben. Wie auch weder Naaman, der Syrer, noch Hiob, noch Joseph, noch Daniel, noch andere fromme Jüden Moses Gesetz haben gehalten noch gebraucht außerhalb ihres Landes, sondern der Heiden Gesetz und Rechte, bei denen sie waren.

Moses Gesetz verbunden und verpflichten nur das jüdische Volk an dem Orte, den Gott erwählet hatte. Nun sind sie frei. Sonst, da man die ludicialia, Gesetze von Gerichts- und Welthändeln, Mose müßte halten, so müßten wir uns auch beschneiden lassen und die Ceremonialia und mosaischen Ceremonien halten; denn da ist kein Unterschied, wer eins als nöthig hält, der muß die andern auch halten. Darum sei man zufrieden mit Mose Gesetzen; ausgenommen die Moralia, die Gott in die Natur gepflanzt hat, als die zehn Gebot, so rechten Gottesdienst und Ehrbarkeit belangen."

Moses mit seinem Gesetz ist ein Henkermeister.

„Moses ist aller Henker Meister und Niemand ist über ihn, noch ihm gleich mit Schrecken, Aengstigen, Tyrannisiren, Dräuen und dergleichen Strafpredigten und Donnerschlägen. Denn er greift das Gewissen mit der Schärf hart an, schreckts, marterts, stockts und plockts usw., und thut solches aus Gottes Befehl als sein Statthalter."

Das Gesetz und Evangelium recht zu unterscheiden, ist keines Menschen Kunst.

„Kein Mensch auf Erden ist, der da kann und weiß das Evangelium und Gesetz recht zu unterscheiden. Wir lassen es uns wohl dünken, wenn wir hören predigen, wir verstehens; aber es fehlet weit, allein der Heilige Geist kann diese Kunst. Dem Manne Christo hats auch gefehlet am Oelberge, also, daß ihn ein Engel mußte trösten; der war doch ein Doctor vom Himmel und der Heilige

Geist war in Gestalt einer Tauben auf ihm gesessen, noch ward er durch den Engel gestärkt. Ich hätte auch wohl gemeinet, ich könnte es, weil ich so lange und so viel davon geschrieben hab; aber wahrlich, wenn es ans Treffen gehet, so sehe ich wohl, daß mirs weit, weit fehlet! Also soll und muß allein Gott der heiligste Meister und Lehrer sein."

Warum man das Gesetz lobet.

„Jedermann, der Verstand und Ehrbarkeit lieb hat, lobt und liebt das Gesetz, Mosen und Jesus Sirach, darum, daß sie feine, gute Lehre geben, wie man sich halten soll. Aber so lang haben wir sie lieb, bis es an uns auch kömmet; denn wenn wirs thun sollen, so werden wir ihnen feind."

Gesetz, was es sei.

„Das Gesetz ist ein rechter Labyrinthus, das die Gewissen nur verirret und verstrickt, und die Gerechtigkeit des Gesetzes ist ein Minotaurus, weder Hund noch Röd, das ist, ein lauter Gedicht oder Fabel, das zur Seligkeit nicht führet, sondern ziehet und schleppt nur zur Hölle zu."

Das Evangelium bringt Armuth, aber falsche Lehre Reichthum.

„Wo das rechte Evangelium ist, da ist Armuth; wie geschrieben stehet: Ich bin gesandt, den Armen das Evangelium zu predigen (Jes. 61, I). Vor Zeiten hat man können ganzen Klöstern vollauf geben, jetzt will man gar nichts geben! Superstition, falsche Lehre und Heuchelei gibt Geldes genug; Wahrheit gehet betteln!"

Lügen.

„Eine Lüge ist wie ein Schneeball; je länger man ihn wälzet, je größer er wird."

Gottlose gehet das Evangelium nicht an.

„Die Gottlosen saugen nur aus dem Evangelio eine fleischliche Freiheit und werden ärger draus, darum gehört das Evangelium nicht für sie, sondern das

Gesetz. Gleich als wenn ich meinen jungen Sohn nicht hätte gestrichen, sondern hätte über Tisch von seiner Untugend nur gesaget, und ihm Zucker und Mandelkern dazu gegeben; so hätte ich ihn ärger gewachet, verzogen und verderbet. Darum gehöret das Evangelium eigentlich für die erschrockenen, betrübten und geängstigten Gewissen; das Gesetz aber für die gottlosen, sichern, rohen Leute und Heuchler, denen soll mans predigen."

Ein Anders.

„Diese zwo Lehren, Gesetz und Evangelium sind hoch von Nöthen, die muß man beinander haben und wohl treiben, doch unterscheidlich mit großer Bescheidenheit, sonst werden die Leute entweder vermessen, oder verzweifeln, sonderlich wenn der Teufel aus dem Evangelio ein Gesetz machet. Darum beschreibet Moses diese beiden Lehren sehr fein und wohl durch einen obern und untersten Mühlstein. Der oberste Stein poltert und stößt, welcher ist das Gesetz, aber er ist von Gott recht gehänget, daß er nur treibt. Der untere Stein aber ist still und ruhet, das ist das Evangelium. Unser Herr Gott hat den Oberstein fein gehänget, daß er nicht gar zerreibe und zermalme, sondern hat beide an den obern und untern Stein Gnade gehänget."

Des Evangelii Art.

„Cassia ist Zimmetrinden gleich, hat die Kraft, daß es die Augen purgiret und reiniget, und ist gut wider Ottern- und Schlangenbisse. Ist ein Bild des Evangelii, welches die Finsterniß vertreibt und bringet das Licht wieder, und ist ein gemein Aerznei, so man brauchen soll wider alle Bisse und Stechen der giftigen Würmer, das ist, des Teufels und seiner Schuppen und Diener."

Wider die Gesetzstürmer.

Anno 38 den 13. Octobris, da der Doctor daheim im Hause das Evangelium Luc. 14 predigte, weil er um Leibes Schwachheit willen nicht konnte in der Kirchen predigen, verwunderte er sich überaus sehr, daß die Antinomer so unverschämt wären und dürften die Lehre des Gesetzes, so doch nöthig wäre, verwerfen, und sähen derselbigen Effect, Nutz und Frucht nicht. „Darum," sagt er, „hat S. Augustinus die Kraft, Amt und Wirkung des Gesetzes durch ein schön Gleichniß abgemalet, nämlich, daß es uns die Sünde, so in uns ist, und den Zorn Gottes wider die Sünde offenbare und vor die Augen stelle und mehre, nicht, daß es des Gesetzes Schuld ist, sondern unserer verderbten Natur und bösen Art; gleich wie der Kalkstein ruhet und still liegt, aber wenn man Wasser drein geußt, so sähet er an zu rauchen und zu brennen; nicht, daß es des Wassers Schuld wäre, sondern des Kalksteins Natur ist, daß er kein Wasser leiden kann; geußt man aber Oel auf den Kalkstein, so liegt er still und brennet nicht. So hält sichs mit dem Gesetz und Evangelio. Es ist ein schön, herrlich Gleichniß."

Eine wunderliche Geschichte.

Anno 1540 hat Doctor Martinus Luther eine Collation angerichtet, dazu er die Vornehmsten der Universität geladen. Darunter ist auch M. E. gewest, von welches wegen denn solches angefangen worden. Da man nun hatte gegessen und Jedermann fröhlich war, da ließ ihm Doctor Martin Luther ein Glas reichen, welches drei Reifen hatte; dasselbe brachte und trank er mit Wein den Gästen zu. Und als sie hatten alle Bescheid gethan, da kam die Reihe auch an M. E. Demselbigen zeigete Doctor Martinus das Glas und sprach: M. E., Lieber, ich gebe Euch dies Glas mit Wein, bis an den ersten Reif, die zehn Gebot; an den andern, den Glauben; an den dritten, das Vater Unser des Katechismi gar aus. Wie er das gesagt, trank er, D. Martin Luther, das Glas gar aus und ließ es wieder voll schenken und gabs M. Eißleben. Derselbige, da er das gemalete Glas empfing und anhub zu trinken, war es ihm unmöglich, daß er über den ersten Reif hätte trinken können, setzte derhalben das Glas nieder, und hatte darnach ein Gräuel, dasselbige anzusehen. Da sagte Doctor Martinus Luther: „Ich wußte es vorhin wohl, daß M. E. die zehn Gebot saufen könnte, aber den Glauben, Vater Unser und den Katechismum würde er wohl zufrieden lassen!" Denn er hatte auch die Antinomiam angerichtet, daß man das Gesetz aus der Kirchen aufs Rathhaus thun sollte.

Darbei ist M. Johann Spangenberg, Pfarrherr zu Nordhausen, gewesen, als sich dies in D. Martin Luthers Hause hatte zugetragen, und hat auch solche Geschichte in seine Bibel verzeichnet gehabt.

XI. Tischreden D. M. Luthers, daß der Glaube an Christum allein vor Gott gerecht mache

Des Glaubens Art.

„Es ist aus der Maßen schwer, daß ein Mensch glauben soll, daß ihm Gott gnädig sei, um Christus willen, ob er wohl ein großer Sünder ist. Ei, des Menschen Herz ist zu enge, daß ihm solches nicht will eingehen, noch daß ers fassen könne.

Da ich ein junger Mensch war, begab sichs zu Eisleben am Tag Corporis Christi in der Procession, da ich mitging und ein Priesterkleid anhatte, daß ich vor dem Sacrament, das Doctor Staupitz trug, so hart erschrak, daß mir der Schweiß ausbrach und nicht Anders zu Sinne war, ich würde vergehen vor großer Angst. Da nun die Procession aus war, beichtet und klagt ich mein Anliegen Doctor Staupitzen; der saget: Ei, Eure Gedanken sind nicht Christus. Dies Wort nahm ich mit Freuden an und war mir sehr tröstlich.

Ists aber nicht zu erbarmen, daß wir so schüchtern und schwachgläubig sind? Christus ergibt sich uns selber mit Allem, das er ist und hat, beut uns an seine himmlischen, ewigen Güter, Gnade, Vergebung der Sünden, ewige Gerechtigkeit, Leben und Seligkeit, heißt uns seine Brüder und Miterben: noch fürchten wir uns in der Noth und fliehen vor ihm, da wir seiner Hülfe und Trostes am meisten dürften!

Es gemahnet mich gleich, wie mirs einmal in der Jugend ging, da ich und sonst ein Knab daheim in der Fastnacht, wie Gewohnheit ist, vor den Thüren sungen, Würste zu sammlen. Da scherzt ein Bürger mit uns, und schreit laut: Was macht Ihr bösen Buben? Daß Euch dies und das bestehe! Kömmet zu uns gelaufen mit zweien Würsten und will sie uns geben. Ich und mein Gesell aber erschraken vor dem Geschrei, flohen vor dem frommen Mann, der uns kein Leid, sondern Guts gedacht zu thun. Und daß es je an ihm nicht fehlete, rief er uns nach, gab uns gute Wort, daß wir wieder zurück kehreten und die Würste von ihm nahmen.

Ebenso stellen wir uns gegen unsern lieben Gott, welcher seines eingebornen Sohns nicht verschonet hat, sondern ihn für uns dahin gegeben und uns Alles mit ihm geschenkt; noch fliehen wir vor ihm und denken, er sei nicht unser gnädiger Gott, sondern unser strenger Richter.“

Der Kinder Glaube.

Da sein Söhnlein Martinichen der Mutter an der Brust lag und saugete, sprach Doctor Luther: „Dem Kindlein (und Allem, was mir zugehöret) ist feind der Papst, Herzog Georg und Alle, die übern Papst halten, auch alle Teufel. Das gibt dem lieben Kindlein nichts zu schaffen, es fürchtet sich vor ihnen Allen nicht, fragt nichts darnach, daß ihrer so viel, dazu so große gewaltige Herren sind, die es böse im Sinn haben, sondern säuget den Zitzen mit Freude, siehet sich fröhlich um, lachet und ist guter Ding, und läßt sie zürnen, so lang sie wollen.“

Ein Anders.

Da einer sagte, sein Töchterlein von vier Jahren redete oft mit fröhlicher Zuversicht von Christo, von den lieben Engeln und ewiger Freude im Himmel usw. und da er einst zum Töchterlein sprach: O liebes Kind, wer es nur fest gläuben könnte! Darauf es den Vater gleich ernstlich gefraget: Ob ers denn nicht gläubte? sagt D. Martinus drauf: „Die lieben Kindlein leben in Unschuld, wissen von keiner Sünde, leben ohn Neid, Zorn, Geiz, Unglaub usw., sind derhalben fröhlich und haben ein gut Gewissen, fürchten sich vor keiner Fahr, es sei Krieg, Pestilenz, Tod usw., nehmen einen Apfel für einen Groschen. Und was sie hören von Christo, vom zukünftigen Leben, das gläuben sie einfältig, ohne allen Zweifel und reden fröhlich davon. Daher auch Christus uns Alte ernstlich anredet, ihrem Exempel nachzufolgen, da er spricht: Es sei denn daß ihr euch umkehret, und werdet wie die Kinder, so werdet ihr ins Himmelreich nicht kommen. Denn die Kinderlein gläuben recht, und Christus hat darum die Kinder und ihre kindischen Possen lieb. Dagegen ist er der Welt Weisheit Feind. Matth, II (V. 25).“

Frage.

Warum brauchen die Christen der Vernunft, weil man sie in Glaubenssachen muß zuschließen und beiseit thun, als die sie nicht allein nicht verstehet, sondern auch dawider ist und strebet; darum taugt sie auch nichts in rechten frommen gottseligen Christen, ja hindert mehr? Darauf antwortet D. Luther: „Die Vernunft ist für den Glauben und Erkenntnis Gottes, ehe ein Mensch neu geborn wird, eitel Finsterniß, weiß und verstehet nichts in göttlichen Sachen;

aber in einem Gläubigen, der nun vom Heiligen Geist durchs Wort neu geboren und erleuchtet ist, da ist sie ein schön herrlich Instrument und Werkzeug Gottes. Denn gleich wie alle Gaben Gottes und natürlichen Instrumente und Geschicklichkeiten an Gottlosen schädlich sind, also sind sie an den Gottseligen heilsam. Vernunft, Wohlredenheit, Sprachen usw. fördern und dienen alsdenn dem Glauben, da sie zuvor vor dem Glauben hinderten. Die erleuchtete Vernunft durch den Glauben empfähet Leben vom Glauben, denn sie ist nun getödtet und wieder lebendig gemacht. Gleichwie unser Leib am lichten Tage, wenns hell ist, besser und sicherer, auch fertiger aufsteht, sich beweget, gehet, webet usw., denn in der Nacht, wenns finster ist: also ist auch die Vernunft nun anders gesinnet, als die nicht mehr so hart wider den Glauben fichtet und streitet, wie zuvor, ehe sie erleuchtet, sondern fördert und dienet dem Glauben nun viel mehr.

Also auch die Zunge, die zuvor ein Gottslästerin war, rühmet, lobt und preiset Gott und seine Gnade; wie meine Zunge jetzt ein andere Zunge ist denn vorhin im Papstthum; jetzund ist sie erleuchtet. Gleich wie ein kalt Eisen, wenn es glühend ist, so ists ein anders und heiß Eisen. Und das ist die Wiedergeburt, so vom Heiligen Geist durchs Wort geschieht, da bleibt die Person samt ihren Gliedmaßen und Wesen an ihr selbst, wie sie von Gott geschaffen ist, allein, daß sie nun anders gesinnet wird.

Die Vernunft ist der Eitelkeit unterworfen, wie alle anderen Creaturen Gottes, nämlich dem Narrenwerk; aber der Glaube sondert ab die Eitelkeit vom Wesen. David brauchte Bogen, Schwert und Waffen, sagte: Ich verlasse mich auf meinen Bogen nicht usw.; warf sie darum nicht hinweg. Also sagen die gottseligen und rechtschaffenen Christen: Mein Weib, Kinder, Kunst, Weisheit, Geld und Gut usw. hilft nicht in den Himmel; aber werfens nicht hinweg, wie sie es auch nicht sollen verwerfen, wenn sie Gott gibt; aber sie scheiden und sondern das Wesen von der Eitelkeit und Narrheit, so dran klebet. Gold bleibt und ist gleich sowohl Gold, wenns eine Hure trüget, als ein fromm, züchtig Weib. Der Huren Leib ist eben sowohl Gottes Creatur als einer ehrlichen Matronen. Also soll man die Eitelkeit und das Narrenwerk absondern und wegthun, nicht das Wesen und die Substanz oder Creatur, von Gott geschaffen und gegeben.

Hiob hats können thun, da er sein Weib nur strafete: Du, sprach er, redest wie ein Närrin. Sagte nicht: Du redest wie ein Weib, das da pflegt zu narren; verschonete des Geschlechts. Aber der Pöbel und der größte Haufe kann das nicht, denn er tadelt und verwirft das Wesen der Creaturen zugleich mit dem Mißbrauch oder Eitelkeit; welches nicht recht ist, denn da das Gute nicht wäre, so könnte das Böse auch nicht sein. Davon der Heide Aristoteles saget: Was böse ist, das kann man nicht mißbrauchen, weil es Gott verboten hat zu thun; sondern was gut ist, das mißbraucht man zu Sünden und Schanden wider Gottes Gebot und Willen, der es gut und zum guten Brauch geschaffen hat. Also ist Eitelkeit und Mißbrauch in einem guten Wesen und Creaturen, die braucht man nicht recht, da sie doch an ihnen selbst gut sind. Das macht des Menschen verderbte Natur durch die Erbsünde. Also ist die Vernunft und alle anderen Gaben beide in Gottseligen und Gottlosen, aber ungleicher Weise und Maße, nach dem sie neu geborn sind und vom Heiligen Geiste regieret werden oder nicht."

Des rechtschaffenen Glaubens Art.

„Die rechtschaffenen Gläubigen meinen immerzu, sie gläuben nicht; darum kämpfen, ringen, winden, befleißigen und bemühen sie sich ohne Unterlaß, den Glauben zu erhalten und zu mehren. Gleich wie die guten und kunstreichen Werkmeister sehen und merken allezeit, daß an ihrem Werk etwas, ja viel mangelt und fehlet; die Hümpler aber lassen sich dünken, es mangelt ihnen an nichts, sondern es sei Alles recht vollkommen, was sie machen und thun, wie die Juden meinen, sie können die zehen Gebote wol, da sie sie doch nicht lernen, noch ihr achten."

Glaube ist ein groß Ding, ob er wohl schwach ist.

„Der Glaub ist ein hohes Ding; das zeiget der Psalter fein an. Ich weiß, daß mein Glaube stehet, wie ein Pelz auf seinen Aermeln, wenn er auf meinen Werken sollt stehen; aber auf Gottes Wort da stehet er feste, wie schwach er auch ist; das ist gewiß und fehlet nicht. Aber die Kirche und ihr Glaube stehet bei uns und die thun viel. Ihr Vater Unser und der Glaube ist ein groß Ding wider den Teufel. Mein Lenichen und Hänschen beten auch für mich und viele Christen!"

Des Glaubens Gewißheit im Wort durch den Heiligen Geist.

„Wir unterscheiden den Glauben nicht vom Heiligen Geiste, welcher ist die Gewißheit selbst im Wort und nicht ohne das Wort, sondern wird gegeben durchs Wort und ohne dasselbe nicht."

Da sprach Doctor Heneck: Saget Ihr, daß der Heilige Geist sei die Gewißheit gegen Gott, so werden alle Secten und Rotten (die es gewiß dafür halten, ihre Religion und Lehre sei recht) den Heiligen Geist haben? Darauf antwortete D. Martinus und sprach: „Der Mahommed, die Papisten, Sacramentirer und andere Schwärmer haben keine Gewißheit und können ihrer Lehre nicht gewiß sein, denn sie hangen am Worte nicht, sondern auf ihrer Gerechtigkeit, so auf einer Condition stehet, wenn sie das oder das gethan haben. Wenn sie gleich viel Werke thun, doch müssen sie stets zweifeln und gedenken: Wer weiß, obs Gott gefällt? ob ich genug Gutes gethan habe? Item, ich bin unwürdig und ein armer Sünder, meine Sünden sind zu groß.

Ein Christ aber ist des bei sich nur gewiß und weiß es fürwahr, und spricht: Ich frage weder nach meiner Heiligkeit noch Unwürdigkeit, sondern glaube an Jesum Christ, der ist allein mein Heiland, uns von Gott gemacht, wie Sanct Paulus sagt I. Kor. I, 30, zur Weisheit, zur Gerechtigkeit, zur Heiligung und zur Erlösung. Darum kann allein der Heilige Geist Jesum einen Herrn heißen, derselbe prediget und verkläret Christum. Die Andern allzumal verfluchen Jesum und heißen ihn Anathema. Und ich gläub gewiß, der fromme löbliche Kurfürst Herzog Johann zu Sachsen usw. seliger Gedächtniß, so Anno 1532 gestorben, hat den Heiligen Geist gehabt, da er zu Augsburg auf dem Reichstage Anno usw. 30 die Predigt auf Befehl des Kaisers nicht unterlassen wollte, sondern ließ das Evangelium daselbst für und für predigen, ungeachtet des kaiserlichen Mandats. Denn Ihr kurfürstliche Gnade vorwendeten, sie könnten des göttlichen Worts ja so wenig entbehren als des Essens und Trinkens. Und da zuletzt Kaiser Karol mit Gewalt das Predigen abschaffete, da hat Sein kurfürstliche Gnade ehe vom Reichstage abziehen, denn das Predigen nachlassen wollen. Bis daß ich, Doctor Luther, Seiner kurfürstlichen Gnade darum schreiben und rathen mußte, daß Seine kurfürstliche Gnade eine Zeitlang dem Kaiser weichen sollte mit der Predigt, sonderlich weil Ihre kurfürstliche Gnade in einer fremden Stadt wäre, die dem Kaiser alleine zustünde. Da soll der Kurfürst zu meinem Schreiben gesagt haben: Ich weiß nicht, ob ich oder meine Gelehrten narren.

Darum ist der Heilige Geist die Gewißheit im Wort Gottes, und die Gerechtigkeit Christi stehet nicht in Zweifel, wie anderer Secten, welche sagen: Wer weiß? Ich hoffe es etc. Also bleibts stets ein lauter ungewisser Wahn und Gedanke. Aber ein gottseliger und rechter Christ spricht: Ich thue so viel, als ich kann, und was ich nicht thun kann, so weiß ich, daß Jesus Christus für mich gestorben und wieder von den Tobten auferstanden ist, der hat für mich genug gethan und den Vater bezahlet und ganz zufrieden gestellt. Den Trost soll mir Niemand nehmen, daß Christus Jesus mein Heiland sei. Damit läßt sich unser Herr Gott und unser Gewissen stillen. Eigene Gerechtigkeit aber stehet nur im Zweifeln und muß immerdar sagen: Ich hoffs, ich hoffs.

Also war ich gar ein vermessener Werkheiliger im Papstthum; wenn ich hatte Messe gehalten und gebetet, darauf verließ ich mich und vertrauete sehr vermessenlich. Aber den Schalk sähe ich nicht darunter, daß ich nicht auf Gottes, sondern auf meine eigene Gerechtigkeit trauete; dankte Gott fürs Sacrament nicht, sondern er mußte mir danken und froh werden, daß ich ihm seinen Sohn opferte, das ist schändete und lästerte. Und wenn wir wollten Messe halten, sagten wir in einem Sprüchwort: Ich will gehen und der Jungfrau ein Kind heben."

Von Vermessenheit des Glaubens.

„Nichts ist schädlicher, denn daß man sich vermisset, man gläube und könne das Evangelium wohl; wie die sattsamen, ekeln Geister thun, welche meinen, wenn sie eine Predigt oder zwo gehört oder gelesen haben, so haben sie den Heiligen Geist mit Federn mit all gefressen, verstehens nun Alles, erdichten und träumen ihnen selbst einen Glauben, da es doch allein Gottes Werk ist, leben also in großer Sicherheit, meinen, sie sind allbereit im Werk und mit der That selig. Andere aber meinen, sie wollen im Todesstündlein solch Erkenntnis brauchen.

Es sind etliche Leute gleich wie die, so einem rechtschaffenen guten Meister zusehen; die lassen sich dünken, sie wissens Alles besser, waschen und plaudern viel davon, könnens Alles meistern und tadeln. Also thun auch die Zuhörer, verstehen und wissen Alles wohl, was der Pfarrherr und Prediger lehret, sprechen: Also wollt ichs machen; ich kanns auch!"

Daß die Feinde des Evangelii müssen Zeugniß geben der Lehre von der Gerechtigkeit des Glaubens, daß man dadurch allein vor Gott gerecht werde.

„Herzog Johann Friedrich, Kurfürst zu Sachsen, hat mir, Doctor Martin Luthern, selber gesagt, daß, als Herzog Hans zu Sachsen, Herzog Georgen zu Sachsen ältester Sohn, hat sterben wollen, hat er in seinen letzten Zügen begehrt des Abendmahls Christi unter beider Gestalt. Da hat der Vater, Herzog Georg, einen Augustinermönch vom alten Dresden zum Sohne fordern lassen und denselbigen Mönch informirt, er sollte seinem Sohne gute Worte geben und ihn bereden, daß er das Abendmahl unter einerlei Gestalt empfinge, und sollte dem Sohne vorsagen, als wäre er, der Mönch, mit Doctor Luthern wohl bekannt und viel mit ihm umgangen, auch daß er, Lutherus, selbst etlichen gerathen hätte, daß sie das Abendmahl unter einerlei Gestalt empfahen sollten. Damit ward nun der fromme Fürst überredet, daß er von dem Mönche das Abendmahl in einerlei Gestalt empfing.

Da nun Herzog Georg siehet, daß der Sohn in letzten Zügen liegt und stirbet, da tröstet er den Sohn mit dem Artikel von der Gerechtigkeit des Glaubens an Christum, und erinnert ihn, daß er allein auf Christum, der Welt Heiland, sehen wollte und vergessen aller seiner Werk und Verdienste, auch der Heiligen Anrufung. Als nun solches Herzog Hansen Gemahl, Landgrafen Philipps zu Hessen Schwester (so man hernach die Herzogin von Rochlitz genannt) gehört, hat sie gesaget: Lieber Herr Vater, warum läßt man dieses nicht öffentlich im Lande predigen? Darauf hat Herzog Georg geantwortet: Liebe Tochter, man solls nur den Sterbenden sagen und nicht den Gesunden.

Dieser Herzog Johann ist Anno 1537 am Dienstage nach Epiphaniä am 13. Januarii hora 8. auf den Abend gestorben. Er sollte Herzog Georgen Erbe und Regent in Meißen sein, und hatte dem Vater einen Eid schwören müssen, daß er nach seinem Tode ein ewiger Feind der lutherischen Lehre bleiben wollte. Darum so hatte er auch durch den alten Lucas Cranach Malern Doctori Martino Luthern entbieten lassen, er wollte sein ärgerer Feind sein, denn sein Vater gewesen wäre. Aber da kam Gott mit seinem gerechten Gerichte und stürzet ihn zu Boden.“

„Doctor Johann Eccius thut eben auch also,“ sprach D. Luther, „er bekennet, daß meine Lehre die Wahrheit sei und diene dazu, daß man die Gewissen tröste, stärke und aufrichte; aber es mache solche Lehre wilde, wüste Leute, daß keine Disciplin in der Welt sei. Ist das nicht eine verstockte Bosheit, daß man der öffentlichen und erkannten Wahrheit soll feind sein und sich derselbigen widersetzen? Das ist eine Sünde wider das erste Gebot und ist eine Sünde über alle Sünden.

Da ich ein Mönch noch war, hätte ich nicht gegläubet, daß in der Welt so böse Leute sein sollten, die nicht sollten die Wahrheit annehmen, wenn sie die hätten erkennet. Aber ich erfahre es leider am Bischofs Albrecht von Mainz und an

Herzog Georgen, die wissen und bekennen auch, daß unsere Lehre Gottes Wort sei. Jedoch, weil es von ihnen nicht herkömmet, so ists nichts! Aber ihr eigen Gewissen schlägt sie zu Boden, darum fürchte ich mich auch vor ihnen nicht!“

XII. Tischreden D. M. Luthers von guten Werken

Ein gut Werk thun.

„Viel sinds nicht werth, daß sie ein einig gut Werk sollten thun; und wahrlich, es ist ein Großes, deß ein Mensch würdig ist, daß er ein gut Werk thue.“

Gebt, so wird euch wieder gegeben.

„Das ist ein gewisser Spruch, der die Leute arm und reich macht. Das erhält mein Haus. Ich sollt mich nicht rühmen; ich weiß aber, was ich ein Jahr gebe.“ Und kehrete sich zu D. Gregorius Brück und sagte: „Wenn mein gnädiger Herr einem Edelmanne tausend Gülden gäbe, so erhielt er doch damit mein Haus nicht, und habe nur drei hundert Gülden; aber Gott gibt genug, der segnet es!

Es ist ein Kloster gewest, dasselbe, weil es gerne gab, war es reich; da es aber nicht mehr gab, ward es arm. Da nun auf eine Zeit einer davor kam und bat um ein Almosen, und man versagets ihm, da fragte der Bettler die Ursach, warum man ihm nichts geben wollte um Gottes willen? Da sprach der Pförtner: Wir sind arm. Darauf sprach der Bettler: Die Ursach der Armuth ist, denn ihr habt zween Brüder im Kloster gehabt, den einen habt ihr ausgestoßen und der andere hat sich auch heimlich ausgedreht und ist weggegangen. Denn nachdem Bruder Date (gebet) ausgemustert und verstoßen ist, so hat sich der ander Bruder Dabitur (dem gegeben wird), auch verloren.“

„Und das ist auch wahr,“ sprach D. M. L., „die Welt ist schuldig dem Nächsten zu helfen auf dreierlei Weise, mit Geben, Leihen und Verkäufen. Aber jetzt gibt Niemand, Alle rauben, kratzen und ziehen sie an sich; nehmen wohl und stehlen gern, geben aber nichts; so leihet Niemand, sondern wuchern nur, schinden und schaben; Niemand verkauft mehr, sondern er vervortheilt und betreuget Jedermann. Darum ist auch kein Dabitur mehr, unser Herr Gott will auch nicht mehr so reichlich segnen. Lieber, wer etwas haben will, der muß auch geben! Milder Hand nie zerrannt!“

Geben soll aus freiem Herzen und einfältiglich geschehen, ohn allen Genieß.

Doctor Martinus Luther ist ein Mal mit D. Jonas, M. Veit Dieterich und andern seinen Tischgesellen spazieren zum Jessen ins Städtlein gefahren. Daselbst gab D. M. Luther Almosen den Armen. Da gab D. Jonas ihnen auch und sprach: Wer weiß, wo mirs Gott wieder bescheret. Darauf sagte D. M. Luther lachend: „Gleich als hätte es Euch Gott nicht zuvor gegeben; frei einfältig soll man geben, aus lauter Liebe, willig!“

Gebt, so wird euch wieder gegeben.

„Dies ist ein gewisser Spruch, der die Welt reich und arm macht. Die da nicht geben und meinen, sie wollen ihren Kindern viel hinter und nach ihnen lassen, dieselbigen behalten nichts. Es ist ein gemein Sprichwort, das wird wohl wahr bleiben: De male quaesitis non gaudet tertius haeres; und wie die Itali sagen: Male quaesit, imale perdit: Übel gewonnen, übel zerronnen: Unrecht Gut faselt nicht, kömmet an den dritten Erben nicht. Wiederum, wer da gerne gibt, dem wird gegeben; das erhält das Haus. Darum, liebe Käthe,“ sprach er, „haben wir nicht mehr Geld, so müssen die Becher hernach! Man muß geben, wollen wir anders etwas haben. Hoffart bringet Armuth. Als einer hie wollte den Dreck, die Pfennige, nimmer zählen und wug sie; darum ist er jetzt arm worden. Also war auch ein Weib zu Zwickau, die verachtete die Bauerweiber; jetzt muß sie schier betteln. Darum machet Geld nicht reich, sondern Date, et dabitur vobis: gebt, so wird euch wieder gegeben. In den Propheten stehet oft: Der Wein, des sie verhofften wohl tausend Faß zu kriegen, wurden kaum drei hundert draus; denn der Herr, sagen sie, blies in die Weinberge, darum, daß ihr den Armen nichts gabt.“

Womit Kinderlein ihr Brod verdienen.

Doctor Mart. Luther nahm sein Kindlein, das sich verunreiniget hatte, und sprach: „Diese Leute verdienen auch ihr Essen und Trinken mit Scheißen, Weinen und Heulen, wie wir mit unsern guten Werken den Himmel!“ Und sagte bald drauf: „Das ließ die Welt geschehen, daß wir predigten und gäben Geld dazu!"

Wozu Zorn und Eifer dienen und gut sind.

„Ich habe," sprach D. M. L., „kein besser Werk denn Zorn und Eifer; denn wenn ich wohl dichten, schreiben, beten und predigen will, so muß ich zornig sein; da erfrischt sich mein ganz Geblüte, mein Verstand wird geschärft, und alle unlustigen Gedanken und Anfechtungen weichen."

Von Geduld.

„Geduld ist die beste Tugend, so in der heiligen Schrift vom Heiligen Geist hoch gelobt und gerühmet wird. Wiewohl sie die Philosophi und gelehrten Heiden auch hoch heben, doch können sie dieselbige Gottes Willen und Hülfe nicht vorsetzen, denn sie davon nichts Gewisses verstehen noch wissen. Epiktetus, der weise griechische Heide, hat sehr wohl gesagt: Leide und meide. Wie auch die Ebräer in ihrer Sprache mit guten Worten sagen:

Glaube nicht Alles, was du hörest;
Sage nicht Alles, was du weißt;
Thue nicht Alles, was du magst!"

Über den Spruch des Psalms: Befiehl deinen Weg dem Herrn und hoffe auf ihn, machte Doctor Martinus Luther diesen Vers:

„Schweig, leid, meid und vertrag.
Dein Noth allein Gotte klag.
An Gott je nicht verzag.
Dein Glück kömmet alle Tag!"

D. M. Luthers Reim einer.

„In luctu gaudium,
In gaudio luctus;
Gaudendum in Domino,
Lugendum in nobis!“

„In Trauren Freud,
In Freuden Trauren;
Fröhlich im Herrn,
Traurig in uns sein!“

XIII. Tischreden D. M. Luthers vom Gebet

Vom Gebet und seiner Kraft.

„Wie ein Schuster einen Schuh machet und ein Schneider einen Rock, also soll ein Christ beten. Eines Christen Handwerk ist beten.“

Ein Anders.

Anno 1532 den 18. Augusti, da kein Hoffnung mehr war der Besserung und Gesundheit des frommen, christlichen Kurfürsten, Herzog Johanns zu Sachsen, sprach Doctor Martin Luther: „Lieber Herr Gott, erhöre doch unser Gebet nach deiner Zusage: laß uns doch dir die Schlüssel nicht vor die Füße werfen; denn so wir zuletzt zornig über dich werden und dir deine Ehre und Zinsgüter nicht geben, wo willt du denn bleiben? Ah, lieber Herr, wir sind dein, mach es, wie du willt, alleine gib uns Geduld!“

Den 20. Augusti redet er abermal mit großem herzlichen Mitleiden von dem frommen kranken Kurfürsten und sprach: „Lieber Gott, du hast einen Titel, daß du der Armen Seufzen und Gebet erhörest, wie David sagt: Er thut den Willen derer, die ihn fürchten, und erhört ihr Gebet. Lieber Herr, bitten wir doch kein Böses, laß uns dir die Schlüssel nicht vor die Thür werfen!“

Daß man das Gebet täglich üben und treiben solle.

Doctor Luther sagete: „er hab alle Tage an ihm selber genug zu treiben, daß er könne beten, und lasse ihm genügen, wenn er sich nieder lege, daß er die zehn Gebot und das Vater Unser beten könne, und darnach einen Spruch oder zween aus der Bibel ergreifen, und mit derselbigen Betrachtung einschlafen möge."

Daß Bauern ungern beten.

Doctor Martinus Luther sagete, „daß der Pfarrherr zu Holsdorf seine Bauern nicht hätte wollen zum Abendmahl gehen lassen, dieweil sie nicht hätten gekonnt die Häuptstück des Katechismi. Nun verklagten ihn die Bauern vor den Visitatoribus. Da antwortet der Pfarrherr: Liebe Herrn, ich gestehe es, daß ich sie nicht hab wollen zum Abendmahl gehen lassen, denn sie können nicht beten. Da fuhr einer aus den Bauern herfür und sprach: Wir dürfen nicht beten, denn darum halten wir Euch und geben Euch Euern Lohn, daß Ihr für uns beten sollet!"

Von der Kraft und Vermögen des Gebets.

„Von Herzen Beten und armer Leute Klagen richten ein solch Geschrei an, daß es alle Engel im Himmel müssen hören. Unser Herr Gott muß große Ohren und ein scharfes, leises Gehör haben."

Einer klagte bei D. M. L.: Lieber Herr Doctor, es will nirgend hinaus, noch gehen, wie wir wollen. „Ja," sprach der Doctor, "das ist auch eben recht; warum habt Ihr Euren Willen unserm Herrn Gott übergeben und betet alle Tage: Dein Wille geschehe auf Erden wie im Himmel?"

Nachlässigkeit zum Gebet.

„Wenn ich so andächtig wäre zu beten, als Peter Wellers Hund Morgens zum Essen ist, so wollte ich erbitten, daß der jüngste Tag bald käme. Denn die Hunde denken nirgend mehr an denn auf die Schüssel und das Essen."

Vom Vater Unser und seiner Kraft.

„Das Vater Unser bindet die Leute zusammen und in einander, daß Einer für den Andern und mit dem Andern betet, und wird stark und gewaltig, daß es auch den Tod vertreibt."

XIV. Tischreden D. M. Luthers vom Bekenntnis der Lehre und Beständigkeit

Vom Bekenntnis der Evangelii und Beständigkeit Herzog Johanns, Kurfürsten zu Sachsen.

Als Anno 1530 Kaiser Carol einen Reichstag zu Augsburg anstellete, daß er die streitigen Religionssachen zu einer Vergleichung bringen möchte, und in Ankunft Kurfürst Hansen zu Augsburg man S. Kurfürstl. Gnaden das Predigtamt einlegte und allerlei Beschwerung zufügte, auch viel Ausschüsse machte, Rathschläge hielt, Praktiken und Ränke erdachte, wie man hochgedachten Kurfürsten von dem Evangelio hätte mögen abwendig machen: „dennoch," sagte D. M. Luther ein Mal über Tische, „hat derselbige löbliche Kurfürst sich an keine Dräuung gekehret, und von der wahren Religion und göttlichem Wort nicht eines Fingers breit abweichen wollen, ob er wohl derhalben in großer Gefährlichkeit gewesen. Ja S. Kurfürstliche Gnade hätte ihre Theologos, die sie mit zu Augsburg gehabt, als M. Philippum Melanchthonem, D. Justum Jonam, Georgium Spalatinum und M. Joannem Agricolam, oft trösten lassen, und zu den Räthen gesprochen: Saget meinen Gelehrten, daß sie thun, was Recht ist, Gott zu Lob und Ehre, und mich oder mein Land und Leute nicht ansehen!"

Darum sagete D. Luther, „dieser Kurfürst hätte als ein Held über Gottes Wort gehalten, und wenn er gewanket, so hätten alle seine Räthe auch Hände und Füße gehen lassen, wären vom Evangelio abgefallen. Denn daß dazumal man den Kaiser der Religion halben nicht erzürnete, so wollten immerdar die Räthe mitteln, und temperirten durch einander gratiam Dei et hominum. Da soll Kurfürst Hans stets gesagt haben: Ich wollte, daß uns nicht ansähen unsere Gelehrten, sondern redeten und schrieben, was Recht wäre, ohne alle Schirmschläge. Und hatte sich zu Herr Hans von Mingwitz Rittern, Seiner Kurfürstlichen Gnaden Rath, gewandt und gesprochen: Dein Vater pflegte zu sagen: Gleich zu gibt einen guten Renner. „Ist nun das wahr, sprach D. M. Luther, in Ritterspielen, viel mehr soll man in Gottes Sachen gleich zu gehen und Gottes Wort frei bekennen; aber solches ist alleine des Heiligen Geistes Werk!“

XV. Tischreden D. M. Luthers von der heiligen Taufe

Von der heiligen Taufe Kraft und Wirkung.

Doct. Martin fragte sein Weib: „Ob sie auch gläubte, daß sie heilig wäre?“ Da verwunderte sie sich, und sprach: Wie kann ich heilig sein? bin ich doch eine große Sünderin! Darauf sagte D. Martin: „Sehet nur da den päpstlichen Gräuel, wie er die Herzen verwundet, Mark und alles Inwendige eingenommen und besessen hat, also daß sie nichts mehr sehen können denn nur die äußerliche persönliche Frömmkeit und Heiligkeit, so ein Mensch selber für sich thut!“ Und er wandte sich zu ihr und sprach: „Gläubst du, daß du getauft und eine Christin bist, so mußt du auch gläuben, daß du heilig bist. Denn die heilige Taufe hat solche Kraft, daß sie die Sünde ändert und verwandelt; nicht, daß sie nicht mehr vorhanden wären, und nicht gefühlet würden, sondern, daß sie nicht verdammen. Der Taufe Wirkung, Kraft und Macht ist so groß, daß sie alle Anfechtungen aufhebt und wegnimmt.“

Da aber M. Antonii Lauterbachs Weib gefragt ward, sprach sie: Sie wäre heilig, so viel sie gläubte; wäre aber eine Sünderin, so ferne sie ein Mensch wäre. „Ja,“ sprach D. Martin, „ein Christ ist ganz und gar heilig, denn wenn der Teufel den Sünder wegführete, wo bliebe der Christ? Darum taugt dieser Unterschied und Antwort nichts. Die Taufe muß man mit festem Glauben fassen, alsdenn werden, ja sind wir heilig. Also nennet sich David heilig Ps. 66.“

Argument von der Kindertaufe.

„Entweder es muß bisher keine Kirche gewest sein, oder die Taufe ist nichts werth noch tüchtig gewest. Es ist aber unmöglich, daß keine christliche Kirche gewest sei nun tausend vier hundert Jahre her; darum muß der Kinder Taufe kräftig sein.“

XVI. Tischreden D. M. Luthers von dem Sacrament des Altars, des wahren Leibes und Blutes Christi

Eine und beiderlei Gestalt des Abendmahls zugleich reichen, ob es wahr sei?

Es ist Herr Hans Ungnade, ein Oesterreichischer Herr, ein Mal in legatione von wegen des Königs Ferdinandi bei Herzog Johann Friedrich, Kurfürsten zu Sachsen, zu Torgau gewesen, hat den Kurfürsten gebeten, daß er Doctor Martinum Luthern wollt von Wittenberg holen lassen, auf daß er ihn besehen und mit ihm reden mochte. Solches war nun geschehen, und als Doctor Luther kommen war und mit dem Kurfürsten, Herzog Philipp von Braunschweig und dem Herrn Hans Ungnade über Tisch gesessen, war Doctor Martinus Luther unlustig gewesen und nicht recht um ihn gestanden. Da hat Herr Hans Ungnade angefangen und gesagt: Herr Doctor, ich wollt Euch gern etwas fragen, wenn Ihr mich recht beantworten wolltet. Da hatte Doctor Luther gesprochen: "Er sollte nur frei reden, wenn er es wüßte, so wollt ers ihn berichten.“ Darauf sagt er: In Ungern ist jetzt der Brauch, daß die Priester das Abendmahl des Herrn den Laien in einerlei und beiderlei Gestalt reichen und gleichwohl beides für Recht billigen; was halten Euer Ehrwürden von solchen Priestern? Dazu hatte Doctor Martinus Luther geantwortet, „er hielte sie für meineidige Verräther und Bösewichte; denn wenn sie bekenneten, daß das Abendmahl in beiderlei Gestalt recht wäre, so würden sie es in einerlei Gestalt (welches wider des Herrn Christi Ordnung ist) nicht reichen.“

Diese Frage hat Doctori Martino in die Nase geschnupft, aber er hat es verbissen und balde darauf angefangen: „Herr Hans Ungnade, ich hab E. G. zuvor auf Euer Frage geantwortet; ich bitte E. G. wolle mirs zu gut halten, ich muß E. G. wieder eins fragen.“ Da hat Herr Hans Ungnade geantwortet: Ja, lieber Herr Doctor, sagets, ich wills gerne hören. Da spricht D. Martinus: „Wie kömmets doch, daß Ihr und andere Räthe an der großen Könige und Fürsten Höfe wisset, daß die Lehre des Evangelii recht und Gottes Wort ist und dennoch helfet verfolgen?“ Aber es war Andres Pflug Doctor Martin Luther flugs in die Rede gefallen, hatte zu Herzog Philipp von Braunschweig gesagt: Gnädiger Herr, wie viel sind E. F. G. älter denn ich? und hatte also die Frage verstöret, daß der Herr Ungnad nicht hatte dürfen drauf Antwort geben.

Sacrament.

„Sacrament ist ein Bund göttlicher Gnad und Geschenk unter einer äußerlichen Gestalt und sichtlichen Form im Wort gereicht.“

Daß man mit der Handelung des Abendmahls nicht Schimpf noch Scherz treibe.

Doctor Martinus Luther wurde aus Nürnberg zugeschrieben, daß ein Pfarrherr, ein Gauch, in ihrem Gebiete einem Weibe hat sollen das Abendmahl reichen, und da er nicht hatte einen Kelch gehabt, da hatte er einen Löffel genommen und gesaget: Nehmet hin und trinket, das ist der Löffel des Neuen Testaments. Darüber wurde Doctor Martin Luther etwas lachend; aber er sprach: „Das muß ein Bube sein! Und wenn ich wäre als die Herrn von Nürnberg, so wollt ich ihm des Löffels geben! Denn es ist ein blasphemia; ich wollt ihn ein Jahr lang lassen in Thurm werfen, und sagen: Dieser Löffel gehört in ein solch Löffelfutter!“

Man falle, wie und wohin man wolle, so ists gefallen.

„Etliche irren und fallen zu sehr auf die linke Seite, daß sie den Sakramenten allzu viel geben, nämlich daß sie gerecht machen ex opere operato, wenns Werk geschehen ist und man ihrer gebraucht mit der That, auch ohne Glauben, wie im Papstthum. Die Sacramentirer irren und fallen zu weit zur rechten Hand, nämlich in dem, daß sie den Sakramenten Alles abbrechen, halten sie für bloße ledige Zeichen. Also gehets; man falle aus dem Schiff hinten oder vorne, so liegt man im Wasser!

Auch geistliche Ding haben ihre Zeit.

Einer sagte, er zweifelte noch an der Taufe. Darauf sprach D. M. L. fein freundlich und bescheidentlich: „Ihr seid auf dem Grad nicht gewest, da Ihr zum Ersten herkamet, da Ihr jetzt auf seid. Harret weiter, laßt unserm Herrn Gott die Zeit; laßt die Bäume erst blühen, ehe sie Früchte tragen. Wer bin ich gewest? Ich hab die Heiligen angebetet, die nie geboren sind worden. Es ist noch nicht Zeit, sonst wollt ichs sagen; aber harret; so wird man sehen, was das äußerliche mündliche Wort sei und vermöge.

Christus ist in unsern Herzen wahrhaftig! Das will nicht in die Leute gehen, daß Gott etwas mehr vermag, denn Himmel und Erde und Alles schaffen. Das rede ich darum, auf daß, wenn Ihr höret, das hat Gott geredt, Ihr saget, wie, wenn Gott mehr könnte? Hat er die Welt können machen, so kann er auch mehr schaffen. Warum sollt ich denn nicht seinem Wort gläuben: Das ist mein Leib?

Hie sagen sie nun: Ja, jetzt gläube ichs nicht; denn Himmel und Erden sind also geschaffen, daß sie müssen Raum haben. Hie antworte ich: Unser Herr Gott hat eine Welt gemacht für die Menschen, und die andere Welt für die Geister. Wie wenn er die dritte hätte auch dazu gemacht? Denn es ist ihm möglich.

Warum disputiren sie nun dawider und sagen, daß Christus nur nach der Gottheit sei allenthalben? Also hat hievon der Zwingel geschrieben. Wenn ich von Gott denke, so gedenke ich also, als sei Gottheit und Menschheit allenthalben gegenwärtig. Ursach: Christus, Gott und Mensch, ist eine Person, wo ich nun Gott will finden, so suche ich ihn in der Menschheit Christi.

Darum wenn wir von der Gottheit gedenken, so müssen wir Ort und Zeit aus den Augen thun; denn unser Herr Gott und Schöpfer muß etwas Höheres sein denn Ort, Zeit und Creatur."

Exempel großer Heiligkeit des Papstes und seiner Geschworenen.

Sonst sagete D. M. L.: „Als die Hussiten vom Papst den Brauch des Abendmahls in beiderlei Gestalt begehrt und gesucht hatten, da hat ein Cardinal zu Rom gesagt: Mögen die Bestien essen und trinken, was sie wollen, aber daß sie uns reformiren wollen, das ist nicht zu ertragen."

XVII. Tischreden D.M. Luthers von der christlichen Kirche

Die Kirche soll mitten in der Welt unter den Leuten sein.

„Gott hat seine Kirche und christliche Gemeine mitten in die Welt unter unendliche äußerliche Action, Geschäfte, Berufe und Stande gesetzt, damit die Christen nicht Mönche sollten sein, noch in die Klöster und Wildnisse laufen, sondern sollen untern Leuten leben und gesellig sein, auf daß ihre Werk und Übungen des Glaubens kund und offenbar werden. Denn geselliglich und freundlich unter einander leben, wie Aristoteles der Heide sagt, ist nicht des Menschen Ende, dazu er geschaffen ist, sondern nur ein Mittel. Aber das vornehmeste Ende, darum er geschaffen, ist, daß Einer den Andern von Gott lehre, was er im Wesen, und sein Wille, wie er gegen uns gesinnet ist. Darum spricht Aristoteles: Non medicus et medicus, non arator et arator, sed medicus et arator etc. faciunt societatem: Nicht ein Arzt und Arzt, nicht ein Ackermann und Ackermann, sondern ein Arzt und Ackermann usw. zugleich machen eine Gemeinde und Gesellschaft. Es gehören mancherlei Stände zu einer Commune.

Es sind drei vornehmliche Stände, denn es müssen sein Leute erstlich, die da arbeiten, zum Andern die da regieren, zum Dritten die da kriegen. In diesen dreien stehet ein Regiment und Policei. Darum sagt Plato: Gleich wie die Ochsen nicht von Ochsen, noch Ziegen und Böcke von Ziegen und Böcken regieret werden; also werden Menschen nicht von Menschen als Menschen regieret, sondern von großen Helden und verständigen Leuten."

Der Kirche Gestalt.

„Weltweise Leute sehen, daß die Kirche ungestalt und verachtet, arm und elend ist; aber andere Gottlose werden hervorgezogen und hoch erhoben, richten es nach der Vernunft, ohne Gottes Wort; so gehen sie denn dahin! Daher kommts, daß sie die ganze Religion verachten und sagen, der Artikel von der Todten Auferstehung sei nur erdichtet, den Pöbel damit zu erschrecken und in Furcht zu bringen und zu halten. Die Bauern kommen selten dahin, daß sie Gott und die Religion verachten, sie denken nur sonst nicht daran; aber die Klugen und Weisen nehmen sich darum an, denken ihm nach, messens und richtens nach der Vernunft. Also hat Erasmus Roterodam und Andere, die gelehrtsten, verständigsten und klügesten Leute, den Epikurer im Busen.

Der Kirchen Angst.

„Der Kirchen Krochsen und in Kindesnöthen Liegen währet eine lange Zeit; es wird aber ein Mal ihr Alter und Zeit kommen, daß sie wird erlöset werden und einen fröhlichen Anblick haben!"

Ein Gleichniß und Bild der Kirche.

Amaranthus wächst im Augstmonde und ist mehr ein Stengel denn ein Blümlein, läßt sich gerne abbrechen und wächst fein fröhlich und lustig daher. Und wenn nun alle Blumen vergangen sind, und dies mit Wasser besprengt und feucht gemacht wird, so wirds wieder hübsch und gleich grüne, daß man im Winter Kränze draus machen kann. Ist Amaranthus daher genennet, daß nicht verwelkt noch verdorret.

Ich weiß nicht, ob der Kirche etwas möge gleicher sein, denn Amaranthus, diese Blume, die wir heißen Tausendschön. Denn wiewohl die Kirche ihr Kleid wäscht im Blut des Lämmleins, wie in Genesi und Apokalypsi stehet, und ist mit rother Farb gefärbet, doch ist sie schöner denn kein Stand oder Versammlung auf Erden. Und sie alleine hat der Sohn Gottes lieb wie seine liebe Braut, an der er alleine seine Lust und Freude hat; an der alleine hänget sein Herz, verwirft und hat ein Unlust und Ekel an allen Anderen, die das Evangelium verachten oder verfälschen.

Zu dem läßt sich die Kirche auch gerne abbrechen und berupfen, das ist, sie ist Gott willig und gerne gehorsam im Kreuz, ist darinne geduldig und wächst wiederum fein lustig, und nimmet zu, das ist, sie kriegt den größten Nutz und Frucht davon, nämlich, daß sie lernet Gott recht erkennen, anrufen, die Lehre frei bekennen, und bringet viel schöner, herrlicher Tugenden.

Endlich bleibt der Leib und der Stamm ganz, und kann nicht ausgerottet werden, ob man wohl wider etliche Glieder wüthet und tobet und sie abreißt. Denn gleich wie Amaranthus, Tausendschön, nicht verwelkt noch verdorret, also kann man auch nimmermehr die Kirche vertilgen und ausrotten. Was ist aber Wunderbarlicheres denn der Amaranthus? Wenns mit Wasser besprenget und drein gelegt wird, so wirds wieder grün und frisch, gleich als von Todten auferweckt.

Also sollen wir keinen Zweifel haben, daß die Kirche wird aus den Gräbern von Gott erweckt, wieder lebendig hervor kommen und den Vater unsers Herrn Jesu Christi und seinen Sohn, unsern Erlöser und Heiland, samt dem Heiligen Geist ewiglich loben, rühmen und preisen.

Denn wiewohl andere Kaiserthum, Königreiche, Fürstenthum und Herrschaften ihre Aenderung haben und bald wie die Blümlein verwelken und dahin fallen, doch so kann dies Reich, das so hoch und tief eingewurzelt ist, durch keine Macht noch Gewalt zerrüttet noch verwüstet werden, sondern bleibt ewig."

XVIII. Tischreden D. M. Luthers vom Predigtamt oder Kirchendiener

Christum predigen.

„Christum predigen ist gar ein schwer und fährlich Amt; hätte ichs etwan gewußt, so wollt ich mich nimmermehr dazu begeben haben, sondern gesagt mit Mose: Sende, wen du senden willt! (Erod. 4, 13.) Es sollte mich Niemand hinan bracht haben. Darum sagte der Bischoff zu Brandenburg recht zu mir, hätt mir gerne gerathen: Herr Doctor, ich habs Euch gesagt, daß Ihr still stehet und laßt Euch nicht zu weit ein; Ihr werdet Euch zu schaffen machen, es trifft die heilige christliche Kirche an. Ich meine, ich habe mir zu schaffen gemacht; ich hab der ganzen Welt Haß auf mich geladen, da ich doch etwan sehr sicher war und gute Zeit hatte!"

Ohne Beruf nichts zu thun.

„Es soll sich keiner nichts unterstehen, er sei denn dazu berufen. Der Beruf aber ist zweierlei; entweder er ist göttlich, so von Obern oder die es Befehl haben, geschieht, und derselbige ist des Glaubens; oder ist ein Beruf der Liebe, der geschieht von eins Gleichen, als wenn einer gebeten wird von seinem Gesellen und nächsten guten Freund, eine Predigt zu thun. Beiderlei Vocation ist groß und nöthig, das Gewissen zu versichern."

Was man predigen und damit suchen soll.

Da D. Mart, unterm Birnbaum in seinem Hofe saß, fragte er M. Antonium Lauterbach, „wie es ihm ginge in seinem Predigtamte?" Da nun Derselbige klagte über seine Beschwerung, Anfechtungen und Schwachheit, sprach D. Mart.: „Ei, Lieber, es ist mir auch so gewest; ich hab mich wohl so sehr gefürchtet vor dem Predigtstuhl, als Ihr, doch mußte ich fort. Man zwang mich zu predigen, und mußte erst im Rebenthur (Refectorium) predigen den Fratribus. O, wie fürchtete ich mich vor dem Predigtstuhl!

Aber Du willt bald Meister sein; willt gelehrter sein denn ich und Andre, so darinne geübt sind; willt vielleicht Ehre suchen, und wirst also angefochten. Du sollt aber unserm Herrn Gott predigen und nicht ansehen, was die Leute davon halten und urtheilen. Kanns Jemand baß, der mach es besser; predige Du nur Christum und den Katechismum. Solche Weisheit wird Dich erhöhen über aller Menschen Urtheil, denn es ist Gottes Wort, das ist klüger denn die Menschen; der wird Dir wohl geben, was Du reden sollt, und siehet nicht auf der Leute Urtheil, Lob und Schmach. Von mir darfst Du Lobens nicht gewarten; wenn ich Dich höre, werde ich Deine Predigt gar versprechen; denn man muß Euch Gesellen also deponieren, daß Ihr nicht ehrgeizig und stolz werdet. Du sollt aber wissen, daß Du dazu berufen bist; Christus darf Dein, daß Du ihn helfest preisen. Darauf bestehe Du fest; laß loben und schelten wer da will, das gehet Dich nicht an. Deine Entschüldigungen sind bei mir nichts.

Ich hatte wohl funfzehn Argumenta, mit welchen ich Doct. Staupitzen meine Vocation wollte abschlagen unter diesem Birnbaum; aber es half nicht. Zuletzt, da ich sagte: Er D. Staupitz, Ihr bringt mich um mein Leben, ich werde nicht ein Viertheil Jahrs leben, da sprach er: Wohlan, in Gottes Namen! Unser Herr Gott hat große Geschäfte, er darf droben auch kluger Leute!“

Darnach erzählete er, D. Mart. Luther, viel Guts, so Doctor Staupitz hatte gethan und ausgerichtet, „sonderlich wäre er ein Liebhaber und Förderer gewest derer, die studireten. Wie er zum Obersten und Vicarien drei Jahre lang wäre erwählet worden in der ganzen Provinz, da hatte er Alles mit seinem Rath und Kopfe wollen ausrichten, es wäre ihm aber nicht von Statten gangen. Die andern drei folgenden Jahre wäre er abermal dazu erwählet; da wollt ers mit Rath der Väter und Aeltesten versuchen; es hätte ihm aber auch gefehlet. Die dritten drei Jahr hätte ers Gott befohlen und walten lassen; da ging es viel weniger fort. Darum sagt er: Mitte vadere sicut vadit, quia vult vadere ut vadit (laß gehen, wie es gehet); es will weder ich, noch die Patres noch Gott etwas schaffen; es muß ein ander triennium vicariatus kommen! Da kam ich drein und habs anders angefangen.“

Eigenschaften und Tugenden eines guten Predigers.

„Ein guter Prediger soll diese Eigenschaften und Tugenden haben. Zum Ersten, daß er fein richtig und ordentlich lehren könne. Zum Andern soll er einen feinen Kopf haben. Zum Dritten wohl beredt sein. Zum Vierten soll er eine gute Stimme haben. Zum Fünften ein gut Gedächtniß. Zum Sechsten soll wissen aufzuhören. Zum Siebenten soll seines Dings gewiß und fleißig sein. Zum Achten soll Leib und Leben, Gut und Ehre dran setzen. Zum Neunten soll sich von Jedermann lassen vexiren und geheien."

Wie ein Prediger soll geschickt sein, der der Welt wohlgefallen solle.

„Sechs Stücke gehören zu einem Prediger, wie ihn die Welt jetzt haben will:

1. daß er gelehrt sei; 2. daß er ein fein Aussprechen habe; 3. daß er beredt sei; 4. daß er eine schöne Person sei, den die Mägdlein und Fraulein lieb können haben; 5. daß er kein Geld nehme, sondern Geld zugebe; 6. daß er rede, was man gerne höret."

Verkehrt Urtheil der Welt von Gebrechen der Prediger.

„Die Gebrechen an Predigern siehet man bald; wenn gleich ein frommer Prediger zehn Tugenden hätte und nur einen Mangel, derselbige verfinsterte alle Tugenden und Gaben. So böse ist die Welt jetzund! Dort. Jonas hat alle gute Tugenden, die einer haben mag, allein daß er sich so oft rüspert, das kann man dem guten Manne nicht zu Gute halten."

Eines Predigers Posse.

„Ein Prediger hörete von zweien Studenten, daß sie wollten in seine Predigt gehen; da sprach er zu ihnen: Wohlan, kommet Ihr, so werdet ihr wohl sehen, was ich thun werde. Und da sie in die Kirche kamen, sprach er: O, lieben Freunde, diese sind in des Papsts Bann, ich darf nicht weiter predigen. Und ging vom Predigstuhl."

Daß ein Prediger in der Proposition bleibe, und nicht fremde Dinge in der Predigt einführe.

Doct. L. Hausfrau sagete zum Herrn Doctor, daß sie seinen Vetter, Johann Polnern, so auf den Doctor sonst wartete, hätte predigen hören in der Pfarrkirche; den hätte sie viel besser verstehen können denn D. Pommern, welcher sonst von dem, was er proponirte, weit abwiche und andere Ding in seine Predigt mit einführete. Darauf antwortet D. L.: „Johann Polner predigt, wie ihr Weiber pflegt zu reden, denn was ihnen mit einfällt, das sagen sie auch.“ Und sprach: „D. Jonas pflegte zu sagen: Man soll die Kriegsknechte nicht alle ansprechen, die einem begegnen. Und es ist wahr, Doct. Pommer nimmet bisweilen etliche mit, so ihm begegnen. Aber das ist ein närrischer Prediger, der da meinet, er will Alles sagen, was ihm einfället. Ein Prediger soll bei der Proposition bleiben und das verrichten, das er vor hat, auf daß man dasselbige wohl verstehe. Und gemahnet mich derselbigen Prediger, die Alles wollen sagen, was ihnen einfället, gleich wie der Mägde, die zu Markte gehen. Wenn ihnen eine andere Magd begegnet, so halten sie mit ihr einen Taschemarkt oder ein Ständerling; begegnet ihnen denn die andere Magd, so halten sie mit der auch eine Sprache, also thun sie mit der dritten und vierten auch, kommen also langsam zu Markte. Gleich also thun die Prediger auch, welche zu sehr abweichen von der Proposition und meinen, sie wollen Alles gerne auf einmal sagen; aber es thuts nicht!“

Rechtschaffene Prediger.

„Ein Bienlein ist ein klein Thierlein, macht süß Honig, dennoch hats einen Stachel. Also hat ein Priester die allerlieblichsten Trostsprüche; doch wenn er aus billigen Ursachen zum Zorn gereizet und getrieben wird, so beißt und sticht er auch die Schuldigen.“

Gott befiehlt den Predigern das Predigtamt.

Doctor M. Luther sagte, „daß Gott gar wunderbarlich handelte, daß er uns armen Predigern das Predigtamt seines Worts befiehlt, und wir die Herzen regieren sollen, welche wir doch nicht sehen können. Aber es ist unsers Herrn Gottes Amt, der spricht zu uns: Hörst du, du sollt predigen; ich will das Gedeihen dazu geben; ich kenne der Menschen Herzen. Das soll denn unser, der Prediger,

Trost sein; laß es denn immerdar hin geschehen, daß die Welt unser Predigtamt verlachet und verspottet, und lache du auch mit.

Man sagt vom Kaiser Maximiliano, daß er ein Mal angefangen gar sehr zu lachen. Als er nun gefragt ward, warum Seine Kaiserliche Majestät also gelachet hätte? da hat er erst über den andern Tag hernach darauf geantwortet und gesaget: Ich lache, daß Gott seine beiden Regiment also wohl bestellet hat, und das geistliche Regiment einem trunkenen Scheiß- und Speipfaffen, das ist dem Papst Julio, und das weltliche Regiment einem Gemsensteiger, als ich bin, befohlen hat."

Wohin ein Prediger sehen soll.

Doctor Erasmus Alberus, da er in die Mark ziehen wollte, bat er D. M. L., er wolle ihm eine Form und Art stellen, zu predigen vor dem Fürsten. Der Doctor sprach: „Alle Deine Predigten sollen aufs Einfältigste sein, und siehe nicht auf den Fürsten, sondern auf die einfältigen, albernen, groben und ungelehrten Leute, welches Tuchs auch der Fürst sein wird. Wenn ich in meiner Predigt sollte Philippum Melanchthonem und andere Doctores ansehen, so machte ich nichts Gutes; sondern ich predige aufs Einfältigste den Ungelehrten und es gefällt Allen. Kann ich denn Griechisch, Hebräisch, das spare ich, wenn wir Gelehrten zusammen kommen; da machen wirs so krause, daß sich unser Herr Gott drüber verwundert."

Viel Wäscher, ob sie gleich gelehrt und beredt sind.

Doctor M. L. sagte: „Es wären wohl viel beredte Prediger, aber es wäre nichts dahinter, sondern nur Wort; sie könnten viel schwatzen und nichts recht lehren." Da sprach M. Phil. M.: Die Welt hätte zu allen Zeiten solche Thrasones, ruhmredige Schreihälse, gehabt. Denn man schreibt, daß Cicero, der allerberedtste Heide in der latinischen Sprache, gesagt habe, da er einen großen vortrefflichen Schwätzer hatte hören reden: er hätte sein Lebenlang niemals einen gehört, der mit solcher Gewalt und Autorität nichts gesagt hätte. Und Erasmus Roterodamus, da er zu Bononien einen, der in seiner Oration triumphirte und daher hoch prangete, gehört hatte, ward er gefragt, wie er ihm gefallen hätte? Sprach er: Wohl. Denn er hats weit über meine Gedanken gemachet und wie ich gemeinet habe. – Wie denn? sprach einer. Da antwortet er und sprach: Ich hätte nicht gemeinet, daß ein solcher Narr in ihm steckte. Darum ist reden nicht Kunst; aber fein deutlich und richtig reden, ist Wenigen gegeben. Niemand soll sich etwas unterstehen, es sei ihm denn von oben herab gegeben."

Wie Gott sein Predigtamt bestellt.

„Unser Herr Gott," sprach D. M., „bestellet sein hohes Amt wunderbarlich! er befiehlts den Predigern, armen Sündern, die es sagen und lehren und doch schwerlich darnach thun. Also gehet Gottes Gewalt und Macht allzeit in der größten Schwachheit fort."

Von des Papsts Bann.

Doctor Martin Luther sagte Anno 1546 zu Eisleben: „Wenn man zu Rom einen in Bann thut, so sitzen bei zwanzig Cardinäle und schießen brennende Fackeln von sich und löschen sie im Werfen aus, damit anzuzeigen, daß der verbanneten Personen Glück und Heil mit den ausgelöschten Fackeln auch sollte ausgelöschet sein; und man hats genennet beleuchtet und beläutet. Und also gings auch zu im deutschen Lande in den Pfarrkirchen; wenn man einen in Bann thäte, so hatte der Pfarrherr auf dem Predigtstuhl ein Wachslicht, das warf er herunter, daß es ward ausgelöschet, und läutete dazu mit einem kleinen Glöcklein.

Zu Rom pfleget man alle Jahre am grünen Donnerstage, da Christus das heilige Mahl einsetzte, die Ketzer zu verbannen, darunter ich, Doctor Martinus Luther, denn der erste und vornehmeste bin! Und hat der Papst einen eigenen Kirchhof dazu bauen lassen. Da hat der Papst einen schönen großen Stuhl, und die Cardinäle einen schönen Transitum, da sie auf stehen. Das geschieht auf den heiligen Tag, da man Gott für seine große Wohlthat des Abendmahls, auch seines Leidens und Sterbens danken sollt! Da sitzt denn der Papst obenan, die Cardinäl blasen die Fackeln aus und werfen die Verbanneten alle in die Hölle. Ich bin vor acht und zwanzig Jahren in die Hölle geworfen, als vom 1518. Jahr her, und lebe dennoch noch! Ich bin beleuchtet und beläutet."

Kleinmütigkeit soll Niemand abschrecken von seiner Vocation.

Es ward geredt von D. I. Weller, wie er so kleinmüthig wäre, verachtet seine Gaben, da er doch genug Verstandes, Kunst und Wohlredenheit hätte, mehr denn alle Papisten; doch, weil er Andern nicht könnte gleich sein, trete er zurück und wollte sich nicht brauchen lassen. Darauf sagte Doctor Martin Luther: „Mit Nichten soll man also thun, sondern ein Jeglicher soll zufrieden sein und sich genügen lassen an seiner Gabe, die ihm Gott gegeben hat, denn sie können nicht Alle Pauli und Johannes der Täufer sein, sondern es müssen auch Timothei und Titi sein; man darf der Füllsteine an einem Gebäu mehr denn der Quadraten."

Warum die Laien den Predigern feind sind.

„Es ist ein ewiger Haß," sprach Doctor Martinus, „zwischen den Cleriken oder Geistlichen, so im Kirchenamte sind, und den Laien oder Weltlichen, und das nicht ohne Ursach. Denn der ungezähmete Pöbel unter Bauern, Bürgern, denen vom Adel, ja auch sonderlich große Fürsten und Herren wollen ungestrafet sein. Nun aber ist der Prediger Amt, so ihnen Gott ernstlich befohlen hat, daß sie die Sünder strafen sollen, die in öffentlichen Sünden liegen und thun wider die zehn Gebot Gottes, beide in der ersten und andern Tafel, welches sehr verdrießlich ist den Leuten zu hören und fährlich. Darum sehen sie mit sehr scharfen Augen auf die Prediger, die ihr Amt fleißig treiben, müssen an ihnen etwas tadeln und irgend ein Schwärlein und gering Flecklein und kleine Gebrechen sehen, sollten sie es auch an ihren Weibern und Kindern ersehen, so wollten sie sich gerne rächen. Und wenn die Fürsten nicht so gewaltig wären, so thäten sie ihnen gleich also, wiewohl sie ihnen heimlich feind sind.

Ah, lieben Herren! lasset uns nur bei dem reinen Wort bleiben, daß wir auf dem Stuhl Mosi sitzen und nichts anders, denn was Gott befohlen hat, einfältig und treulich lehren; nicht was uns nach unser Vernunft gut dünket. Da gleich das Leben nicht so schnurgleich und vollkommen ist, so ist Gott gnädig und hat Geduld mit uns; wenns nur nicht vorsätziglich geschieht, so kann er wohl durch die Finger sehen. Der Welt und Laien Haß und Neid wider uns wird wohl bleiben nach diesem alten Spruch:

> Dum mare siccatur, dum daemon ad astra levatur.
> Tunc clero laicus fidus amicus erit.

Wenns Meer vertrocknet und Satan
Wird in den Himmel g'nommen an,
Alsdenn wird der Lai und die Welt
Den Dienern Gotts zu Freunden gestellt."

Viel Wort machen und prächtig reden.

Doctor Martino Luthern ward bracht ein Comment, so einer über den 93. Psalm geschrieben hatte mit sehr viel Worten. Da sprach er: „Die, so mit viel Worten übergehen und sehr gähren, die sind fährlich und verdächtig; denn alle Historien zeugen, daß die größten Ketzer daher kommen sind, wenn sie ihr Geschwätz und Mäulichen wohl haben können brauchen, und also das Volk an sich bracht. Ich habe etwan M. B. hart gestraft, der war auch in Worten prächtig, aufgeblasen und ehrgeizig.

Ein Prediger soll also geschickt sein, daß er fein einfältig, rund und richtig lehren könne die Albernen und Ungelehrten, denn es gar viel mehr am Lehren denn am Ermahnen gelegen ist. Wir sollen Säugammen sein, gleich wie eine Mutter ihr Kindlein säuget, die päppelt und spielet mit ihrem Kindlein und schenkt ihm aus dem Busen, da darf sie denn keines Weins noch Malvasires zu, denn wir nicht Schenken und Kretzschmar sein. Ich bin denen sehr feind, die sich in ihren Predigten richten nach den hohen gelehrten Zuhörern, nicht nach dem gemeinen Volke, das achten sie nicht. Denn mit hohen und prächtigen Worten einher fahren, ärgert und zerbricht mehr, denn es bauet. Viel mit wenig Worten fein kurz anzeigen können, das ist Kunst und große Tugend; Thorheit aber ists, mit viel reden nichts reden. Darum sagt S. Peter wohl I. Petr. 2. (V. 2): Seid begierig nach der vernünftigen lautern Milch als die jetztgebornen Kindlein, auf daß ihr durch dieselbigen zunehmet."

Langsam reden.

„Fein langsam reden ist einem Prediger am bequemsten und eine feine Tugend; denn er kann also desto fleißiger und bedächtiger seine Predigten vortragen. Seneca schreibet von dem vornehmesten Wohlredner in der latinischen Sprache, Cicerone, daß er langsam und ins Herz geredet hat; wie Ihr auch an D. Gregorien Brücken sehet."

Erstlich predigen am schwersten.

„Wenn einer zum ersten Mal auf den Predigtstuhl kommt, Niemand gläubet, wie bange einem dabei wird; er siehet so viel Köpfe vor sich! Wenn ich auf den Predigtstuhl steige, so sehe ich keinen Menschen an, sondern denke, es seien eitel Klötzer, die da vor mir stehen, und rede meines Gottes Wort dahin."

Das sagt er, die neuen, kleinmüthigen Prediger zu stärken und zu beherzigen, daß sie darum nicht verzagen noch ablassen sollten.

Mißfallen D. Martin Luthers an seinen Predigten.

„Ich," sprach D. M. L., „habe mich oft selber angespeiet, wenn ich vom Predigtstuhl kommen bin: Pfui dich an, wie hast du geprediget? Du hast's wahrlich wohl ausgerichtet, hast kein Concept gehalten, wie du es gefaßt hattest! Und eben dieselbe Predigt haben die Leute aufs Höchste gelobet, daß ich in langer Zeit nicht so eine gute, schöne Predigt gethan hätte. Wenn ich hinunter vom Predigtstuhl gestiegen bin, so habe ich mich besonnen und befunden, daß ich nichts oder gar wenig davon gepredigt habe, das ich bei mir concipirt und bedacht hatte. Daß ich gewißlich dafür halte, es sei viel ein ander Ding predigen, denn wir's achten; denn unser Herr Gott einem oft etwas anders eingibt. Es prediget einer viel anders, wenn er hinauf kömmt, denn wie er's hat vorgehabt oder bei sich bedacht. Es ist alles gut, wenn einer nur recht prediget, das dem Glauben ähnlich und der heiligen Schrift gemäß ist."

Wie ein Lehrer predigen und auf welche er sehen soll.

„Ein jeglicher Prediger soll sich gewöhnen, daß er schlecht und einfältiglich predige, und soll bei ihm beschließen und gedenken, daß er muß predigen unverständigen Leuten, als Bauern, die eben so wenig verstehen, als die Jungen unter 12, 13, 14, 20 Jahren, denen man auch alleine prediget; das ist auch der große Hauf, daß es dieselbigen verstehen oder etwas draus fassen mögen und ihr Leben bessern. Mir zwar und Philippo darf keiner predigen; wiewohl wir auch etwas draus lernen können, das uns von Nöthen ist. Man muß nicht predigen und tapfer her scharren mit großen Worten, prächtig und kunstreich, daß man sehe, wie man gelehret sei und seine Ehre suche. O nein, hie gilts nicht!

Man soll sich richten nach den Zuhörern, und das fehlet gemeiniglich allen Predigern, daß sie predigen, daß das arme Volk gar wenig draus lernet; wie Butzer und Zwingel thäten zu Marburg in großer Pracht daher und Alles aufs Kunstreichste, daß sie das Lob davon hätten; als wollten sie sagen: Siehe, D. Mart. und Philip. sehen, wie ich so ein gelehrter Geselle bin.

Einfältig zu predigen ist eine große Kunst. Christus thuts selber; er redet allein vom Ackerwerk, vom Senfkorn usw. und brauchet eitel grobe bäurische Gleichnisse."

Ernste Vermahnung D. M. L.

Darnach fing Doctor Martinus ein Vermahnung und Strafpredigt an, „welche leider," sprach er, „jetzt sehr seltsam wird, ja wir müssen sehen Laster, Untugend und Muthwillen, die sind so eingerissen und nehmen so überhand, daß sie kein Prediger mehr thar anrühren, viel weniger strafen ohne Gefahr Leibes und Guts, oder wird verjagt. Denn fromme, gottfürchtige, treue Prediger, da sie die Sünde strafen, so schilt und heißt man sie zänkisch, beißig, Gottes und Menschen Lästerer, die den Leuten an ihre Ehre greifen, machen die Oberkeit verächtig und erregen Aufruhr und Empörung usw."

„Aber höre, lieber Bruder," sprach er, „warum beschmitzst du dich selber mit gottlosem Wesen und Aergernissen? Weißt du nicht, daß den Dienern der Kirche von Gott ernstlich auferlegt ist, das Amt und Gewalt gegeben, zu strafen, was Unrecht und Sünde ist? Sind wir schuldig, Gottseligkeit durchs Wort zu fördern und zu lehren, was recht, christlich und rein ist, so müssen wir wahrlich auch gottlos Wesen strafen mit seinen Früchten und verdammen, was unrecht, falsch, unchristlich und unrein ist; sonst wird Gott das gerechte Blut von uns fordern.

Lieber, welch gottfürchtig Herz kann durch die Finger sehen und beschönen solche gräuliche große Sünde, als Gotteslästerung, Ungehorsam, Dieberei, da man Kofent für Bier verkäuft, Wucher, Ehebruch, Zweitracht, Uneinigkeit, Hader, Zank usw.? An diesen Lastern haben wir Alle Scheu und keinen Gefallen, sondern verfluchen und verdammen sie. Und ein jeglicher Hausvater klaget über die große Bosheit, so in der Welt allenthalben ist; klaget und schreiet über den Muthwillen, Ungehorsam und Untreu des Gesindes, Arbeiter, übermäßige Steigerung, Alles, was man nur haben soll zur Nothdurft, auf dem Markt, bei Handwerksleuten usw.

Ei, ist dirs recht, darüber zu klagen, warum willt du denn den Predigern das Maul zusperren, die da an Gottes Statt stehen und strafen? Da schreien sie denn herwieder: Ja, er hat mich gemeint! Ei ja, lieber Gesell, weißest du nicht, daß ein alt Sprüchwort ist: Wenn man unter die Hunde wirft, so schreiet, der getroffen ist; darum verräthest du dich selber mit solchem Murren und Schreien und machst offenbar, daß du eben der schuldige Hund bist, der getroffen ist. Willt du es nicht hören und murren, so gehe zum Loche hinaus, das der Steinmetz und Maurer offen gelassen hat. Du wirst ein Mal Gottes Gericht müssen hören, der wird dir sagen: Habe ichs dir durch meine Prediger nicht lassen sagen, warum hast du sie nicht gehört? Da wirst du dich nicht können entschuldigen."

Weltliche Regenten sollen sich nicht in geistliche Händel mengen.

Am 16. Juni Anno 1545 verbot D. Mart. M. Antonio Lauterbach und D. Daniel Gressern, Pfarrherrn zu Dresden, „daß sie nicht sollten willigen in die Dekrete von Ceremonien, welche zu Hofe gemacht waren, noch den Höfischen gestatten und zulassen solche große Gewalt und Macht; sondern ihnen anzeigen, daß sie ihres Amtes in der Rathstube und Canzelei, Händel, Land und Leute zu regiren, warteten ein Jeglicher in seinem Stand. Nach dem Sprüchwort: Ein Jeglicher treibe sein Handwerk; ein Reiter warte seines Reitens und der Pferde; ein Sänger seines Singens; und Niemand soll sich unterstehen zu treiben und zu lehren, das er nicht gelernt hat. Sie regiren ihren Hof und lassen Gott und seinen Dienern das Regiment in der Kirche; wir haben auf allen Seiten genug zu thun, all unsre Hände voll und zu verantworten. Die Klüglinge, ehrgeizigen und ruhmredigen Hansen in allen Gassen, die des Sacks wollen fünf Zipfel haben und Alles regieren, lasse man immer fahren und ein gut Jahr haben, sie thun allezeit den größten Schaden in allen Regimenten, können das Pferd im Hintern zäumen."

Aus was Ursachen man in Kirchen zusammen kommet.

Am 7.Junii Anno usw. 45. am ersten Sonntage nach Trinitatis war D. M. Luther zornig und schalt die, so da murmelten und brummeten in der Kirche, wenn man die Psalmen und geistlichen Lieder sänge. „Denn Christen und gottfürchtige Herzen kommen nicht darum in der Kirche zusammen, daß man blöken und murmeln soll, sondern beten und Gott danken. Wollt Ihr ja," sprach er, „brüllen, brummen, grunzen und murren, so gehet hinaus unter die Kühe und Schweine, die werden Euch wohl antworten, und lasset die Kirche ungehindert!"

Aber auf den andern Sonntag, da es etliche nicht unterließen frühe, ging D. Mart, bald aus der Kirche. Derhalben strafete sie D. Pommer hart und sprach: Du hast mir unsern Vater, D. M., aus der Kirche gejagt, Du wirst mich auch verjagen, daß ich Dir nicht predigen werde!

Aus den Schulen soll man Prediger nehmen.

Da man von M. N. redete, sprach Doctor Martinus: „Wir müssen jetzt viel Werkstück und Ecksteine und Füllesteine haben; er muß einen Eckstein geben. Denn Schulmeister haben des Redens gewohnet in der Schulen mit ihren Schülern, wie man der heiligen Schrift Sprüche fein handeln und auslegen soll. Ich wollt, daß keiner zu einem Prediger erwählet würde, er wäre denn zuvor Schulmeister gewest. Jetzt wollen die jungen Gesellen von Stund an alle Prediger werden und fliehen der Schulen Arbeit. Aber wenn einer hat Schule gehalten ungefährlich zehn Jahr, so mag er mit gutem Gewissen davon lassen; denn die Arbeit ist zu groß und man hält sie geringe. Es ist aber als so viel in einer Stadt an einem Schulmeister gelegen als am Pfarrherr. Burgermeister, Fürsten und Edelleut können wir gerathen; Schulen kann man nicht gerathen; denn sie müssen die Welt regieren.

Man siehet heut, daß kein Potentat und Herr ist, er muß sich von einem Juristen und Theologen regieren lassen; sie können selbst nichts und schämen sich, zu lernen, darum muß aus der Schulen herfließen. Und wenn ich kein Prediger wäre, so weiß ich keinen Stand auf Erden, den ich lieber haben wollt. Man muß aber nicht sehen, wie es die Welt verlohnet und hält, sondern wie es Gott achtet und an jenem Tage rühmen wird."

Daß man große Hansen mit dem Predigtamt nicht hart angreifen soll.

Der junge Markgraf Joachim der Andere hat Anno 1532, als er zu Wittenberg gewesen, Doctor Martinum Luther gefraget: Warum er doch so heftig und hart wider die großen Herren schriebe? Darauf hat Doct. Martinus geantwortet: „Gnädiger Herr, wenn Gott das Erdreich will fruchtbar machen, so muß er zuvor lassen vorhergehen einen guten Platzregen mit einem Donner und darnach darauf fein mälich regnen lassen; also feuchtet er das Erdreich durch und durch." „Item," sprach er, „ein weidenes Rüthlein kann ich mit einem Messer zerschneiden, aber zu einer harten Eichen muß man eine scharfe Axt und Barten oder Keil haben, man kann sie dennoch kaum spalten; wie denn eine große Eiche von einem Haue nicht fället.“ Und sagte daneben D. M.: „Es wäre ihm oft von Freunden gerathen worden, daß er an den Cardinal zu Mainz freundlich schriebe. Hätte ich deren Rath gefolget,“ sagt D. M., „so hätte ichs nur verderbet. Die Sachen wollen nicht mit Glimpf gehandelt sein, sondern mit einem Ernst und Kraft des heiligen Geistes, wie Samson die Thore der Stadt wegtrug usw.“

Art und Amt eines guten Redners.

„Eines guten Redners Amt oder Zeichen ist, daß er aufhöre, wenn man ihn am liebsten höret und meinet, er werde erst kommen; wenn man ihn aber mit Überdruß und Unwillen höret, und wollte gern, daß er aufhörete und zum Ende und Beschluß käme, das ist ein böses Zeichen. Also auch mit einem Prediger; wenn man sagt: Ich hätte ihm noch wohl länger mögen zuhören, so ists gut; wenn man aber sagt: Er war in das Waschen kommen und konnte nimmermehr aufhören, so ists ein bös Zeichen.“

Nach armen Laien, Kindern und Gesinde soll man die Predigt richten.

„Wenn ich,“ sprach D. Mart., „auf die Kanzel komme, so gedenke ich nur den Knechten und Mägden zu predigen. Um D. Jonas oder Philippus oder um der ganzen Universität willen wollt ich nicht ein Mal austreten; denn sie könnens sonst in der Schrift wohl lesen. Wenn man aber den Hochverständigen predigen will und eitel Rabbinos und Meisterstück heraus werfen, so stehet das arme Volk gleich wie eine Kuh.“

Hoffart, sonderlich in Predigern, thut großen Schaden in der Kirche.

„Stolze, hoffärtige Klüglinge und Naseweisen, die sich dünken lassen, sie sind gelehrt, sind gleich,“ sprach D. Mart., „dem Icaro, davon die Poeten schreiben, daß er wollte in Himmel fliegen. Wie man sagt: Willt du sicher und wohl wandeln, so fleug nicht zu hoch. Fleugst du zu hoch, so verbrennest du die Federn!“

Was Ehrsucht für Schaden thue.

Auf eine andere Zeit sagte D. M. L., „daß die Hoffahrt und Ehresucht in den Kirchen großen Schaden thäte; denn Zwinglius wäre sehr ehrgeizig gewest, er hätte auch in seinen Büchern geschrieben, daß er nichts von mir gelernet hätte; und ich wollts auch nicht gern, daß er seine Sacramentirerei von mir gelernet hätte, denn ers nicht gut machet. Also ließ sich Oecolampadius dünken, er wäre ein großer Doctor, und ehe denn er etwas von mir gehöret hätte, so wäre er schon in einem großen Ansehen gewesen. D. Carlstadt sprach auch: O, um Euch ist mir nichts! Thomas Münzer prediget wider die zween Päpste, als wider den neuen und alten Papst; er hieß mich den neuen Papst, ja ich mußte ihm der König Saul sein, denn ich hätte wohl angefangen, aber der Geist Gottes wäre von mir gewichen!

Mich hat des guten Mannes Oecolampadii oft gejammert, auch hab ich mich drüber verwundert, daß er so bitter gegen uns werden sollt und solche Lästerwort wider uns ausspeien, da er doch sonst fromm war. Aber ich stelle ihr Exempel allen Predigern zur Warnung vor, daß sie ja nicht in der h. Schrift ihre Ehre suchen, wenn sie predigen wollen, denn da müssen sie zu Boden gehen. Im Virgilio und Cicerone stehet Gloria, aber die heilige Schrift will Demuth und einen zerknirschten Geist haben, da wohnet der Heilige Geist innen!“

Von D. Carlstadt sagte D. M. L., „daß er alle seine Händel aus Ehrgeiz angefangen hätte. Denn er hätte sich lassen dünken, es wäre kein gelehrterer Mann auf Erden denn er, und was ich nur schriebe und im Druck ließ ausgehen, davon schriebe er auch Bücher. Aber mit doch einem Fuco, denn er wollts alleine sein. Und ich hätte es ihm auch gerne gegönnet und wäre ihm gewichen, wenns ohne Gottes und seiner Kirchen Nachtheil hätte können geschehen. Als ich erst wider den Ablaß schrieb, da thät ichs nicht aus Vermessenheit oder daß ich auf meine Kunst und Weisheit gepocht hätte, sondern ich wollte den Handel vom Ablaß nur anstechen und gedachte, es würden darnach wohl andere Leut sich finden, die es besser würden hinaus führen. Das waren meine Gedanken. Aber von Gottes Gnaden bin ich jetzt gelehrter denn alle Sophisten und Theologen.“

Wie Bauern sind gestraft worden, die ihrem Pfarrherrn nicht wollten den Zehnten geben.

Man sagt von einem Fürsten, welches Bauern ihrem Pfarrherrn nicht hatten wollen den Zehnten geben, als sie nun deßhalben vor dem Fürsten verklagt waren, und die Bauern Ursach anzeigen sollten, warum sie dem Pfarrherrn nicht hätten seinen Zehnten gegeben, und sie geringe lose Ursachen anzeigeten, da sprach der Fürst: Es ist Recht, lieben Bauren, Ihr sollt dem Pfarrherrn den Decem nicht geben; ich will denselbigen ihm reichen, und Ihr sollt hinförder frei von ihm sein, aber mir sollt Ihr zwiefach so viel geben. Und sprach D. Luther darauf: „Also muß man die groben Gesellen Mores lehren!"

Die Lehre und Predigt soll man richten nach den Zuhörern.

„Was sich schickt und bequem ist, nach Gelegenheit der Zeit, Orts und Personen, soll man lehren und predigen. Nicht, wie ein Pfarrherr ein Mal gepredigет hatte, es wär unrecht und wider Gott, daß ein Weib ihrem Kinde ein Amme hielte; und damit hatte er die ganze Predigt zubracht, da er doch eitel arme Radespinnerin in seiner Pfarre hatte, welche diese Vermahnung nichts anging. Wie auch der gewest ist, der in einem Hospital unter alten Weibern viel vom Ehestande sagte, lobte denselben und vermahnete sie dazu."

Hofpredigten.

„Zu Hofe soll man diese Regel halten, daß man flugs schreie und klage. Will man einmal nicht hören, daß man noch ein Mal supplicire. Denn Bescheidenheit und das Evangelium gehören nicht gen Hofe, sondern man muß böse, unverschämt sein, klagen und geilen. Man muß Mosen mit den Hörnern zu Hofe setzen, nicht Christum, der freundlich und gütig ist. Darum rathe ich meinen Pfarrherrn, daß sie ihr Elend, Armuth und Noth zu Hofe klagen. Denn ich habe öffentlich vor dem Kurfürsten gepredigt, der Fürst sei wohl fromm und rechtschaffen, aber die Leute thun, was sie wollen. Um des Worts willen haben etliche zu Hofe Doctor Jonas und M. Philipp zu Reden gesetzt, denen haben sie diese Antwort gegeben: D. Luther ist alt genug, weiß wohl, was er predigen soll!"

Von stolzen, ehrsüchtigen Predigern.

Nachdem etliche D. Martino Luthers sagten, daß Cochläus, Herzog Georgens zu Sachsen Theologus, viel Bücher schriebe und dadurch wollte hoch gesehen sein, da sagte Doctor Martin Luther in contemtum Cochlaei eine feine Fabel, so da gehöret auf hoffärtige ehrgeizige Prediger und naseweise Ladünkel und sprach: „Es saß eine Fliege auf einem Fuder Heu, und da mans einführte und ablud, staubte es sehr; da sprach die Fliege: Ei der Teufel, wie einen Staub kann eine Fliege anrichten!" Und saget ferner von solchen hoffärtigen, naseweisen Leuten, „daß sie sich dünken ließen, als thäten sie mit ihrem Schreiben ihm (dem Luther) und Andern großen Schaden und Leid; aber sie thäten gleich wie jener Floh, der sprach, als er von einem Kameel fiel: Ei, ich meine, du hasts gefühlet, was dich für eine Last gedrückt hat! Ja," saget er, „ich will dem Cochläo auf kein Buch wider mich geschrieben antworten; darüber er wird viel zorniger werden, denn wenn ich ihm antwortete. Ich wills aber alleine darum thun, daß er nicht die Ehre erlange oder finde, die er durch sein Schreiben wider mich suchet."

Und sagte viel von den ehrgeizigen und naseweisen Ladünkeln, hatte auch einen Brief, den ihm ein solcher Klügling geschrieben, den las er, und sprach: „Die Kunst kann nicht verborgen bleiben; wenn der Bauch bersten will, so ists Zeit, daß man sie durch Predigen und Schreiben los mache." Das redet er höhnisch und sprach dazu: „Hoffart und Vermessenheit ist der Schlangen Haupt!"

XIX. Tischreden D. M. Luthers vom Teufel und seinen Werken

Vom Teufel umkommen ist rühmlicher denn von Menschen.

„Ich will," sprach Doctor Martinus, „lieber durch den Teufel denn durch den Kaiser sterben, so sterbe ich doch durch einen großen Herrn! Aber er soll auch einen Bissen an mir gegessen haben, der ihm nicht wohl bekommen soll! Er soll ihn wieder speien und ich will ihn wieder fressen, wenn nun der jüngste Tag kommt!"

Historie von zweien Mönchen.

„Ein Guardian ging mit eim andern Bruder über Feld, und da sie in die Herberge kamen, sagte der Wirth, sie sollten ihm liebe Gäste sein, er würde nun Glück haben. Denn er hatte in einer Kammer einen bösen Geist, daß Niemand drinnen schlafen konnte. Doch wurden die Gäste, so drein gelegt waren, nicht geschlagen, sondern nur vexiret. Und sprach: Er wolle den heiligen Vätern ein gut Bette drinnen zurichten lassen, es wären heilige Leute, die den Teufel wohl beschwören könnten. Des Nachts nun, da sie sich gelegt hatten und schlafen wollten, raufte der Geist immerdar einen nach dem andern bei dem Kränzlein an der Platten. Da fingen die Mönche an sich mit einander zu zanken, und sagt einer zum andern: Lieber, räuf mich doch nicht! Laß uns jetzt schlafen. Da kam der Teufel abermal wieder und zuckte den Guardian beim Kränzlein. Der Guardian sprach: Fahr hin im Namen des Vaters und des Sohns und des Heiligen Geists, und komm zu uns ins Kloster! Da er das gesagt, schliefen sie ein und hatten Ruhe. Da sie nun wieder ins Kloster gingen, saß der Teufel auf der Schwelle der Pforten, und schrie: Bene veneritis, Herr Guardian! Sie aber waren sicher, denn sie meineten, er wäre nun in ihrer Gewalt und Hand, und fragten ihn, was er wollte? Antwortete er: Er wollte ihnen im Kloster dienen, und bat, man wollte ihn irgend an einen Ort ordnen, da sie seines Dienstes bedürften und ihn finden könnten. Da wiesen sie ihn in einen Winkel in der Küche. Und damit man ihn kennen könnte, zogen sie ihm eine Mönchskappe an und banden eine Schelle oder Glöcklein dran als ein Zeichen, dabei man ihn kennete. Darnach riefen sie ihm, daß er sollt Bier holen. Da hörten sie die Schelle und daß er sagte: Gebt gut Geld, so will ich Euch auch gut Bier bringen.

Ist also bekannt worden in der ganzen Stadt. Wenn er vor einen Keller kam, da man ihm nicht wohl gemessen hatte, sprach er: Gebt voll Maaß und gut Bier, ich hab Euch gut Geld gegeben. Es war ansehnlich, und hatte einen großen Schein. Die Papisten haben gemeinet, daß es sollten gute Geister sein, als Diana und andere viel dergleichen Götzen und Gräuel, die die Heiden für Götter ehreten.

Und wie der Geist, wie gesagt, oder das Wichtlein (wie es unsre Leute nennen) in einem Winkel in der Küche wohnete, war der Küchenbub ein Schalk und goß hinein Spülich und andern Unflath, heiße Brühe und dergleichen unreines Dinges, was überblieben und nicht tüchtig war, in den Winkel. Und ob ihn wohl das Teufelchen bat und warnete, er wollt aufhören und ihm nicht mehr Verdrieß thun, doch wollt er nicht nachlassen noch aufhören. Da ward der Kobel und Teufel zornig und hing den Küchenbuben überquer über einen Balken in der Küche, doch daß es ihm am Leben nicht schadete. Da gab ihm der Guardian Urlaub."

Gedanken D. M. Luthers von Anfechtungen des Teufels.

„Wenn dir schwere Gedanken einfallen, so vertreib sie, womit du kannst; weißt du nichts mehr, so rede mit guten Freunden von etwas anders, dazu du Lust hast." Da nun einer sagte: Kann man doch ohne schwere, tiefe Gedanken nichts Großes ausrichten! hierauf sprach D. Mart. Luther: „Gedanken muß man unterscheiden. Gedanken des Verstandes, intellectus cogitationes machen nicht traurig, sondern cogitationes voluntatis, die Gedanken des Willens, die thuns; wenn einem ein Ding verdreußt oder gefället einem, welches melancholische und traurige Gedanken sind, da man seufzet und klaget, die thun wehe. Der Verstand aber ist nicht traurig.

Also wenn ich wider den Papst schrieb, war ich nicht traurig, denn da arbeite ich mit dem Kopfe und Verstande, da schreib ich mit Freuden, daß auch der Präceptor zu Lichtenberg auf den Abend über Tisch zu mir sagte: Mich wundert, daß Ihr könnt so fröhlich sein; wenn der Handel mein wäre, ich müßte drüber sterben usw. Der Papst hat mir noch nie weh gethan, ohne zum ersten, da Sylvester wider mich schrieb, und setzte vorne auf sein Buch diesen Titel: Des heiligen Palasts Meister. Da gedacht ich: Leichnam, wills dahin gereichen, daß die Sache will vor den Papst kommen? Dennoch gab mir unser Herr Gott Gnade, da der Bachant so bös Ding schrieb, daß ichs mußte lachen. Seit der Zeit bin ich nie erschrocken. Jetzt in diesem meinem Alter hab ich keine Anfechtung von den Leuten, hab nichts mit ihnen zu thun; aber der Teufel gehet mit mir auf dem Schlafhause spazieren, und hab einen oder zween, die lauschen stark auf mich und sind visirliche Teufel, und wenn sie mir im Herzen nichts können abgewinnen, so greifen sie mir den Kopf an und zerplagen mir ihn wohl; und wenn der nicht mehr ruhen wird, so will ich sie in den Ars werfen, da gehören sie hin."

Satan fliehet die Musica.

„Der Teufel ist ein trauriger Geist und macht traurige Leute, darum kann er Fröhlichkeit nicht leiden. Daher kömmts auch, daß er von der Musica aufs Weiteste fliehet; bleibt nicht, wenn man singet, sonderlich geistliche Lieder. Also linderte David mit seiner Harfen dem Saul seine Anfechtung, da ihn der Teufel plagte."

Doctor Martin Luther sagte Anno 1541, „daß die Musica ein herrlich und göttlich Geschenk und Gabe wäre, welcher ganz feind sei der Teufel, und man könne viel tentationes und cogitationes damit vertreiben; denn der Teufel erharret der Musica nicht gerne." Und kehrete sich Doctor Luther zu seiner Tischgänger einem, und sprach: „Habt Ihr Gedanken zu verkäufen? Lieber, schlaget sie aus, und legt Euch nicht in Streit und Kampf ein mit dem Teufel und disputiret mit ihm nicht vom Gesetze, denn er ist ein Tausendkünstiger, der die Leute wunderbarlicher Weise plaget."

XX. Tischreden D. M. Luthers von Anfechtungen

Arznei wider unnütze Gedanken.

„Wenn ich," sprach Doctor Martinus, „in Gedanken bin, so das weltlich oder Hausregiment belangen, so nehme ich einen Psalm oder Spruch Pauli, und schlafe drüber ein. Aber die Gedanken, so vom Teufel kommen, kosten mich etwas mehr; da muß ich einen starken Possen reißen, bis ich mich heraus reiße."

Fromme Christen müssen viel leiden.

„Die Gerste muß viel leiden von Leuten. Denn erstlich wird sie in die Erde geworfen, daß sie verweset. Wenn sie nun gewachsen und reif worden ist, schneidet oder häuet man sie ab. Darnach drischt und quellt man sie ein, und dörret und kocht Bier oder Kofent draus, das wird von den Bauern gesoffen und wieder gegeben unten und oben und an die Zäune gepinkelt.

Deßgleichen Märtyrer ist der Lein oder Flachs auch. Wenn er reif ist, so räuft, röstet, dörret, bläuet, bricht, hechelt, spinnet, wirket man ihn, und machet Leinwand draus zu Hemden und Kitteln usw., die werden zerrissen. Darnach braucht mans zum Wischen, schmieret Pflaster drauf, die legt man auf die Wunden und Schwären. Item die Lumpen nimmt man draus, legt sie in Stämpfel auf der Papiermühl, zerstösts klein. Daraus macht man Papier zu Kartenspiel, zum Schreiben, zu Drucken. Das Papier wird zerrissen und zu den allergeringsten Werken gebraucht.

Diese und dergleichen viel Creaturen, davon wir viel Nutzen haben, müssen sich leiden. Also müssen alle gottselige und fromme Christen viel leiden von den Gottlosen und Bösen. Da ist David ein wunderauserwählter Mann gewest und wüst gerollet worden. Aber ein solcher Mensch ist Gott lieb. Gerste, Wein, Korn usw. haben doch vor dem Lein und Flachs einen Vorteil, werden zu Fleisch und Blut und ererben in den Gottfürchtigen und Christen das Reich Gottes. Aber am jüngsten Gericht werden sie über die gottlosen Bauern, Bürger, Edelleute usw. schreien und sie verklagen, daß sie ihrer so schändlich mißbraucht haben."

Anfechtungen können nicht Alle gleich ertragen.

„Nicht Alle tragen gleiche Anfechtungen. Sie könnens auch nicht, sondern etliche müssen Knochen und Beine sein, die das Fleisch können tragen und erhalten. Darnach gleich wie am Leibe des Menschen, wenn eitel Fleisch da wäre, so fiel es in einen Haufen. Die Knochen und Nerven oder Spannadern halten das Fleisch. Also müssen in der christlichen Gemeine etliche sein, die gute Püffe müssen herhalten dem Teufel, als wir drei: ich, Philippus Melanchthon und Doctor Pommer. Aber Alle könnens und vermögens nicht zu ertragen, darum bitten wir in der Kirche immer Einer für den Andern, und für Alle. Das Gebet thuts auch!"

Der Jugend Anfechtung und eines jeglichen Alters.

„Junge Leute ficht an die Liebe und Brunst. Der gemeine Mann und Pöbel wird mit andern Lastern geplaget. Ein Mann von dreißig und vierzig Jahren usw. strebt nach Ehr und Gut. Wenn er sechszig Jahre erreichet, so hat er seine Anfechtung, und gedenkt: Wäre ich nun fromm!"

Wie man sich wehren soll wider geistliche Anfechtung.

„Wenn wir vom Teufel angefochten werden im Gewissen unserer Sünden halben, so soll man sagen," sprach D. M. L.: „Heiliger Teufel, bitte für uns: Sancte Satan, ora pro nobis! Haben wir doch nicht wider euch gesündiget, gnädiger Herr Teufel! So habt ihr uns auch nicht geschaffen, noch das Leben geben; warum klagt ihr uns denn so hart an vor Gott, als wäret ihr so gar heilig und der oberste Richter über die rechten Heiligen Gottes? Nimm den Stab in die Hand und gehe gen Rom zu deinem Diener, deß Abgott du bist!"

Von Anfechtungen und wie man sie vertreiben und ihnen widerstehen soll.

Da D. Martin Luther mit etlichen über Tisch redete, stand seine Hausfrau auf, ging in die Kammer und fiel in eine Ohnmacht. Da sie nun wieder zu ihr selbst kam, fraget sie der Doctor: „Was sie für Gedanken hätte gehabt?" Und erzählete viel sonderliche, treffliche und schädliche Anfechtungen und Gedanken, „welche gewisse Zeichen des Todes sind und schießen gewisser nach dem Herzen denn irgend ein Pfeil oder Büchse, und vertrocknen das Mark in den Knochen. Wie mich denn solche böse Gedanken mehr geplagt haben denn alle meine Arbeit, der doch viel und unzählig gewesen sind. Ich habe oft sonst andere Händel vor mich genommen, den Satan damit zu vertreiben; es wollt aber nichts draus werden, er wollt nicht weichen noch aufhören. Denn der Satan, als ein Stifter des Todes, hat unsere Natur also verderbet und beschmeißt, daß wir uns nicht wollen trösten lassen. Darum wer solche teuflische Gedanken fühlet, und damit angefochten wird, dem rath ich treulich, daß er sie bald austreibe, gedenk irgend an etwas Lustiges, thue einen guten Trunk, spiele und kürzweile, oder nehme sonst etwas Ehrliches und Ehrbares vor, darauf er heftig gedenke, so viel ihm möglich ist und er kann. Wiewohl das die höchste und beste Aerznei ist, gläuben an Jesum Christum; denn derselbige ist darum kommen, daß er trösten und lebendig machen will und die Werke des Teufels zerstören solle.

Und weil alle Traurigkeit und Schwermuth vom Teufel kömmt, so muß man Gott um seinen heiligen Geist bitten, welcher ein gar geherzter Verächter ist des Todes und aller Fahr. Derselbige ist der Trotz. Wenn nun der Teufel mir diese Gedanken eingibt, wohlan, wie du willt, du mußt doch sterben, so gebe ich die Antwort und spreche: Nein, ich werde nicht sterben, sondern leben. Denn wo Christus ist, da ist Freude, Friede und Leben.

Aber, lieber Gott, der Artikel will nicht ein, darum ist so viel Traurigkeit und Schwermuth bei uns, damit wir uns selbst plagen; und dürftens nicht. Ich bin oft selber auf mich zornig, daß ich nicht kann in der Anfechtung durch Christum meine Gedanken austreiben, noch derselben kann los werden, da ich doch so viel davon gelesen, geschrieben und geprediget habe, noch kann ichs nicht! Darum sagt die Schrift: Freuet euch im Herrn, lobsingt ihm usw.

Ein Christ soll ein fröhlicher Mensch sein; da wir gleich viel Plagen müssen leiden und wohl zermartert werden von außen und von innen, beide von der Welt und dem Teufel, so laß immer hingehen, sei getrost und rufe Gott an, und hab Geduld, der ist ein Nothelfer, wird dich nicht trosts- noch hülflos, noch stecken und verderben lassen in der Anfechtung. Denn sie sind uns gut und noth, auf daß Gottes Kraft in unsrer Schwachheit stärker werde. Siehe, wie die lieben heiligen Erzväter, Propheten, Apostel so kleinmüthig gewest sind: was sollen wir arme, elende und schwache Würmlein nicht sein in solchem gottlosen Wesen, das jetzt überhand genommen hat, und Gottseligkeit, Glaub und Liebe erkaltet und schier gar verloschen ist? Doch erhält Gott seine Kirche wunderbarlicher Weise!“

Wo das Evangelium rein gelehret wird, da folget stets Verfolgung und Anfechtung.

„Das Evangelium kann nicht ohne Verfolgung sein. Denn der Mann, der Christus heißt, muß Blut kosten; wie Mosis Weib zuvor zu ihrem Manne Mose saget (Exod. 4, 24): Du bist mir ein Blutbräutgam. Denn der Antichrist kann nicht Christi Freund sein, wie wir jetzt bei unsern Zeiten aus Erfahrung sehen, wie der Papst wider das Evangelium tobet und donnert. Wenn ich nicht wäre beißig gewest, so hätte mich der Papst gefressen: Nisi ego fuissem mordax, Papa fuisset vorax. Er hätte uns Alle gefressen und verschlungen. Ich bin des Papsts Kaulepers (Kaulbars), der stachlichte Schuppen hat, den er nicht verschlingen kann. Er hat einen Igel an mir gefunden zu käuen!“

Wie man wehren kann der Anfechtung.

„Man sagt, und ist wahr: ubi caput melancholicum, ibi diabolus habet paratum balneum. (Wo ein melancholischer und schwermüthiger Kopf ist, der mit seinen eigenen und schweren Gedanken umgehet und damit sich frißt, da hat der Teufel ein zugerichtet Bad.)“ Und sprach D. Luther: „Ich habe aus Erfahrung gelernet, wie man sich in Anfechtung halten soll. Nämlich wer mit Traurigkeit, Verzweifelung oder andern, Herzeleid geplaget wird und einen Wurm im Gewissen hat, derselbige halte sich erstlich an den Trost des göttlichen Worts, darnach so esse und trinke er, und trachte nach Gesellschaft und Gespräch gottseliger und christlicher Leute, so wirds besser mit ihm werden.“

Und erzählete darauf eine Historie von einem Bischoffe, „der hatte eine Schwester in einem Kloster, die vom Geist der Traurigkeit und von bösen Träumen und Anfechtungen übel geängstiget ward und sich gar nicht wollte trösten lassen. Nun zog sie zum Bruder und klaget es ihm. Der Bruder ließ ein köstlich Abendmahl zurichten, und bat die Schwester zu Gaste und vermahnete sie, daß sie flugs essen und trinken sollte. Das thäte nun die Nonne. Des Morgens fragte sie der Bischofs, wie sie geschlafen hätte, ob ihr auch Träume und Anfechtungen wären vorgekommen des Nachts? Nein, sagte sie, ich hab gar wohl geschlafen und keine Anfechtung gehabt. Da sprach der Bischofs: „Liebe Schwester, zeuch wieder heim, und warte deines Leibes wohl mit Essen und Trinken dem Teufel zum Verdrieß, so wirst du der bösen Träume und Anfechtungen wohl los werden." „Darum," saget D. M. L. „soll man traurige Leute mit Essen und Trinken erquicken. Aber Allen möchte dieß Remedium nicht nütze sein, sonderlich jungen Leuten. Mir alten Manne aber möchte ein starker Trunk vertreiben Anfechtung und einen Schlaf machen. Darum hat S. Augustinus in seinen Regeln weislich geredet: Non omnia aequaliter omnibus, quia non aequaliter valetis omnes."

Doctor Martini Luthers Anliegen unterm Papstthum.

„Doctor Staupitzen habe ich oft gebeichtet, nicht von Weibern, sondern die rechten Knoten. Da sagte er: Ich verstehe es nicht! Das heißt recht getröstet! Kam ich darnach zu einem Andern, so ging mirs auch also. In Summa, es wollt es kein Beichtvater nichts drum wissen. Da gedacht ich: die Tentatio und Anfechtung hat Niemand denn du. Da ward ich als eine todte Leich. Zuletzt hub D. Staupitz an zu mir über Tisch, da ich so traurig und erschlagen war, und sprach: Wie seid Ihr so traurig, Frater Martine? Da sagte ich: Ah, wo soll ich hin? Sprach er: Ah, Ihr wisset nicht, daß Euch solche Tentatio gut und noth ist, sonst würde nichts Guts aus Euch! Das verstand er selbst nicht, denn er gedachte, ich wäre gelehrt, und wenn ich nicht Anfechtung hätte, so würde ich stolz und hoffärtig werden. Ich aber nahm es an, wie Paulus sagt (2. Kor. 12,7): Mir ist ein Pfahl ins Fleisch gegeben, daß ich mich der hohen Offenbarung nicht überhübe. Darum nehme ichs auf als ein Wort und Stimme des Heiligen Geistes.

Ich war sehr fromm im Papstthum, da ich ein Mönch war, und doch so traurig und betrübt, daß ich gedachte, Gott wäre mir nicht gnädig! Da hielt ich Messe und betete und hab kein Weib, da ich im Orden und ein Mönch war (so zu reden), förder gesehen noch gehabt. Jetzt muß ich andere Gedanken vom Teufel leiden. Denn er wirft mir oft vor: O, wie einen großen Haufen Leute hast du mit deiner Lehre verführt! Bisweilen tröstet mich und machet mir wieder ein Herz ein schlecht Wort in der Anfechtung. Es sagte ein Mal mein Beichtvater zu mir, da ich immer närrische Sünde vor ihn brachte: Du bist ein Narr! Gott zürnet nicht mit dir, sondern du zürnest mit ihm; Gott ist nicht zornig auf dich, sondern du bist auf ihn zornig! Ein theuer, groß und herrlich Wort, das er doch vor diesem Licht des Evangelii sagte!

Darum wer mit dem Geist der Traurigkeit geplaget wird, der soll aufs Höchste sich hüten und vorsehen, daß er nicht alleine sei. Denn Gott hat die Gesellschaft in der Kirche geschaffen, und die Brüderschaft gebeten, daß sich ihre Glieder sollen zusammen halten, wie die Schrift sagt: Weh dem Menschen, der allein ist; denn wenn er fällt, so hat er nicht, der ihm aufhilft. (Pred. 4, 10.) Auch gefällt Gott die Traurigkeit des Herzens nicht, ob er wohl weltliche Traurigkeit zulaßt; er will aber nicht, daß ich gegen ihm betrübt sei, wie er spricht: Ich hab nicht Lust am Tode des Sünders usw. (Ezech. 33, II.) Item: Freuet euch im Herrn. (Philipp. 4, 4.) Er will nicht einen solchen Diener haben, der sich nichts Guts zu ihm versiehet. Wiewohl ich aber das weiß, doch werd ich einen Tag wohl hundert Mal anders gesinnet, widerstehe aber dem Teufel.

Zuweilen halt ich ihm den Papst vor und sage: Was ist denn dein Papst, wenn du es gleich groß machst, daß ich ihn feiern soll? Siehe, was hat er für einen Gräuel angerichtet, und hört noch heutigen Tags nicht auf! Also halt ich mir vor Vergebung der Sünden und Christum, dem Satan aber werfe ich vor und stelle ihm vor die Nase des Papsts Gräuel. So ist denn die Abominatio und der Gräuel so groß, daß ich muthig drüber werde und bekenne frei, daß des Papsts Gräuel nach Christo mein größter Trost ist. Darum sind das heillose Tropfen, die da sagen, man solle den Papst nicht schelten. Nur flugs gescholten, und sonderlich, wenn dich der Teufel mit der Justification anficht! Er greift mich oft mit einem Argument an, das nicht ein Dreck werth ist; aber in der Tentation und Anfechtung sehe ichs nicht; wenn ich aber wieder genesen bin, so sehe ichs fein.“

Wie D. M. L. den alten Meister Lucas Cranach, Malern zu Wittenberg, getröstet, da ihm sein Sohn Johannes in Italien gestorben war.

Anno 1536 den ersten December besuchte D. M. L. den Bürgermeister Lucas Maler, der sehr traurig und bekümmert war über seines lieben gehorsamen Sohns Abscheiden, so mit der Aeltern und andrer Gottfürchtigen Rath, Wissen und Willen in Italien gezogen, und zu Bononien den 9. Tag Octobris auf den Abend in schönem, herrlichem, christlichem Bekenntniß gestorben war. Aber die Aeltern waren über ihre natürliche Liebe und Neigung auch im Gewissen geplaget und gemartert, gleich als wären sie seines Todes eine Ursache gewesen, weil sie ihn hätten da hinein geschickt.

Darauf sprach D. M. L.: „Wenns deß gelte, so wäre ich so hoch eine Ursache, als Ihr, denn ichs Euch und ihm treulich gerathen habe. Wir habens aber nicht der Meinung gethan, daß er sterben sollte. Unser Gewissen gibt uns Zeugniß, daß Ihr ihn viel lieber lebendig wüßtet, ja viel lieber selber stürbet und alle Euer Gut lieber verlöret. Darum leget hin diesen Stachel im Gewissen, denn beide, Herz und Wille, solchen Bedenkens zeugen viel anders, wie Ihr gegen Euren Sohn gestimmt seid.“

Darnach wandte er sich zum Vater, der da weinete, und sprach: “Lieber Meister Luca, halt stille! Gott will Euren Willen brechen, denn er greift einen gern an, da es ihm am wehesten thut, zur Tödtung unsres alten Adams. Und ob wir schon nicht die größten Anfechtungen haben, so thun uns doch die unsern, die wir fühlen, am wehesten. Gedenkt an den lieben Adam, was da für ein Herzleid gewest ist, da sich die ersten zween Brüder vor seinem Angesichte ermordeten. Gedenkt an den lieben David, der zwei ganze Jahre heulete über seinen erstgebornen Sohn Ammon, da ihn Absolon erstach (2. Samuel 13). Darnach, da er Absolon in seinen Sünden erstochen, am Baume hangend erfuhr, da ist ein Jammer angegangen; da er seinen Sohn ewig verdammt gesehen hat, da ist ein Heulen und Angst gewesen (2. Sam. 18). Für Eins.

Zum Andern, soll uns billig trösten sein Frömmigkeit und Gehorsam. Denn die Welt jetzunder so böse und ungeschlacht ist, daß auch die allerfeinsten Jünglinge zu Schanden und Sünden kommen, das denn Eurem Sohne auch hätte können widerfahren. Denn Ihr sehet, wie ungezogen und wüste die Welt ist, daß man frei sündiget und Alles aufs Läugnen thun darf, also daß man auch in öffentlichen Sünden und Übelthaten unverschämt sagen thar: Mein Nein so viel als Euer Ja!“ Und sagte zumal von unserer Studenten wüsten Leben. Darnach sagte er von einem Magister zu Erfurt, „welcher ein gelehrter und frommer Mensch gewest wäre, aber darnach, da er ein Pfaff worden, fiel er in Ehebruch mit eines Steinbrechers Weibe, die doch häßlich genug war, konnte sie aber nicht lassen. Endlich begab sichs, da auf einen Tag frühe um sechs Hora, nachdem er Meß gehalten hatte, ging er zum Weib, und ward vom Manne ergriffen und erstochen. Das ist ein schrecklicher Tod! Ich habe auch fünf Kinder, die mir herzlich lieb sind; doch wenn ich an die bösen Läufte der zukünftigen Zeit gedenke, darin sie auch übel gerathen möchten; wenn ich in den Gedanken stehe, so wollt ich, daß sie alle gestorben wären! Denn es ist wenig Besserung an der Welt zu hoffen, wie vor Augen.

Zum Dritten, obs auch schmerzlich ist, daß Ihr einen frommen, gehorsamen Sohn gehabt (denn man je ehe der bösen, ungehorsamen vergessen kann, denn der frommen und getreuen), so lasset Euch seinen Gehorsam und christlichen Abschied eine Freude sein; denn er hat ein gutes seliges Stündlein, ihm von Gott erwählet, überkommen. Ah, selig und aber selig ist der, welcher mit dem Stündlein wohl zukömmt! Es ist mein tägliches Seufzen und Flehen, daß mir Gott ein seliges, fröhliches Stündlein verleihe! Alsdenn bin ich wohl hie gewesen und werde, von allem Elende und Betrübniß erlöset, mit Gott fröhlich sein!

Zum Vierten. Lieber Meister Luca, befehlet dies Gott, dem höchsten Vater, der mehr Recht an Eurem Sohne hat denn Ihr. Denn Ihr seid nur sein leiblicher Vater, habt ihn nur ein Zeitlang erzogen und ernähret, Gott aber hat ihm Leib und Seel gegeben, bisher behütet und bewahret, ist viel, viel näher Vater denn Ihr seid. Der weiß und kann ihn baß erhalten, versorgen und ernähren denn Ihr und die ganze Welt!

Zum Fünften. Macht des Härmens und Traurens ein Maaß; vergessets immer säuberlich; befehlets Gottes Willen, der besser ist denn unser! Euerm Sohne ist wohl geschehen! Esset und trinket, labet Euch und kränket Euch nicht also ab, denn Ihr sollet noch mehr Leuten dienen! Traurigkeit und Kümmerniß aber vertrocknet die Beine.“

Trost für einen Kranken.

Zu Torgau besuchte D. M. L. einen Canzleischreiber, der ein frommer, fleißiger Mensch war und lag krank an der Wassersucht; tröstet ihn, „daß er unbekümmert sollte sein, um diese seine Krankheit, nicht sich mit Traurigkeit noch dazu selber plagen, sondern sollte sich halten nach der Aerzte Regel, daß durch Kümmerniß und Herzleid nicht verhindert würde Gottes Segen. Denn, wie man saget: Guter Muth ist halber Leib; wenn's Herz fröhlich ist, so hat es mit dem Leibe nicht noth! Und daß er sich wollte halten nach dem Rath S. Petri, und seine Seele dem treuen Schöpfer befehlen. Wir sollen gerne sterben,“ sagte er, „denn wir haben uns genug gelebt, allein daß wir noch eine Weile um der Andern willen müssen leben.“

Ein anderer Trost für eine sehr kranke Person.

Doctor M. L. besuchte gar eine ehrliche Matrone, die hart krank lag, und tröstet sie also: „Muhm Lene, kennet Ihr mich auch und vernehmet Ihr mich?" Und da sie ihn verstand und kannte, sprach er zu ihr: „Euer Glaube stehet ja ganz und gar auf dem Herrn Christo!" Darnach sagt er drauf: „Derselbige ist die Auferstehung und das Leben! Euch wird nichts gewähren, Ihr werdet nicht sterben, sondern wie in einer Wiege entschlafen; und wenn die Morgenröthe aufgehen wird, sollt Ihr wieder aufstehen und ewig leben." Da sprach sie: O ja! Da fragt sie der Doctor und sprach: „Habt Ihr keine Anfechtung?" Nein, sagt sie. „Wie? Thut Euch denn nichts weh?" Ja, sprach sie, ums Herz ist mir weh. Da sagt er: „Der Herr wird Euch bald erlösen von allem Übel. Ihr werdet nicht sterben!" Und wandte sich zu uns, und sprach: „O, wie wohl ist der! Denn das ist kein Tod, sondern ein Schlaf." Und ging alsbald allein an das Fenster, und betete. Und ging also von ihr wieder weg um zwölfe nach Mittag; auf den Abend aber um sieben entschlief sie in Christo fein sanft ein.

Anderer Leute Vermahnungen die trösten einen in Anfechtungen.

Doctor Luther sagete: „Der Teufel fürcht sich vor dem Wort Gottes; er kann es nicht beißen, die Zähne werden ihm lückicht davon." Darum sprach er ferner: „Wenn er in Anfechtung gewesen wäre, hätte ihn oft ein Wort getröstet, so er von einem guten Freunde gehöret hätte. Denn als Anno 1535 die Universität zu Wittenberg um der Sterbensläufte willen gen Jena verleget und ich einer Sachen halben gar bekümmert und traurig ward, sprach Doctor Pommer zu mir: Unser Herr Gott gedenkt ohne Zweifel im Himmel: Was soll ich doch mit diesem Menschen mehr machen? Ich hab ihm so viel herrlicher großer Gaben gegeben, noch will er an meiner Gnaden verzweifeln! Diese Worte waren mir ein herrlicher, großer Trost, und beklieben mir fest in meinem Herzen, als hätte sie mir ein Engel vom Himmel selber gesprochen, wiewohl damals Doctor Pommer darauf nicht gedachte, daß er mit seiner Rede mir einen Trost wollte geben."

Anfang in Gedanken von der Versehung (Praedestination).

Ueber die Versehung nur sich in keine Disputatio gegeben, sondern angefangen an Jesu Christo. Da findet und höret man den Vater; denn alle, die oben angefangen haben, die haben den Hals gestürzt. Also habe ich einmal von

Carlstadt gehört in einer Disputation von der Versehung, daß er sagte: „Wenn das sollte sein, so wärs eben so mehr in die Hölle gerannt, als hinein getrabt!" Und M. Eisleben fuhr einmal hervor mit diesen Worten: „Ich habe Sorge, es werde Dreck regnen". Und Münzer, da wir ihm diesen Spruch S. Pauli Röm. 8 (30) vorhielten: „Welche er zuvor versehen und berufen hat, die hat er auch gerecht gemacht, die hat er auch herrlich gemacht"; sagte er: „Ich weiß je eure Sprüche wohl!" Darum stießen sie sich hart in der Disputation, denn es wollte keiner an Christo anfahen. Und von dem Herrn sagte doch Gott: „Den sollt ihr hören". (Matth. 17, 5.)

So spricht Christus: „Niemand kömmt zum Vater denn durch mich"; aber sie wollten Christum und sein Wort nicht. Wie auch Münzer sagte (daß ihm's Gott verzeihe!) „Wenn Christus nicht mit mir reden wollte, so wollte ich ihn nicht ansehen." Darum gingen sie auch alle zu Boden, und Münzer richtete die erste Secte an mit dem Geist und verachtete das mündliche Wort. Carlstadt hielt nichts vom Sacrament, kamen die Sacramentirer heraus; und die Wiedertäufer richteten auch ihre Seelen an. Es sind drei harte gräuliche Seelen, aber nach unserm Tode werden viel Seelen aufgehen! Gott helfe uns!

Ich bin mit den Gedanken von der Versehung wohl geplagt und gemartert worden, nämlich was und wie es doch Gott mit mir machen wollte? Aber zuletzt hab ich sie, Gott Lob, gar lassen fahren und verachtet, und mich wiederum geschwungen und gehalten an den geoffenbarten Willen Gottes und sein Wort. Wir könnens doch nicht höher bringen, denn der Mensch kann nimmermehr den heimlichen Willen Gottes erforschen, und Gott verbirget ihn um des Teufels willen, auf daß der kluge Geist betrogen und zu Schanden werde. Denn von uns hat er den offenbarten Willen Gottes gelernt, den heimlichen aber behält ihm Gott selber vor und verbirget ihn. Wir haben genug an der Menschheit Christi zu lernen, in welcher sich der Vater offenbart hat; wir sind aber Narren, daß wir des Worts und des offenbarten Willens des Vaters in Christo nicht achten, grübeln und forschen die Geheimnisse, so verborgen sind, die uns zu wissen Gott nicht befohlen hat. Darum stürzen ihrer auch viele den Hals drüber!"

Christen sollen nicht gerne alleine sein.

Doctor Martin Luther sagte, „daß die Papisten und Wiedertäufer lehreten, wenn man Christum erkennen wollt und das Herz rein behalten, so solle man gerne alleine sein, und nicht unter vieler Gesellschaft sein; man soll ein Niclas-

Bruder werden. Das ist eine teufelische Persuasion wider die erste und andere Tafel! Denn die erste Tafel erfordert Glauben und Furcht, dasselbige will er im andern Gebot geprediget und vor den Menschen gerühmet haben. Man soll unter den Leuten davon reden, und nicht in die Winkel fliehen und kriechen. Also lehret die andere Tafel, daß man dem Nächsten solle Guts thun, darum sollen wir uns zu ihm gesellen und nicht den Nächsten meiden. Darum ist das Vorgeben der Wiedertäufer wider den Ehestand, wider das Hausregiment und weltliche Regiment. So siehest du nicht, daß der Herr Christus auch ein solch Leben geführet hätte, da er auf Erden ging. Er ist nicht viel allein gewest, es war immerdar ein Lärm und Getümmel von viel Volks um ihn; er war nimmermehr allein, denn wenn er betete. Darum soll man die immerdar hinfahren lassen, die da sagen: Bleibet gern allein, so bleiben eure Herzen rein. Gott will, daß man in die Kirche gehen soll, und mit andern Christen sein Wort hören und die Sacrament empfahen."

Was Einsamkeit für Schaden bringe.

„Es geschehen viel mehr und größere Sünden, wenn die Leute allein sind, denn wenn sie sich zu anderer Leute Gesellschaft halten. Da Eva im Paradies allein spazieren ging, da hatte sie der Teufel gar betrogen und verführet. Item wo Winkel sind und einsamer Ort ist, allda geschehen gemeiniglich Todtschläge, Mord, Raub, Diebstahl, Unzucht, Ehebruch und alle andere Sünden. Denn wo eine solitudo und Einsamkeit ist, da hat der Teufel locum et occasionem, die Leute in Sünde zu führen; aber wer unter Leuten und bei ehrlicher Gesellschaft ist, der schämet sich, Sünde, Laster und Schande zu begehen, oder er hat je nicht Raum oder Gelegenheit darzu. Über das, so hat der Herr Christus auch verheißen und zugesaget, daß, wo ihrer zween oder drei in seinem Namen bei einander sind, da will er mitten unter ihnen sein. (Matth. 18. V. 20.)

Also auch, da der König David einsam und müßig war, und nicht mit in Krieg zog, fiel er in Ehebruch und Todtschlag. Und ich habs von mir auch erfahren, daß ich nimmer in mehr Sünde falle, denn wenn ich alleine bin. Gott hat den Menschen zur Gesellschaft geschaffen, und nicht zur Einsamkeit. Das denn mit diesem starken Argument zu beweisen ist, daß Gott in der Schöpfung der Welt Mann und Weib geschaffen hatte, daß der Mann am Weibe eine Gesellin und Gehülfin haben sollte. So hat Gott auch die christliche Kirche gestiftet, die Gemeinschaft der Heiligen, daß die Christen zur Predigt zusammenkommen mögen und Trost aus dem göttlichen Wort anhören und die Sacramente gebrauchen.

Sonst machet die solitudo lauter Traurigkeit, und es hat einer arge, böse und beschwerliche Gedanken, wenn er allein ist. Da denkt man einem Ding emsiger nach, und ist uns etwas Widerwärtiges geschehen, so bilden wir es uns desto heftiger ein, und machen's größer und ärger, denn es an ihm ist, gedenken, als sei Niemand unglückseliger, denn als wir sind, und träumen uns davon, als werde es ein böses Ende mit unsern Sachen gewinnen. In Summa, wenn wir allein sind, so haben wir wunderbarliche Gedanken und legen ein Ding immerdar ärger aus, denn es an ihm selbst ist; meinen dagegen, daß andere Leute viel glückseliger sind, denn wir, und thut uns denn sehr wehe, daß es Andern also wohl gehet und wir dagegen in Trübsal und allerlei Noth stecken."

XXI. Tischreden D. M. Luthers vom Antichrist oder Papste

Vom Papst Julio dem Andern.

„Das Gespräch vom Papst Julio dem Andern ist ein fein lustig Gedicht und gleichwohl wahr an ihm selbst und wohl werth, daß mans nicht lasse umkommen, sondern fleißig für und für behalte und lese. Denn es beschreibet mit herrlichen, prächtigen Worten das Papstthum, sonderlich am Julio, welcher vor Andern ein gräulich gewaltig Wunderthier ist gewest, gar ein gottloser Mensch, ein grausamer Wütherich und anschlägiger Kriegsmann, der alles hat dürfen vornehmen, wagen und sich unterstehen, daß er möchte ein irdischer Gott sein. Die Venediger hat er geschlagen, aber mit Hülfe des Kaisers und des Königs zu Frankreich. Da er nun derselben mächtig ward, legt er sich wider den Franzosen vor Ravenna mit großer Kühnheit und einem mächtigen Kriegsvolk in eigener Person, da er am Ostertage geschlagen ward. Wenn er des Franzosen wäre dazumal mächtig worden, so hätte er sich an den König zu Hispanien und den Kaiser gemacht, sie bekrieget und sich unterstanden unter sich zu bringen.

Summa, er ist die letzte Flamme in der Lampe, wenn sie jetzt bald verlöschen und ausgehen will, und das letzte Vornehmen des Teufels gewest, der mit Bann und Schwert blitzte und donnerte, führete Krieg durch Anderer Gewalt und Macht; wie Daniel sagt, daß er mächtig sei, aber nicht aus eigener Kraft und

Macht; wie man jetzt erfähret. Denn etwa vor dieser Zeit sagte man, daß der Papst in einem Finger mächtiger wäre denn alle deutsche Fürsten. Was meinst du, sprachen die Walen, daß der Papst nach Germanien und Deutschland fraget? Aber die unverschämte Hure, der gräuliche Schandfleck und Unflath ist durch den Geist Gottes Mundes angegriffen und in Vieler Herzen also gestürzt, daß man nichts mehr von ihm hält. Welches kein Kaiser mit dem Schwert und Gewalt hätte vermocht zu thun, noch zuwege zu bringen. Denn der Teufel schmeißt auf das Messer und in die Scheide; wenn er aber mit Gottes Wort geschlagen wird, so wird der Papst zur Puppe und Tostblume, das ist, zu einer solchen Blume, die Morgens mit der Sonne aufgehet, mit ihr wieder untergehet, wie dieselbige gelbe Blume, daraus auf den Abend ein stiebender kahler Mönch wird."

Ein anders vom Papst Julio.

„Julius, der Andere des Namens, ist ein trefflicher Mann in Kriegen und Regiment gewest, hat gar einen weltlichen Kopf und Verstand gehabt, wider den Kaiser, die Venediger und den König zu Frankreich gekrieget; und da ihm angezeigt ward, daß sein Kriegsvolk vor Ravenna vom Franzosen geschlagen war, lästerte er Gott im Himmel, und sprach: Ei, bis nun gut Französisch in tausend Teufel Namen! Beschirmest du deine Kirche also? Wandte das Angesicht gegen die Erde, und sprach: Heiliger Schweizer, bitte für uns! Und schickte alsbald den Kardinal von Salzburg, Bischofs Matthiam Langen, zum Kaiser Maximilian.

Da er nun gedemüthiget war, also daß er Kaiser Maximiliano schier zu Füßen fiel und anbetete, ein so großer Kriegsmann, sehr reich, der auch große Gebäude führete; doch ward er sehr gefürchtet von Kardinälen und Römern. Er hielt die Gassen zu Rom so rein, daß nicht viel Pestilenz da waren. Es war ein Weltmensch, alle Tage stand er des Morgens frühe um zwei auf, und richtete seine Händel aus bis zu fünfen oder sechsen; darnach nahm er vor weltliche Geschäfte, Kriegen, Bauen, Münzen usw. Man sagt, er habe 56 Tonnen Goldes gehabt; denn da er sterben wollt, bescheidet er denen, die seinen Schatz verwahreten und hüteten, 50,000 Gülden.

Er trachtete nach dem Kaiserthum, wäre auch gerne Kaiser gewest, und hat König Ludwig zu Frankreich sehr geplaget, also daß er an alle Universitäten in Frankreich schrieb und begehrete, sie wollten seine Hoffart mit öffentlichen Schriften dämpfen. Wenn ich zur selben Zeit wäre kommen, so hätt man mich gegen Paris mit großen Ehren gefordert. Aber ich war ihm noch zu jung, und Gott wollte nicht zur selben Zeit, daß ich wider ihn sollt schreiben, auf daß man nicht gedacht hätte, als wäre er durchs Königs von Frankreich Gewalt oder des Papstthums Weisheit gestürzt und vom Stuhl gesetzt, sonder allein durch Gottes Wort. Denn Gott erweckt, das nicht ist, daß es sei, macht aus Nichts Etwas und wiederum. Der König zu Frankreich wäre nicht nichts gewest, sondern etwas; darum niedriget Gott allein Alles durch sein Wort. Denn wenn Gott nur ein Wort spricht, und sagt: Jerusalem, falle dahin; Rom, komm um und lieg in der Aschen; König gib dich gefangen; Junker Papst, steige vom Stuhl herab: von Stund geschicht Alles. Also hat er das große, mächtige Papstthum gestürzt, welches das allermächtigst war!

Papst Julius wollte Kaiser sein; Alexander wollte seinen Sohn zum Kaiser machen; Papst Leo desgleichen; einen Bruder, den macht er zum König zu Neapolis, ward aber mit Gift getödtet. Also Papst Clemens war der allerreichste, denn er hat Papst Julii Schatz überkommen, und war der listigste; doch was er vornahm, das war Alles vergebens und gar tückisch, weil er ein Wal und ein Florentiner war, derselben einer thut so viel als drei Wale. Dazu war er ein Bastard und Hurenkind eines vom Geschlecht Medices, das macht sieben Wale.

Summa, es ist kein ärgerer noch größerer Schalk auf Erden gewesen, denn Papst Clemens der Siebente; doch hat Gott dieser aller Autorität, Macht und Gewalt geschwächt und gestürzt. Denn also rühmten die Walen von Julio, daß von S. Peters Zeit an kein Papst in solchem Ansehen gewest wäre, als Julius. Nun liegt's Alles in der Asche!

Ah, Pfaffen sollten beten und nicht regieren, sonderlich dieser Papst Clemens! Er ist der größte Bösewicht, es ist ihm zu viel auf einen Bissen. Wie der Teufel sagte: Du heißt Petrus, an S. Peterstage genennet, ein Peter ist dein Pathe, hast krauses Haar, bist wunderlich. Es ist ihm zu viel; krauses Haar, krauser Sinn!" Da sprach M. V.: „Ich habe wol krausen Sinn, aber nicht krauses Haar." Darauf antwortete D. Martin: „Nehmet ein Weib, so werden die krausen Sinne wol vergehen; alsdenn wird's heißen, wie *sie* will! Wenn einer gefreit hat, so verliert er die besten Tage. Die Pfaffen haben bisher die besten Tage gehabt, nun aber überkommen sie die sauren!"

Des Papstes Geiz.

„Papst Leo ward von den Barfüßermönchen bestochen mit 80,000 Ducaten, daß er sie wollt nicht reformiren. Da er nun das Geld auf dem Tisch sah, sprach er: Wer kann so viel Gewappneten widerstehen? Summa: Geld macht Schälke!“

Vom Papst Alexander.

„Papst Alexander war ein Maran, das ist ein getaufter Jüde, der gar nichts gläubte. Diesem war Papst Julius, der an seine Statt kam, so feind, daß er alle Thüren und Fenster darinnen seine Wappen waren, ließ ausbrechen und abthun.“

Von Papsts Gregorii allzu mönchischer Frömmigkeit.

„Papst Gregorius war in der mönchischen Heiligkeit und Superstition so vertieft, daß er seinen Schäffener, der ihm sehr treu gewest war, da er nach seinem Tode drei Gülden in seiner Zell gefunden hatte, öffentlich vor seinen Brüdern im selbigen Kloster dem Teufel gab, und warf die drei Gülden in sein Grab, und sprach: Vermaledeiet seiest du mit dem Gelde! Solche Leute sind die gewest, die so stark und hart, ohne alle Milderung gedrungen haben auf den mönchischen Gehorsam, also daß eine Nonne, die nur ein Rautenblatt abgebrochen und ohne Erlaubniß daran geleckt hatte, der Teufel besessen hatte.

Die guten Leute waren so geplaget, wußten nichts. Denn alle Gesetze sollen der Liebe weichen und nach Billigkeit und Umständen gedeutet werden. Denn das schärfste Recht ist das höchste Unrecht. Also martert uns der Satan auf mancherlei Weise, wenn man von Christo nichts weiß und derselbe weg ist. Du aber sollt mit festem Glauben gewiß also schließen: Christus ist über das Gesetz über Mosen und über den Papst, und aller Dinge ein Herr. Darum, wenn dich das Gesetz und dein Gewissen anklaget, so sprich: Ich höre die Stimme das Knechts, aber sie gilt hie nichts. Der Herr aber dieses Knechts ist Jesus Christus, der saget: Dir sind deine Sünde vergeben!“

Ob Petrus der erste Papst sei gewest, und wie die Güter, Land und Leut an ihn kommen sind.

„Alle Historien sagen, daß Petrus sei der erste Papst zu Rom gewest; aber es ist alles erdichtet Ding! Nach ihm sollen zugleich auf einmal da gewest sein Lucius, Cletus und Clemens, welche einer um den andern regieret haben. Denn zur selben Zeit war die Kirche noch sehr klein und dünne, und diese drei haben in eiteln Häusern bei frommen Christen geprediget wie Diaconi, nicht öffentlich, haben die Oberkeit nicht getadelt. Darnach haben ihnen die Kaiser Privilegia gegeben um dieser Ursachen willen vornehmlich. Denn die Kaiser hatten aus Erfahrung befunden, daß sich Italien von ihnen nicht wollte regieren lassen, denn die Walen können kein Haupt leiden, noch Fried unter sich selbst haben, drum habens die Kaiser den Bischoffen zu Rom übergeben, welche alle wohl regieret haben, bis auf Papst Hildebrand, den Schalk, der den Walen zufiel und bezahlete die Deutschen mit Undank. Denn die ersten fünfzehn Kaiser, deren acht vom Stamm Kaiser Karls des Großen und sieben von Deutschen und Franken, sind fromm gewest, die haben die Walen können bezwingen. Jetzt aber haben sie einen rechten Stock am Karolo, der kann sie mit den Spaniern fein mustern und Mores lehren!“

Vom Papst Adrian und einem englischen Cardinal.

„Papst Adrian ward von Kaiser Karolo, deß Präceptor er gewest war, zum Papstthum gefordert, hat nicht lang regieret, denn er von geringem Geschlecht, eines Bürgers Sohn zu Löwen. In England war ein Cardinal, eines Fleischhauers Sohn, zu dem sagte einmal ein Stocknarr: Gott sei gelobet, daß wir einen solchen Cardinal haben. Wenn derselbe nun Papst wird, so werden wir dürfen in der Fasten und auf andern verbotenen Tagen Fleisch essen. Denn S. Peter als ein Fischer hat verboten, Fleisch zu essen, damit er seine Fische desto theurer verkäufte; aber dieser Fleischhauers Sohn wird über dem Fleische halten, daß er Geld draus löse!

Papst Adrian hatte zwo Städte lassen auf eine Tafel malen; eine sein Vaterland, da er geborn war, die andere Löwen, da er war Magister noster promovirt worden, und dabei geschrieben zu der ersten: Ich hab gepflanzt; zur andern: Ich hab begossen. Aber unter den zweien Städten war gemalet des Kaisers Bild, das antwortete: Ich hab das Gedeihen dazu gegeben! Denn er hatte ihn lassen zum

Papst wählen. Da hatte einer mit Kreide dazu höhnisch geschrieben: Da hat Gott nichts gethan!“

Collation oder Vergleichung des Papstes mit dem Kuckuk.

Doctor Martinus Luther sagte, „daß der Kuckuk hat die Natur und Art, daß er der Grasmücke ihre Eier aussäuft, und legt seine Eier dagegen ins Nest, daß sie die Grasmücke muß ausbrüten. Darnach, wenn die jungen Kuckuk aus der Schale gekrochen und groß sind, so kann die Grasmücke sie nicht bedecken, davon werden die Kuckuk aussätzig, und zuletzt fressen die jungen Kuckuk ihre Mutter die Grasmücke. Darnach auch kann der Kuckuk die Nachtigall nicht leiden,“ sagte Doctor Luther. „Der Papst ist der Kuckuk, er frisset der Kirchen ihre Eier und scheißt dagegen eitel Cardinäle aus. Darnach so will er seine Mutter, die christliche Kirche, fressen, darinnen er doch geboren und auferzogen ist; so kann er frommer, christlicher, rechtschaffener Lehrer Gesang, Predigt und Lehre nicht dulden oder leiden.“

Doctor Martin Luthers Einfalt und geringe Person hat dem Papst geschadet.

„Meine Einfalt und arme geringe Person, will nicht sagen, gerechte Sache,“ sprach D. Martinus, „hat dem Papst den Schaden gethan. Denn da ich anfing zu predigen und zu schreiben, verachtete mich der Papst. Denn er gedachte: Es ist ein einzelner Mann, ein armer Mönch usw. Hab ich doch diese Lehre vertheidiget vor vielen Königen und Kaisern, Fürsten und Herrn, was sollt denn nun ein einzelner Mann thun? Hätt er aber mein geachtet, so hätte er mich bald in der Erste konnt ausrotten und dämpfen.“

Von des Papsts Betrug, wie und woraus er Münze schlägt.

„Kaiser, Könige, Fürsten und Alle, so Macht haben zu münzen, dieselben schlagen ihre Münzen aus Gold oder Silber, aber der Papst schlägt aus allen Dingen Münze und Geldes die Fülle, als aus Ablaß, Messen, Ceremonien, Schriften, Essen und Trinken, Buße, aus der Kirchen, Schlüsseln, Kappen, Platten usw. Allein aus der Taufe hat er nichts können schmieden, zwacken und schinden; denn die jungen neugebornen Kinderlein kommen nackt und bloß in die Welt, bringen nichts mit ihnen, daß sie geben könnten.“

Des Stationirer Betrug.

„Ein Stationirer, der vorgab, er könnte die Seelen aus dem Fegefeuer mit seinem Heiligthum und Ablaß, den der heiligste Vater, der Papst dazu gegeben hätte, erretten, kam an einen Ort. Da ging ein Landsknecht zu ihm, und sprach: Herr, wenn ich gewiß wüßte, daß die Seelen meiner Aeltern und Freunde erlöset würden, so hab ich noch zween Gülden, die wollt ich euch zwarten geben. Er aber, der Stationirer, sprach: Was ist dein Vater für ein Mann gewest? Der Landsknecht sprach: Es ist ein frommer Mann gewest. Drauf sagte der Stationirer: So ist er nicht in der Hölle. Und fragte weiter: Thut er denn auch Wunderzeichen? Nein, sprach der Landsknecht. Da sagte der Pfaff: So ist er im Fegefeuer. Und der Krieger gab ihm einen Batzen, und erlösete damit seinen Vater. Darnach fragte er seiner Mutter halben, ob die auch könnte erlöset werden? Da forschete der Stationirer, wie zuvor vom Vater, was sie für ein Frau gewest wäre, und schloß, daß sie im Fegefeuer wäre. Da gab ihm der Krieger abermal einen Batzen. Und alsofort für die andern seiner Freunde, daß er vierzehn Seelen aus dem Fegfeuer erlösete mit vierzehn Batzen. Da sprach er: Herr, bin ich gewiß, daß sie nun erlöset und selig seien? Ja, sprach der Pfaff, ich schwöre dir einen Eid, daß sie selig sind. Wohlan, sagt der Landsknecht, Herr, Ihr habt gerne Gold, gebt mir die vierzehn Batzen wieder, so will ich Euch einen Goldgülden dafür geben. Da ihm nun der Stationirer dieselben gab, nahm sie der Landsknecht wieder zu sich, und sprach: Die Seelen sind nun im Himmel, können nicht wieder heraus; ich bedarf das Geld baß denn Ihr, lieber Herr! Und ging also davon.

Also thät Tetzel auch. Als er zu Stolpe, da der Bischoff von Meißen haushält, geprediget hatte, daß eine Seele erlöset würde, wenn man einen Groschen einlegte, fragte ihn einer, des Pfarrherrs Vater daselbst, was er für Münze wollt haben? Da er sich nun lang bedacht hatte, sprach er: Morgen kommt wieder, so will ichs Euch sagen."

XXII. Tischreden D. M. Luthers von den Widersachern, so wider ihn geschrieben haben

Von den sieben Köpfen Cochläi wider Lutherum.

Cochläus hat in einem Buch D. Luthern genennet ein Thier, das sieben Köpfe hätte. Darauf sprach D. M. L.: „Mir gefallen alle Dinge wohl mit den sieben Köpfen, aber das ist Sünde und Schande, daß sieben Köpfe nicht können einen Hals zu Wege bringen oder eines Halses werth sein. Man will sagen, des Markgrafen Sohn soll gesagt haben: Hat D. Luther sieben Köpfe, so wird er unüberwindlich sein, weil sie ihn bisher, da er nur einen gehabt, nicht haben können überwinden."

Von D. Eck.

Doct. Mart. lobete D. Ecken, „wie daß er viel treffliche, feine, natürliche Gaben hätte, und wäre sein Ernst nicht, daß er auf des Papsts Seite stünde, sondern hielts mit beiden Theilen; allein daß er dem Papst mehr heuchelte um des Bauchs willen. Denn er ist gar eine Sau, er nähme Geld und hielt es mit dem Türken und Tartern. Denn zu Augsburg auf dem Reichstage (1530), da er eine Domerei, die einem Andern um 400 Gülden war verkauft worden, nicht hatte können bekommen noch erhalten, sollt er gesagt haben: Ich kenne das Papstthum wohl, da ihm der Luther nicht hätte zu viel gethan, so wollt ich ihm bald zufallen und es mit ihm halten. Er ist schier neutralisch und trägt auf beiden Achseln; doch hängt er mehr auf jene, des Papstthums, Seite. Aber solche Leute sind die allerärgesten, die den größten Schaden thun. Die von Athen, als weise, verständige Leute in Griechenland, strafen solche Gesellen, als die auf beiden Seiten Ehre und Ruhm suchten, peinlich an Leib und Leben. Eck ist im Disputiren und in Collationen wohl beredt und fröhlich, lebt Alles an ihm; aber im Predigen und Schreiben ist er gar kalt."

Gegner Luthers.

„Die haben mich gelehrt gemacht. Ich kanns um den Ecken nicht verdienen, was er mich gelernt hat, und der Papst kann ihn nicht genug strafen, denn er hats Schiff verfurt. Wenn ich der Papst wäre, wollte ich Ecken meinen Kardinalshut schenken und ihn sofort verbrennen lassen.“

XXIII. Tischreden D. M. Luthers von Mönchen, ihrem Leben und guten Tagen

Allerlei Reden D. Luthers von den Mönchen.

Man redete auf eine Zeit über D. Luthers Tische von der Mönche großen Gewalt, so sie vor Zeiten gehabt. Sprach D. Luther: „Die Mönche sind des Papstthums Columnä gewesen, sie haben den Papst getragen, gleich wie die Rattenmäuse ihren König tragen.“

Dergleichen sagete D. M. Luther: „Ich bin unsers Herr Gottes Quecksilber gewest, das er in den Teich, das ist, unter die Mönche, hat geworfen.“

Item, es sagete D. M. Luther: „Die Barfüßer sind proprie die Läuse, die der Teufel unserm Herr Gott an den Adamspelz setzet; der schwarze Schild, so sie oben führen, ist simulatio poenitentiae. Die Predigermönche aber sind die Flöhe; die haben sich ewig mit einander gebissen.“

Wie zween Mönche, ein Barfüßer und ein Prediger, wider einander geprediget hatten.

Man brachte D. M. Luthero einen Sperling über den Tisch, da fing er an diese nachfolgenden Worte zu reden: „Du Barfüßermönch mit deiner grauen Kappen, du bist der allerschädlichste Vogel! Ich wollt, daß einer von dieser Fabel einmal ein Declamation schriebe, nämlich daß ein Predigermönch und ein Barfüßer mit einander gewandert waren, die für ihre Brüder betteln und Almosen sammlen wollten. Nun hat einer auf den andern mit unnützen Worten gestochert, und hat der Barfüßermönch erst geprediget und gesaget: Liebe Bauern, gute Freunde! Hütet vor euch dem Vogel der Schwalben, denn inwendig ist sie weiß, aber auf dem Rücken ist sie schwarz; es ist gar ein böser Vogel, waschhaftig, nirgends zu nütz; und wenn man diesen Vogel erzürnet, so wird er ganz unsinnig, und sticht die Kühe; und wenn dieser Vogel pferchet, so werden die Leute blind davon, wie ihr das im Buch Tobiä leset. Wollt damit den Predigermönch abmalen, die tragen auswendig schwarze Kappen und inwendig weiße Röcke.

Als nun nach Mittag der Predigermönch auch auf die Kanzel kam und predigte, da stach er wieder auf den Barfüßermönch und sprach: Ich kann zwar den Vogel, die Schwalbe, so groß nicht vertheidigen oder schützen; aber der graue Sperling, der ist viel ein ärger und schädlicher Vogel denn die Schwalb; denn er raubet, stiehlet und frisset Alles, was er nur bekommen kann, als Hafer, Gersten, Waizen, Rocken, Aepfel, Birnen, Erbeis und Kirschen usw. So ist er auch ein unkeuscher und geiler Vogel, und ist seine größte Kunst, daß er immerdar schreit: Scirp! Scirp! Damit hat ein Bettler den andern hindern wollen." Und sprach D. L.: „Es müßte ein Rhetoricus drüber kommen, der diese Fabel fein amplificiren und ausstreichen könnte; aber der Barfüßermönch, der müßte die Schwalben, den Predigermönch, noch mit bessern Farben ausstreichen; denn die Predigermönche sind die allerstolzesten Abentheurer und rechte Epikurer und Mastschweine gewesen, die eine sonderliche Hoffart getrieben haben; dagegen waren die Bettler, die Barfüßer, unter dem großen Schein der Heiligkeit und Demuth stölzer denn alle Kaiser und haben am allermeisten Lügen erdacht."

Darauf sagte D. Severus: Lieber Herr Doctor, es kam einmal der König Ferdinandus in ein Mönchskloster der Barfüßer; nun fand des Königs Secretarius einer diese Buchstaben gar schön und herrlich an die Wand geschrieben. Als:

M. N. M. G. M. M. M. M.

Da nun der Secretarius die Buchstaben ansiehet, und gedenket, was sie doch bedeuten möchten, da kömmt der König Ferdinandus an denselben Ort auch gegangen, siehet die Buchstaben auch an und fraget, was sie bedeuten müßten? Da antwortet der Secretarius: Wenn E. K. Mas. kein ungnädiges Mißfallen darob tragen wollte, so dünket mich, ich wollts errathen, was die Buchstaben bedeuten möchten. Der König spricht, er sollts sagen, es sollt ihm ohn Gefahr sein. Da spricht der Secretarius:

Mentitur Nausea (welcher Bischoff zu Wien war), mentitur Gallus (der war des Königs Hofprediger), mentiuntur Maiores, Minores, das ist, die Barfüßermönche, Minorarii, das sind sonderliche Mönche, so in den Alpibus wohnen. Der König Ferdinandus hörete solches und verbiß es, und ging hinweg. Und war ganz höflich von dem Secretario also gedeutet und ausgeleget.

Encomium Monachorum.

Einer sagte ein Mal zu Doctor Martin Luthern über Tisch diesen Vers von den Mönchen:

O Monachi, ventres pigri estris, amphora Bacchi,
Vos estis, Deus est testis, turpissima pestis.

(Das ist:
Die Mönche sind faul und saufen sehr,
Sind böse Würm, bezeugt Gott der Herr!)

Item, D. M. Luther sprach ein Mal: „Das heißt Säue geschwemmet! sprach der Teufel und ersäufte einen Wagen voll Mönche."

Wie ein Fürst zu Anhalt auch sei ein Mönch worden.

Item Doctor Martinus Luther sagte, „daß ein Fürst zu Anhalt sei ein Barfüßer Bettelmönch worden, und zu Magdeburg in der Stadt herum gegangen und Brod gebettelt, auch sonst den Sack getragen; ob schon ein langer großer Mönch vor ihm herging, der den Sack zehnmal besser hätte tragen können denn er, so trug er ihn doch allezeit; also demüthig wollt er sein. Also sind wir im Papstthum tribulirt worden. Man soll dieß Exempel merken, quia est notabile!"

XXIV. Tischreden D. M. Luthers von Concilien und Bischöfen

Von einem Bischofe im deutschen Lande.

D. M. L. sagte einmal über Tische: „Es wäre ein deutsch Sprüchwort: An einem Fuchs bricht man keine Wildbahn, das ist, man möchte einem Fuchs nachgehen und nachstellen, als weit und ferne man könnte. Das darf man sonst mit Hasen, Hirschen und andern wilden Thieren nicht thun. Also," sprach er, „mag man einem bösen, gottlosen und verruchten Menschen auch wohl zusetzen, wider denselbigen predigen, lehren und schreiben." Und gedachte eines großen geistlichen Herrn, eines Bischoffs, und sprach: „Gönnet mir Gott das Leben nur noch ein halb Jahr, so will ich mit derselbigen Braut ein Tänzlein thun über Stock und Stein! Wollt Gott, es kämen mir die Juristen auch ins Spielchen, so wollt ich sie auch redlich zerzausen und sie lehren, was Subiectum Juris hieße. Das Jus ist gar eine schöne Braut, wenn sie in ihrem Bette bleibt, aber wenn sie herüber steiget in ein ander Bette und will in der Kirche die Theologiam regieren, da sie ist eine große Hure. Darum soll das Jus vor der Theologia das Baret abziehen!“

Von andern Bischöfen.

Anno 1539 am 26. Januarii vermahnete D. M. L. D. Casparn zuvor, daß er die Supperattendenz und das Predigtamt zu Freiberg mit Freuden annähme, Gott zu Ehren. „Denn ob wir wohl zu solchem hohen Amt zu schwach und viel zu wenig sein, so will uns doch Gott zu Miterben und Gehülfen haben, und er will durch uns wirken,“ sprach er. Und bewilligete, daß er an den Bischoff von Meißen schriebe, ob derselbige zu solchem heiligen Werk helfen wollte. „Wir müssens dennoch,“ sprach D. Martinus Luther, “bei ihnen suchen; wir wollen nicht, daß sie ihre Autorität und Gewalt verlieren sollen, wenn sie nur Gottes Wort annehmen, oder lassen ihm zum wenigsten freien Lauf!

Ich will mit allem Fleiß daran sein und helfen, daß die Stifte und kleinen Bisthümer mögen bleiben, daß man Prediger und Pfarrherrn in die Städte daraus könne wählen und nehmen und auferziehen, und aus den kleinen Schulen gemeine Pfarrherrn. Die großen Bisthümer werden doch weltlich werden. Wenn man nun wollte alles lassen fallen, wo wollte man Prediger und Diener nehmen? Denn der gemeine Pöbel und der gemeine Mann wird und will uns nicht ernähren, so können wirs selber auch nicht thun und uns ernähren; darum laßt uns dieß Mittel behalten, wie ich jetzt gedenke und vorhabe, darum zu bitten die Fürsten in meinem Buch von der Kirchen.

Wenn wir einen oder zween Bischöffe auf unserer Seite hätten und an uns brächten, wie der Bischofs von Eichstadt war, der zum Kaiser frei öffentlich sagte: Man sollte den Lauf des Evangelii nicht hindern! Diese Hoffnung haben wir auch zum Bischoffe zu Meissen, der zu Leipzig auf dem Tage gerathen hat, daß man sollt lassen gehen die Priesterehe und das Sacrament unter beiderlei Gestalt zu reichen. Wenn das geschehe, hätten wir gleich satt. Denn der Cölibat und das ehelos Leben der Priester ist nicht über fünfhundert Jahre, daß angefangen hat. Zur Zeit Bischof Ulrichs ist es erst vorgenommen und angefangen worden. Und sie haben wol hundert Jahre damit umgangen, ehe sie es in Schwang gebracht haben. Und hatten den Bischof von Mainz zu Erfurt bald erschlagen, da er die Execution wollte ausrichten."

Vom Bischoffe zu Brandenburg.

Doct. M. L. sagte: „Als er erst angefangen hätte wider den Ablaß An. 1517 zu schreiben, hätte er einen Brief an den Bischoff zu Brandenburg geschickt und gebeten, daß er dem Tetzel wehren wollte. Da antwortet er: Ich sollt mit den Dingen nicht anfahen, würde ich aber anheben, so würde ich zu schaffen gewinnen, denn ich griffe der Kirchen Sache an. Da redete der leibhaftige Teufel aus diesem Bischoffe!"

XXV. Tischreden D. Martin Luthers von menschlichen Traditionen

Ceremonien sind Zunder des Aberglaubens.

„Wenn wir den Katechismum könnten erhalten," sprach D. Mart. Luther, „und die Schulen den Nachkommen aufrichten, so hätten wir wohl gelebt! Ceremonien mögen immer hinfahren, denn sie sind das Zündpulver, die Ursach geben zu Aberglauben, daß die Leute meinen, sie seien Gottesdienst, nöthig zur Seligkeit, wenn man sie hält, wenn man sie aber unterließe, so wäre es Sünde. Wenn ich nur das könnte zu Wege bringen und helfen, daß die Oberkeit für sich als ein äußerlich Ding um guter Disciplin und Zucht willen ordnete, daß man die Woche zween Tage nicht Fleisch esse, doch nicht eben um Freitage oder Sonnabend, noch um des Papsts willen, sondern sonst an andern zweien Tagen, nicht die Gewissen damit zu beschweren: so wäre es eine feine äußerliche Zucht. Wir wollen der abergläubischen papistischen Fasten gar nicht haben, da die Collationen besser waren denn vieler armen Leute Mahlzeiten." Und sagte eine Historien, die in Italia geschehen wäre: „Da ein fremder Gast vom Wirth in der Herberge in der Fasten gefragt ward: ob er auf den Abend wollte über den Tisch sitzen, da man ein rechte Mahlzeit hielte, oder nur eine Collation haben? Da er nun zum rechten Abendmahl, da man ordentlich speisete, wählete, trug man rostige und Brathäringe und andere schlechte, geringe, gemeine Speise auf; am andern Collationstisch aber hatte man allerlei gute Fische, Rosin, Feigen,

Confect und andere eingemachte Dinge denen, die da fasteten, und einen guten Wein dazu. Es ist ein lauter Heuchelei und des Teufels Gespött und Gespenst."

Heuchelei und erdichtete Heiligkeit betrügt die Leute.

„Die Leute werden durch selbsterdichtete und erwählete Heiligkeit der Heuchler und Abergläubischen jämmerlich betrogen. Aber allein der heiligen Schrift und Heiligen Geistes Amt ist es, solches offenbaren. Keine Dialectica kann lehren, war für Unterschied zwischen der wesentlichen und zufälligen Heiligkeit sei. Als: S. Franciscus ist wesentlich heilig gewest nur durch das Wort des Glaubens, darnach ist er zufällig bethöret worden durch die Heiligkeit, so in der Kappen stecken sollte, welche der Pöbel konnte sehen und greifen, und also annahm, als wäre es köstlich Heiligthum; da doch die Kappe ein fremd, und kein eigen zufällig Ding der Heiligkeit war, als die gar nichts dazu that. Ist kein natürlich Accidens und zufällig Ding, das zum Wesen gehöret, wie die Gestalt und Kräfte in einem jungen Menschen ein natürlich und eigen Accidens ist, obwohl das Wesen ohne dieselben für sich selbst wohl sein kann. Aber die Mönchskappe und der Strick S. Francisci ist gar ein fremd ungeheuer Accidens und zufällig Ding; als wenn einer eine Narrenkappe oder Fastnachtslarve anzöge, ohne welche ein Mensch wohl sein kann."

Von rechtschaffenem christlichen Fasten.

Da einer sagte, daß der König von Dänemark und Herzog zu Holstein hätte eine Fasten eingesetzt und drei Tage nach einander zu halten geboten, das Volk zu vermahnen zum Gebet und Friede, sprach Doctor Martinus Luther: „Es ist recht! Ich wollt gern, daß sie (die Herrn) es wieder aufrichteten; es ist die äußerste Erniedrigung und Demuth, und so die innerliche auch dazu kömmt, so ist es gut!"

XXVI. Tischreden D. M. Luthers von Ceremonien

Böser Zusatz.

„Ein Hausvater spricht zu seinem Gesinde: Seid fromm und thut mit Fleiß, was ich haben will und befehle, sonst esset, trinkt, kleidet euch, wie ihr wollt. Also fragt Gott nicht, was wir essen und wie wir uns kleiden, er läßts uns Alles frei, Ceremonien und was Mitteldinge, Adiaphora sind, allein daß man nicht daran schmiere, als wären sie noth oder nütz zur Seligkeit."

An M. Nicolaum Hausmann Bericht und Bedenken D. M. Luthers von Ceremonien.

„Ich halts nicht sicher genug noch gut sein, daß die Unsern zusammen kommen, Einigkeit und Vergleichung in Ceremonien in Kirchen anzurichten. Denn es ist ein Ding, das ein bös Exempel gibt, obs wohl guter Meinung und aus Eifer geschieht und vorgenommen wird, wie solches alle Concilia der Kirchen von Anfang beweisen; also daß auf dem Concilio, das die Aposteln gehalten haben zu Jerusalem, schier mehr von Werken und Satzungen denn vom Glauben gehandelt ist. In folgenden und neulichsten Conciliis ist niemals vom Glauben, sondern allewege von Opinionen und unnützen Dingen, oder von Ceremonien und Ordnungen in Kirchen disputiret und geschlossen worden, daß mir also der Name Concilia so verdächtig und feindselig ist als der Name freie Wille. Wenn eine Kirche der andern in äußerlichen Dingen nicht will freiwillig nachfolgen, was ists nütze, daß mans thun, viel gebieten will durch Decret der Concilien, daraus denn bald Gesetze und Stricke der Seelen werden? Drum, entweder eine Kirche folge der andern, oder lasse ein jeglicher für sich ihre Bräuche halten und walten, allein daß nur die Einigkeit des Geistes im Glauben und reinem Wort unversehret und ganz bleibe, wie mancherlei auch die fleischlichen und weltliche Satzungen und Bräuche seien."

XXVII. Tischreden D. M. Luthers von der Messe

Von der Winkelmesse.

Es ward von der Winkelmesse und ihrer Superstition und Abgötterei geredt. Da sprach D. Mart. Luther: „Sie ist in solchem Ansehen gewesen und so hoch gehalten, daß ich in der Erste meinete, daß ihr an ihrer Autorität nichts nicht würde abgehen noch abgebrochen werden. Die Messe ist der höchste und größte Gottesdienst, Gewerb und Pfeiler des Papsts. Da war ein solch Meßhören, daß, wenn große Herrn und Gewaltige des Morgens keine Messe hatten gehört, so mußte man ihm ein trockene Messe halten, alle Gebete, die Epistel, das Evangelium, den Canon, die consecrirte Hostien aus dem Ciborio mit dem Kelch aufheben."

Da sagte D. B., daß in Frankreich nicht alle Messen und ein jede insonderheit so hoch geachtet würde, wie in Deutschland gewesen. Denn wenn einer eine Messe hätte gehört des Morgens (dieselbige hörete er mit großer Andacht), so fragte er darnach nach keiner mehr, soviel der gehalten wurden, sondern ging vorüber ohne sonderliche Reverenz und Ehrerbietung. Und der König zu Frankreich, wenn er eine Messe hörete, so gebe er dem Pfaffen allzeit eine Krone, und lege sie ihm aufs Buch, das er ihm brächte und vorhielte.

Darauf sprach D. Martinus Luther: „Es ist dennoch sehr gefallen. Ich ließ mich in der Erste dünken, es wäre unmöglich, daß die Messe sollte fallen, die so gegründet und eingewurzelt war in so vielen Orten und Herzen der Menschen. Wenn das Sacrament in beiderlei Gestalt gehet, so wird die Messe nicht lange stehen; drum wollt ichs gerne gewiß sein, ob es wahr ist, daß der Bischoff zu Cöln beide Gestalten zuläßt. Er ist sonst ein guter Epikurer, er gläubt so viel als der Stuhl."

Ob die Messe ein Opfer sei.

„Die Papisten handelten mit uns auf dem Reichstage mit Schrecken und Dräuen; wollten stracks, wir sollten willigen, die Messe wäre ein Opfer des Lebens, daß sie sich nur mit dem Wort Opfer möchten behelfen zum Schanddeckel. Ich aber wollte leichtlich zugeben, daß die Messe ein Lobopfer sei, wenn sie dagegen wiederum zuließen, daß der Priester nicht allein auf dem

Altar opferte mit Danksagung, sondern auch ein jeglicher Communicant, der zum Sacrament gehet.

Die Messe muß man abthun vornehmlich um zweier Ursachen willen. Die erste auch die Vernunft urtheilen kann, daß ein schändliche Handthierung und unehrlicher Genuß ist, eine Messe um einen Groschen oder acht Pfenning verkaufen. Die andere wird nach dem Geist gerichtet, nämlich daß ein gräuliche Abgötterei ist, daß damit wird der ganze Christus vertilget und begraben drum, daß sie für die Sünde damit wollen genug thun, allein um des Werkes willen, wenn das nur geschehen war.

Diese zween Mißbräuche können sie gar nicht entschuldigen, das ist gewiß; wiewohl alle Universitäten haben drein conspirirt, gewilliget und zusammen geschworen, diesen Gräuel zu vertheidigen und zu erhalten. Drum können wir mit den Papisten nicht leichtlich uns vertragen noch einig werden; denn wenn sie die Privat- und Winkelmesse fallen ließen und abthäten, so müßten sie Alles restituiren und wiedergeben, was sie mit der Messe Fürsten, Herrn und den Leuten abgelogen, gestohlen und zu sich gerissen haben.

Kein Fürst ist gewest im Papstthum, der da sagte: Meine Stiftung soll sein geschehen um armer Jungfrauen willen, dieselben ehrlich auszustatten, sondern allein um Vergebung der Sünden willen: denn also lauten und zeugen alle Briefe und Siegel der Fürsten. Ich will lieber geschehen lassen, daß kein Bauer den Pfaffen, Mönchen und Geistlosen etwas gebe; ja viel lieber Türken und Tatern leiden, denn daß die Messe sollt bleiben. Aber die Welt ist blind, siehet schal, wenn einer ein Kloster einnimmt; da doch sie, die Welt, nichts mehr ist denn die Trebern, die man den Säuen gibt.

Die Messe ist ein zwiefältige Impietät und Gräuel. Erstlich ist sie eine theologische Gottslästerung; zum Andern eine politische Sünde, nämlich ein Betrug und Diebstahl.“

XXVIII. Tischreden D. M. Luthers von Schwärmern, Rotten und Secten, so sich wider D. M. Luthern gelegt haben.

Marcus von Zwickau.

„Anno 21. kam einer mit Namen Marcus Storck von Zwickau zu mir", sprach D. Martinus, „der war mit Worten sehr freundlich; aber mit Geberden und im Leben leichtfertig, wollte sich seiner Lehre halben mit mir unterreden. Weil er sichs aber ohne Schrift zu tun unterstand und vermaß, wollte ich außer der Schrift nichts mit ihm zu schaffen haben, er thäte denn Zeichen. Denn Gott läßts bei seinem Wort, das er uns offenbart und gegeben hat, bleiben, will außer und ohne das nichts mit uns handeln. Drum, sprach ich, mußt Du Zeichen thun. Da sagte er: In sieben Jahren wirst Du Zeichen sehen! Welches der Teufel aus ihm redete. Denn nicht lang darnach, im 25. Jahr, folgete darauf der Bauern Aufruhr. Und sagte weiter mit großer Vermessenheit: Auch Gott selber soll mirs nicht nehmen! Sagte auch: Ich kanns einem ansehen, ob er erwählet sei oder nicht.

Also kann sich der Satan nicht verbergen; verlief sich balde und brauchte seltsame ungewöhnliche Worte, als: Pfund, Entgröbung, Langweiligkeit, Willigkeit usw. Da fragte ich ihn, wer solche Sprache verstünde? Antwortet er: Er predigte nicht, er hätte denn geschickte und verständige Discipel. Woher weißt Du denn, daß sie geschickt sind? Sprach er: Ich wills ihnen bald ansehen; wenn ich einen ansehe, so will ich merken, was er für ein Pfund hat. Lieber Marce, sagt ich, was habe ich für ein Pfund? Antwortet er: Ihr seid im ersten Grade der Beweglichkeit, Ihr werdet noch kommen in den ersten Grad der Unbeweglichkeit, in welchem ich bin. Da las ich ihm einen guten Text, und ließ ihn darnach fahren. Es verdroß ihn aber sehr übel, wie seine Geberden anzeigten. Darnach schrieb er mir von Kemberg einen sehr freundlichen Brief und Vermahnung. Ich aber sagte: Ade, lieber Marce!

Darnach kam zu mir unser Dresler. Und da ich aus meinem Hause ging, redet er mich mit frechen Worten kühnlich an und sprach: Herr Doctor, ich hab eine Botschaft an Euch von meines Vaters wegen. Da fragt ich ihn: Wer ist denn Dein Vater? Sagt er: Jesus Christus. Der ist mein Vater auch, sprach ich; was hat er Dir befohlen, das Du mir sagen sollt? Ich soll euch sagen von meines Vaters wegen, daß Gott zornig auf die Welt ist. Wo hat er Dirs denn gesagt? Antwortet er:

Gestern ging ich zum Koswicker Tor hinaus, da sah ich ein kleines feuriges Wölklein in der Luft, das war ein Zeichen, daß Gott zürnet.

Darnach sagt er von einem andern Zeichen, und sprach: Ich lag in einem tiefen Schlaf, und sähe die Säufer sitzen, die sagten: Es gilt, es gilt dir! und die Hand Gottes über ihnen. Darnach goß mir einer ein Kandel Biers auf den Kopf, davon erwacht ich. Da sprach ich: Hat er Dir nichts mehr befohlen? Hörst Du Gesell, scherz mir nicht mit Gottes Befehl noch Namen! Und schalt ihn übel. Er aber ging mit zornigem noch hoffärtigem Muth davon, und sprach: Wer nicht hält, was der Luther lehret, der muß ein Narr sein."

Schwärmer und Rotten sehen nicht auf Gottes Wort.

„Der Satan hat mich", sprach D. Martinus, „oft mit vielen Schwärmern, so sich des Geistes rühmten, geplagt, mehr denn dreißig, welche allzumal sich unterstanden, mich von Gottes Wort auf ihre Träume zu führen. Wie denn eine Magd von Halle hierher geführt ward, die klagte und gab vor, sie wäre vom bösen Geiste besessen. Da sie aber in meiner Gegenwärtigkeit der Häuptmann ernstlich anredte und sagte: Sie wäre eine Kundschäffnerin, Verleumderin und Lästerin des Evangelii, die man mit dem Henker austreiben sollte, trollete sie sich aus der Stadt.

Also wollte mich auch einer, mit Namen Gutwalt, mit seinen demüthigen, heuchlerischen Worten überreden, daß ich seiner Meinung und Schwarm wollte Beifall geben, und sagte: Herr Doctor! Verachtet mich nicht, ob ich wohl ein armer, unverständiger, einfältiger Mann bin; denn Gott kann auch durch solche viel wirken und ausrichten. Ich betete Tag und Nacht mit Fasten und Thränen, und rief Gott an; da that ich das Buch auf und fand es allererst recht, und der Heilige Geist offenbarete mir damals die rechte Wahrheit. Das ist meine Meinung usw.

Drum die da den Geist rühmen und suchen sonderliche Offenbarung und Träume, die sind ungläubig und Verächter Gottes; denn sie lassen sich an Gottes Wort nicht begnügen, wollen damit nicht zufrieden sein. In geistlichen Sachen suche noch begehre ich keine Offenbarung noch Träume. Ich hab ein klar Wort, dabei allein bleib ich. Wie auch S. Paulus vermahnet und lehret, daß wir uns dran sollen halten und hängen, wenn gleich auch ein Engel vom Himmel anders lehrete (Gal. 1,8). In weltlichen und äußerlichen Sachen kann ich Propheten wohl zulassen, die da reden und weissagen von künftigen Dingen, wie es gehen würde und von Gottes Zorn usw.; aber in geistlichen Sachen, was die Seligkeit angehet, da bleibe ich allein bei der Krippen, gläub an Jesum Christum, geboren von der Jungfrauen, gelitten, gekreuziget und gestorben usw. für mich. Davon lasse man sich nicht weisen. Und da wir auf diesem Artikel fest bestehen und bleiben, so werden wir können vertreiben alle Geister, und mit ihnen von den andern Artikeln allzumal mit Segen und Sieg disputiren und ihnen Mannes genug sein!"

Schwärmer wollen nicht geirret haben, sondern recht gethan.

Anno usw. 36. den 25. Augusti kamen D. Martino Briefe, von M. Bucero, darinnen er bat, der Doctor wollte den Schweizern schreiben, und die Notel der Concordien, wie sie sich verglichen hätten mit einander, zuschicken. Da sprach Doctor Martinus: „Ich weiß nicht, was ich schreiben soll. Sie suchen nur einen Deckel mit unserm Schreiben, ihre Sache zu beschönen, und wollen doch ihre Irrthümer nicht bekennen; geben vor und rühmen sich, als sollt kein Theil das andere verstanden haben. Welches ich nicht habe wollen leiden, will auch die Schuld auf mich nicht kommen lassen, daß ich ihre Opinion und Meinung nicht sollte verstanden haben. Ah, Herr Gott, sie ist allzu klar verstanden! Warum hab ich denn so hart wider sie geschrieben, so ichs nicht verstanden habe? Das aber wollte ich gerne thun; wenn sie ihre Irrthümer bekenneten, so wollte ich auch bekennen, daß ich heftig und bitter wider sie gewest wäre. Aber diese Proposition, daß keiner den Andern sollt verstanden haben, kann ich nicht leiden. Man soll mirs auch nach meinem Tode nachsagen. Denn ich solchen Mittlereien allzeit bin feind gewest. Und habe sie über zehn Mal gebeten, da sie nicht rechte, reine, wahre Einigkeit suchten, so sollten sie es bei dem ersten Dissidio und Uneinigkeit bleiben lassen so lange, bis sichs selber zu Tode blütete. Ich will mich mit fremden Sünden nicht beladen, daß ich bei ihnen ein Fünklein auslöschte und bei uns ein groß Feuer machte. Da behüte mich Gott vor!

Ich habe Gottes Wort allzeit einfältig gelehret, bei dem bleib ich und will mich demselbigen gefangen geben, oder will ein Papst werden, der weder Auferstehung der Tobten noch ein ewiges Leben gläubet. Sie haben nur geschrieben, was der Vernunft gemäß ist, daß man im Sacrament empfahe Brod und Wein, den Leib und das Blut, aber der Leib und das Blut werde allein mit dem Glauben und Geist gessen und getrunken, mit dem Munde aber nur Brod und Wein.

Es kann kein rechte wahre Einigkeit werden, denn sie messen diese Sache nur mit der Vernunft. Ich wollte gerne sterben, wenn wir die Kirche in Schweiz und Städten könnten wieder gewinnen und zurechte bringen. Alsdenn würde sich Papst und Kaiser vor uns fürchten. Man soll aber auf Menschen nicht trauen, ja Menschen soll man fahren lassen. Sie suchen meine Worte aufs Allergenauste und Geschwindeste. Ich hab allein verheißen, ich wollte das Beste bei der Sachen tun. Mit den Worten wollen sie mich gefangen haben, meinen sie. O nein, ich will Gottes Wort nicht übergeben, ich habs weder zu Augsburg noch zu Worms wollen thun, da man mich auch überreden wollte, ich sollte die Sache übergeben. Ich aber wollte lieber mein Geleite aufsagen und übergeben, mit großer Gefahr Leibes und Lebens denn meine Lehre, ja Gottes Wort fahren lassen und Menschen übergeben!"

Vergleichung der Papilion, Zweifälter oder Sommervögel, mit den Schwärmern.

„Ein Papilio oder Sommervogel wird also generirt: Erstlich ist es eine Raupe und hänget sich irgend an eine Wand, gewinnet ein Häuschen; darnach im Frühling, wenn die Sonne warm scheinet, so bricht das Häuschen auf und flieget ein Papilio heraus. Wenn er nun sterben will, so setzt er sich auf einen Baum oder Blatt, drückt einen langen Tractum Eier von sich, daraus werden denn eitel junge Raupen. Also ist es generatio reciproca; es ist erstlich eine Raupe und wird wieder zu einer Raupe. Ich hab in meinem Garten varia genera der Raupen gefunden; ich gläube, es habe sie mir der Teufel herein geführet. Erstlich haben sie gleich als Hörner in der Nasen usw. Aber es sind eigentlich die Schwärmer. Denn die Raupen haben schöne, silberne, güldene Striemen, gleißen und scheinen hübsch; aber inwendig sind sie voller Gift. Die Schwärmer stellen sich fromm und heilig, aber sie haben falsche, irrige und verführerische Lehren. Und wenn die Sommervögel sterben, so lassen sie viel Eier hinter sich und werden aus einer Raupe viel andere Raupen. Also verführet ein Schwärmer viel Leute und wachsen aus ihm andere mehr Schwärmer und Rottengeister."

Auf eine andere Zeit nennete D. M. Luther die Rottengeister, die da Klüglinge und Naseweise wären, „unzeitige und unreife Heilige, welche bald wurmstichig würden und von einem weichen Winde unter den Baum fielen."

Für wen die Predigt des Gesetzes und des Evangelii gehöre.

„Die Predigt des Gesetzes muß man in der christlichen Kirchen haben um der bösen und muthwilligen Buben willen, trifft aber oft und gemeiniglich die frommen Herzen am meisten, welche es zermartert und zerplaget, daß sie nicht wissen, wo sie aus oder ein sollen, und drum sich vor einem rauschenden Blatt fürchten und immer verzweifeln wollen. Dargegen ist die Predigt des Evangelii gegeben, die betrübten elenden Gewissen und frommen Herzen zu trösten und zu stärken. So ergreifen die gottlosen und halsstarrigen, bösen Leute die Lehre des Evangelii und meinen, sie wollen daraus eine Freiheit haben zu sündigen und zu thun, was sie nur wollen und wird ihnen also nicht nütz und werden nur sicher davon." Und sagte Doctor Martinus Luther: „Es gehet dem Evangelio gleich als wenn es regnet ins Wasser, da der Regen wenig Nutz schaffet, denn es ist zuvor Wassers genug in einem Strom oder Fluß; oder wenn es in einen großen wilden Wald regnet, als daß es in der dübischen Heide sehr regnet, da schaffet der Regen nicht viel Nutz oder Frucht; wenn es gleich sehr im Holz regnet, so ists doch vergebens. Aber dieweil müssen die Gärten, Wiesen und guten Äcker vertrocknen und verdorren, welche sonst eines Regens wohl bedürfen, auf daß sie Gras und Früchte tragen möchten."

Wie allen Ketzern könnte gewehrt werden.

„Man thue die zehn Gebot Gottes hinweg," sagte Doctor Martinus, „so hören alle Ketzereien auf. Denn die zehn Gebot sind ein Bornquell, daraus alle Ketzerei entspringt und fließt. Denn die heilige Schrift ist ein Buch aller Ketzer."

Von künftigen Secten, so die rechte Kirche Gottes jämmerlich würden ärgern, betrüben und verwüsten.

Doctor Martinus saß betrübt und beweinete den jetzigen jämmerlichen Zustand der armen Kirche, die so in mancherlei Fahr jetzt stünde von wegen der Tyrannen und falschen Lehrer, Secten und Rotten, dadurch diese vergangenen Jahre der Satan das Evangelium, die Taufe und das Nachtmahl des wahren Leibes und Blutes Jesu Christi angefochten hat. „Ich hoffe aber," sprach er, „die zween Irrthümer sollen nun schier versauset sein. Ich fürchte mich aber noch vor zwei Secten, als vor dem Epikurismo und Enthusiasmo; die zwo Secten werden noch regieren! Denn die ganze Welt gehet in der äußersten höchsten Sicherheit aufs

Allervermessentlichste daher, als wollte sie ewig hie leben und als wäre kein Gott noch ander Leben nach diesem.

Die andern, die da nicht wollen dafür angesehen sein, als achten sie Gottes nicht, die werden flattern nach hohen Dingen, das mündliche Wort Gottes verachten und mit ihren eigenen Gedanken und Speculationen umgehen, sich des Geistes rühmen und vorgeben, das mündliche und äußerliche Wort sei nichts. Wie der Schwärmer Markus von Zwickau war, der sagte: Diese Lehre soll mir Niemand nehmen, auch Gott selber nicht! Und hatte mich überaus gerne durch mancherlei Weise auf seine Meinung gebracht; rühmete sich und gab vor, er hätte Alles ohne die Schrift aus Offenbarung gelernt. Item, er rühmete sich, sein Pfund und Gabe wäre im Grad der Unbeweglichkeit (denn also brauchten solche Schwärmer seltsamer, ungewöhnlicher Worte), nämlich er könnte den Leuten ins Herz sehen, was sie für Gedanken hätten usw. Aber Gott behüte mich vor seiner Schwärmerei!

Ich habe Sorge, derselben Enthusiasten werden mehr kommen, in grauen Röcken einhergehen, die Köpfe hängen, sauer sehen, ersoffen in ihren Gedanken und verdüstert, bleiben steif auf ihrem Wahn bestehen, weichen Niemand und verachten das mündliche Wort. Darum hab ich allzeit mit höchstem Fleiß geraten, vermahnet und gebeten, man wollte die heilige Schrift fleißig lesen und die Predigt hören, da Gott selbst durch seine Diener redet, daß wir mit Gott handeln, der sich offenbart hat und mit uns redet; aber den Gott, der da schweiget und in seiner Majestät verborgen ist, soll man gar fahren lassen. Darum, weil Gott wohl gesehen hat, daß wir mit unsern Gedanken und Speculationen in göttlichen Sachen irren, so hat er sich uns in seinem Wort offenbaret und durch seinen eingebornen Sohn, so der Mutter im Schos liegt an den Zitzen, mit uns geredt und ernstlich befohlen, da er sagt: Diesen sollt ihr hören, der wird's euch Alles lehren (Matth. 17, 5).

Aber wir wollen leider ihn nicht hören und verachten oder meistern das mündliche Wort, wollen nicht unten bei der Krippen und Windeln Christum suchen, sondern oben anfahen. Ah, wenn Gott durch einen Esel redete, so ist es sein Wort, wie viel mehr, da er's thut durch seinen Sohn und seine Apostel und gesandte Diener? Darum rühmet S. Paulus die Thessalonicher (1. Thess. 2, 13): „Ihr habt“, spricht er, „unser Wort als Gottes Wort angenommen“, wie es denn auch in der Wahrheit ist. Wenn wir das könnten gläuben, daß Gott mit uns redete, so würden wir das Wort in größern Ehren, lieb und werth halten. Aber man kann das Concretum, vornehmlich das Reden, loquitur, nicht erhalten.

Denn das enthusiastische Quare, wie das Gott mit eigenen Gedanken suchet, richtet alles Unglück an: Warum der einige Gott dreifältig sei, eine Person, Gott und Mensch, seine Mutter eine Jungfrau sei? Warum er sich deß erbarme, jenes nicht?

Es ist das Peccatum originale, die Erbsünde, so den Adam im Paradies in alles Unglück gebracht hat, und ist uns in die Haut und Inwendiges gekrochen, muß auch durch den Christum wiederum herausgebracht werden. Das Quare, auf Deutsch wie, ist uns zum Wehe geraten; denn der Adam wollte stolziren und mit dem Quare, Wie, umgehen, da ward ein Wehe daraus. Ist doch kein Hauswirth so schlimm im Hause, der seinem Knechte gestattete zu fragen in seinen heimlichen Sachen, wie und warum er solches thue? Sondern der Knecht soll zufrieden sein an seines Herrn Befehl; denselben soll er ausrichten und nicht fragen, warum. Also will Gott auch, daß wir ihn sollen fürchten und mit zitterndem und zerschlagenem Herzen und Geiste thun, was und wie ers befohlen hat, und weiter nicht fragen, forschen und grübeln nach der Ursache, warum ers also haben will. Er will, daß wir uns die Schande, ihm aber die Ehre allein geben sollen, daß wir arme Narren und Sünder sind, er aber klug und gerecht, und hält die für gerecht, die an seinen Sohn glauben, wie S. Paulus sagt (Rom. 3,24). Dagegen aber suchen wir unsre Ehre und Ruhm und seine Schande.

Darum, wer da will, daß ihm soll geraten und geholfen werden, der habe fleißig Achtung aufs mündliche Wort, gläubs und mache aus dem Quare ein Ita, und werde wie ein Kindlein; wie die heilige Schrift gar fein meisterlich vom mündlichen Worte redet. Wenn wir gleich nicht mehr hätten denn die zween Psalmen, den hundert und neunzehnten und hundert und ein und dreißigsten, die lehren uns, daß wir ja fleißig Achtung geben sollen auf das Wort; daran sollten wir uns genügen lassen, wenn uns das teuflische Quare (warum, wie) nicht hätte also durch die Erbsünde eingenommen.

Daß aber etliche vorgeben und sagen: das mündliche Wort thue nichts, sondern der Geist thue es, der ist von Nöthen; denn es hätten die Aposteln auch nicht gegläubt, darum müßte ihnen Gott den Heiligen Geist senden usw. Antwort: Die Apostel haben gleich sowohl gegläubt, wiewohl schwächlich; aber darnach ist solcher schwacher Glaube durch die Sendung des Heiligen Geistes stark worden. Denn der Heilige Geist hat nichts anders gelehret, denn was Christus zuvor gelehrt hatte, sintemal Christus sagt mit klaren Worten (Joh. 16,13): Er (der Heilige Geist) wird von ihm selbst nicht reden, sondern was er wird hören, das wird er reden usw. Summa Summarum, der Teufel will nicht, daß wir auf dem rechten Wege sollen bleiben, sondern treibet uns immerdar neben aus auf die eine Seite. Der Epikurismus gehet auf die linke Seite, der Enthusiasmus auf die rechte, auf welchem die Allerfrömmsten und Andächtigsten in großer Superstition und Abgötterei einher gehen!"

Daß das Evangelium keine aufwühlerische Lehre sei.

„Man beschuldiget das Evangelium als eine aufrührerische Lehre, aber sie ist nicht aufrührerisch; wiewohl ihr allzeit Aufruhr nachfolget, sie richtet aber keine nicht an, sondern bringet eitel Fried und Einigkeit. Der Teufel samt seinen Schuppen, Rotten und Secten erregt Aufruhr und alles Unglück, denn er kann reine Lehre, die ihm sein Reich zustöret, nicht leiden, macht, daß sich die Welt dawider legt. Daher kommt Uneinigkeit und Aufruhr.

Was hat es doch Gott gekostet, ehe er sein Volk dahin brachte, da ers hin haben wollte? Nämlich das Königreich Aegypten ins rothe Meer und das ganze Volk Israel in die Wüste. So hat Christus auch mit sich hingerissen die Polizei, Regiment und Priesterthum der Juden und das römische Reich. Also wird auch heut zu Tage Deutschland zerrissen und verwüstet werden."

D. Martini Urtheil von Erasmo Roterodamo.

Da D. Martin des Erasmi Roterodami Conterfeitbild ansah, sprach er: „Erasmus, wie die Gestalt seines Gesichts anzeiget, wird ein listiger, tückischer Mann sein, der beide, Gott und Religion gespottet hat. Er braucht wohl feine Worte: Der liebe heilige Christus, das heilwärtige Wort, die heiligen Sacramente, aber in der Wahrheit hält ers für sehr kalt Ding. Zu beißen und stochern hat er einen Geist und Muth, und die Worte sind sehr geschwind und glatt, wie es in seiner Moria und Julio zu sehen ist. Im Lehren ist er gar kalt, taugt nichts, er kann wohl waschen, aber die Worte sind gemacht, nicht gewaschen. Wenn eine Predigt gemacht ist, so klinget sie wie ein geflickt Ding, ist gar kalt.

Darum sagte Cicero: Keine bessere Art, den Leuten das Herz zu rühren und sie zu bewegen ist, denn wenn dirs zuvor selbst zu Herzen gehet. Die gottlosen Papisten brauchen nur unsere Worte, sprechen die nach wie ein Papagei. Sehet doch nur, was er über den schönen Psalm: Wohl dem, der den Herrn fürchtet usw. (Ps. 128) und den zweiten Psalm in seinen Paraphrasibus schreibt und wäscht! Von dem Artikel, wie man vor Gott gerecht wird (der doch der höchste und vornehmste ist), sagt er kein Wort, nennet Christum nur um der Präbenden willen, achtet aber seiner nichts. Will Christus nicht ein König sein, so sei er ein Bettler; es ist ihm gleich eins. Er hat das Papstthum gereizt und vexirt, nun zeucht er den Kopf aus der Schlingen."

Erasmus ein Lucianus.

„Erasmus", sprach D. Martinus, „sticht durch den Zaun, thut nichts öffentlich, gehet keinem frei unter die Augen; darum sind seine Bücher sehr giftig. Wenn ich sterbe, will ich verbieten meinen Kindern, daß sie seine Colloquia nicht sollen lesen, denn er redet und lehret in denselbigen viel gottlos Ding unter fremden erdichteten Namen und Personen, vorsetziglich die Kirche und den christlichen Glauben anzufechten. Mich zwar und andere Leute mag er verlachen und verspotten, er spotte aber unsers Herr Gotts nicht, das rathe ich ihm; er will ungevexirt sein. Darum besorge ich, er wird ein bös Ende nehmen!

Lucianum lobe ich, der gehet frei heraus und verspottet Alles öffentlich; Erasmus aber verfälscht Alles, was Gottes ist, und die ganze Gottseligkeit unter dem Schein der Gottseligkeit, darum ist er viel ärger und schädlicher denn Lucianus."

Erasmi Weise oder Ingenium.

„Erasmus ist ein rechter Momus, der Alles verspottet, auch die ganze Religion und Christum. Und auf daß ers desto baß thun könne, erdenkt er Tag und Nacht Wankelworte, daß seine Bücher auch können von Türken gelesen werden. Und wenn man meinet, er habe viel gesagt, so hat er nichts gesagt. Denn alle seine Schriften kann man ziehen und deuten, wie und wohin man will; darum kann er weder von uns, noch von den Papisten ergriffen werden, es sei denn, daß solche Wankel- und geschraubete Worte weg gethan werden, welche beide in der heiligen Schrift und in kaiserlichen Rechten verboten. Denn also setzen sie: Wer zweifelhafte, dunkle, ungewisse Worte braucht, wider den sollen sie gedeutet und verstanden werden."

Von Erasmi Conterfeit.

Da D. Martino des Erasmi Conterfeit gezeigt war, gefiels ihm nicht. Und man sagt, da Erasmus sein eigen Conterfeitbild gesehen hatte, soll er gesagt haben: Sehe ich also, so bin ich der größte Bube! Also gefällt Niemand seine eigene Gestalt wohl.

Von seinem Leben und Ende.

„Erasmi Proposition und vornehmste Lehre ist, man soll sich nach der Zeit richten und den Mantel nach dem Winde hängen, wie man sagt; hat allein auf sich gesehen, ihm selbst gelebt, daß er möchte Ruhe und gute Tage haben, und ist gestorben wie ein Epikurer, ohne einigen Diener Gottes und Trost, ist gefahren in Bus correptum!

Erasmus Roterodamus hat in freien Künsten viel trefflich Dinges geschrieben, denn er hat Verstand, Zeit und ein müßig Leben geführt, ohn alle Mühe und Beschwerung, hat nicht geprediget, noch öffentlich gelesen, ist kein Hausvater gewest und ist in einem Stande ohne Gott, hat in aller Sicherheit gelebt, wie er denn auch gestorben ist. Am Todbette hat er keinen Kirchendiener begehrt, noch das Sacrament, und diese Wort soll er am Ende geredt haben: Fili Dei, miserere mei (Du Sohn Gottes, erbarme dich meiner), sind vielleicht erdichtet. Behüte mich Gott, daß ich an meinem letzten Ende nicht sollte einen frommen Diener begehren und zu mir fordern lassen! Ja, wenn und wo ich nur könnte einen frommen Christen bei mir haben, der mich aus Gottes Wort trösten könnte, so wollt ich Gott danken! Aber der Mensch hat solches zu Rom gelernt, davon man jetzt schweigen muß um seiner Autorität und Bücher willen, die er geschrieben hat."

Von Erasmi Diatribe.

„Unter allen Büchern, so die Feinde der Wahrheit wider mich geschrieben haben, hab ich keins gar ausgelesen denn des Erasmi Diatribe; doch hab ich dieselbe auch so gelesen, daß ich oft gedachte, sie unter die Bank zu werfen. Denn Alle, so bisher wider mich geschrieben haben, die haben mir in einem oder zweien Blättern Argumenta genug gegeben, die andern hab ich Pilato geopfert und, mit Züchten zu reden, den Hintern dran gewischt, denn sie waren zu nichts anders nütze, weil nicht mehr drinnen war, denn daß sie mich mit eitel Lügen über die Maße beschwereten."

Von der Rottengeister Theologia.

Einer sagte, wie der Rottengeister Theologia wäre eine Ursache vieles Übels und Unglücks. „Ja," sprach D. M. L., „es ist kein größer Schalk denn die Sonne; denn wenn dieselbe nicht schiene, so geschähen nicht Dieberei, Ehebrecherei, Räuberei und Plackerei. Unser Herr Gott ist die größte Ursache zu sündigen; warum hat ers also geschaffen? spricht Frau Hulda, die Vernunft."

Klage Lutheri, daß es im deutschen Lande übel zugehe, und daß es Gott strafen werde, wie allzeit auf die Predigt Gottes Wortes die Strafe gefolget sei.

„O lieben Kinder, wer sterben kann, der sterbe nur balde! Es will nicht gut werden in der Welt; es will wahrlich nicht gut werden! Wenn ich wüßte, daß meine Kinder sollten den Jammer sehen, der kommen wird, so wollt ich viel lieber, daß ich jetzt balde mit meinen Kindern und allen Christgläubigen stürbe. Es wird also gehen und sähet schon an, wie Johannes der Evangelist saget: Christus werde ventilabrum in manu sua haben und purgiren aream suam, er werde das Korn wurfeln auf der Tenne (Matth. 3,12). Als das Evangelium zu Rom war, da wurfelt unser Herr Gott getrost, und kamen viel feiner Leute hinweg. Gott sammlet das Körnchen in sein Scheunchen. Als die nun hinweg waren, da zündet er Rom an, daß es gar in der Aschen lag, und kann noch nicht recht wieder gebauet werden. Also wirds auch noch mit dem deutschen Lande gehen. Unser Herr Gott wird sein Körnchen einsammeln; wenn das weg ist, so wird er das deutsche Land anzünden. Denn unsere Sünden drücken uns und wir thun nicht Buße, sondern häufen noch Gottes Zorn und Strafen über uns.

Es hat neulich ein großer Fürst dem Erasmo Albero Urlaub gegeben nur darum, daß er hat geschrieben an ihn: es sei nicht recht, daß die armen Pfarrer sollen Schatzung und Steuer geben von ihrem Solde, so sie sonst kein Gewerbe noch Zugänge hätten denn ihren Sold, davon sie nährlich das treue Brod haben möchten zu essen, und diesen Sold sollten sie noch verschatzen! Aber er mußte darum das Land räumen, und haben ihm die Bürger, da er gewesen, dazu ein Paar Schuhe an die Tür gebunden und drüber geschrieben: Surge et ambula! Hat also mit Schanden müssen davon ziehen als ein Aufrührer. Wohlan, wollen wir also anfangen a domo Dei, so sei es Gott geklaget!“

Daß man falsche Lehrer und Ketzer ohne Erkenntniß ihrer Sünde und öffentlichen Widerruf nicht soll wieder annehmen.

Anno 1540 sagte D. Mart. Luther: „Wenn gleich der Papst würde seine dreifache Krone wegwerfen und von seinem römischen Stuhl weichen und den Primat fahren lassen und öffentlich bekennen, daß er geirret und die Kirche verwüstet und unschuldig Blut vergossen hat: so können wir ihn doch als ein Glied der christlichen Kirchen nicht wieder aufnehmen, sondern wir müssen ihn für den rechten Antichrist halten.“

Als M. Eisleben zu Wittenberg die Antinomiam hatte angerichtet und gerne mit D. M. Luthern wäre vertragen gewesen, und allerlei Conditiones vorgeschlagen worden, auch M. Eislebens Weib bitterlich weinete und sehr bat, ihren Mann wieder anzunehmen, item der Kurfürst zu Brandenburg für ihn schrieb und Fürbitte that, antwortet D. M. Luther nichts drauf denn dieß: „Wird er dieser Gestalt öffentlich wiederrufen, so kann er angenommen werden, als: Ich bekenne, daß ich genarret habe und habe denen von Wittenberg Unrecht gethan, denn sie lehreten recht, und ich habe sie unbillig gestrafet; das ist mir leid und reuet mich von Herzen, und bitte um Gottes willen, man wollt mirs vergeben! Sonst nehmen wir keine Revocation an, die er deuten kann. Es muß deutlich geredt sein. Will er nicht, so will ich sie stellen.“

XXIX. Tischreden D. M. Luthers von Christus und einem christlichen Leben

Sehr schwer ists, gläuben Vergebung der Sünden.

„Viele rühmen, sie haben die Lehre von Vergebung der Sünden gar ausgelernt, und können sie sehr wohl: und ich armer elender Mensch kann mich des Leidens und Auferstehung Christi, und Vergebung der Sünden so wenig trösten. Das aber kann ich wohl, daß ich unserm Herrn Gott sein Brod esse, und seinen Wein und Bier trinke; aber daß ich mich des nötigsten Schatzes also könnte annehmen, Vergebung der Sünden, aus lauter Gnade, das will nicht folgen.“

Das beste Sterben.

„Es ist kein besser Sterben, denn S. Stephans, der sagt (Apg. 7, 59): Herr, nimm meinen Geist auf. Daß man die Register alle hinweg lege von unsern Sünden und Verdiensten, und allein auf die bloße Gnade sterbe.“

Wenn wirs am besten machen.

„Nimmermehr und ehe thun und machen wirs besser und heiliger, denn wenn wir nicht wissen, was und wie viel wir thun. Also auch, nimmer weislicher, denn wenn wir meinen, wir habens närrisch ausgerichtet und gemacht. Denn Kraft wird in Schwachheit starker. Ideo est passio optima actio, Leiden ist das beste Wirken und Thun. Nimmermehr machen wirs ärger, denn wenn wir wissen, was und wie viel wir thun; denn es ist unmöglich, daß wir uns nicht sollten bisweilen etwas selbst gefallen. In einem solchen Werk und Geschmeiß des Ruhms und Ehrgeiz verderben wir das Werk, ehren und preisen Gott nicht so rein, wie wir sollten, nach dem Spruche: Kraft wird in Schwachheit stärker (2. Kor. 12, 10), wie man an Exempeln siehet, an Jonas, Elias, und allen hohen vortrefflichen Heiligen.“

XXX. Tischreden D. M. Luthers von Heuchlern und falschen Brüdern

Daß die Ketzer und Schwärmer den Christen nützlich sein.

Doctor Martinus Luther sagte Anno 1542: „Wir wissen nicht, wie gut es uns ist, daß wir Widersacher haben, und daß sich Ketzer empören und wider uns legen. Denn hätte Cherinthus es nicht gethan, so hätte Johannes der Evangelist sein Evangelium nimmermehr geschrieben; aber da Cherinthus sich wider die Gottheit des Herrn Christi legte, da mußte Johannes schreiben und sagen: In principio erat Verbum, und machte die Distinction trium personarum so klar, daß sie nicht klarer hätte sein können. Also, da ich anfing, wider das Ablaß und den Papst zu schreiben, da legte sich Doctor Eck wider mich, der hat mich munter gemacht und aufgeweckt. Ich wollt demselbigen Mann von Herzen wünschen, daß er sich bekehrete und er wieder zu Rechte kommen möchte; ich wollte die Faust drum geben, daß er sich bekehrete. Aber wenn er je also sollt bleiben, so wünschte ich ihm, daß er möchte Papst werden, denn er hätte es je wohl verdienet. Denn er hat bis anher alle Last, Mühe und Arbeit des Papstthums wider mich mit Disputiren und Schreiben alleine tragen müssen; wiewohl sie es ihm auch zum Theil verlohnet haben, denn er hat allein sieben hundert Gülden von der Pfarre zu Ingolstadt Einkommens. Aber er wäre billig Papst, denn sie haben sonst keinen, der es thun dürfte und mich angreifen. Er hat mir die ersten Gedanken gemacht wider den Papst, und mich dahin gebracht, da ich sonst nimmermehr hinkommen wäre. Darum wenn uns die Ketzer und andere unsere Widersacher meinen, großen Schaden zu thun, so müssen sie uns dienen und nütze sein."

Heuchler Art und Natur ist wie der Skorpion.

„Ein Scorpion meinet, wenn ers Haupt nur unter ein Blatt oder Laub verborgen hat und versteckt, so könne ihn Niemand sehen; also thun auch die Heuchler und falschen Heiligen, wähnen, wenn sie ein gut Werk oder zwei erwischen und haben, so seien alle ihre Sünden damit bedeckt und verborgen."

Vor falschen Brüdern soll man sich hüten.

Anno 39. den 13. Januarii kamen M. Philippo Briefe von D. Jacob Schenken zu Freiberg, prahlende prächtige und bezügliche, in welchen er ihn körnete und das Maul schmierete. Solches zeigete er D. Mart. Luthern an und sprach: Wer mit einer schönen Frauen bulen will, der müsse mit der Magd anfangen. Darauf antwortete Doctor Martin Luther und sprach: „Das ist mein Rath, den ich Euch gebe, daß Ihr Euch vor ihm hütet und habt keine Gemeinschaft mit ihm weder mit Schreiben, noch mit Colloquiis, noch anderen Unterredungen, denn er mißbraucht unserer Gutwilligkeit."

Gleichniß eines Christen Lebens.

„Unser Leben ist gleich wie eine Schiffahrt. Denn gleich wie die Schiffleute vor ihnen haben den Port, nach und zu welchem sie ihre Fahrt richten, daß sie den erlangen und dahin kommen mögen, da sie sicher und aus aller Gefahr sind; also ist uns die Verheißung des ewigen Lebens auch geschehen und gethan, daß wir in derselben gleich wie in einem Port fein sanft und sicher ruhen sollen. Weil aber das Schiff, in dem wir geführt werden, schwach ist und große, gewaltige, fährliche, ungestüme Winde, Wetter und Wellen zu und auf uns einfallen und gern bedecken wollten, so bedürfen wir wahrlich wohl eines verständigen, geschickten Schiffmannes und Patrons, der das Schiff mit seinem Rath und Verstand also regiere und führe, daß es nicht irgend, entweder an eine Steinklippe anstoße oder gar versaufe und untergehe.

Nun ist unser Schiffherr und Patron alleine Gott, der das Schiff nicht alleine will, sondern auch kann regieren und erhalten, auf daß, da es gleich von ungestümen Wellen und Sturmwinden hin und wieder gewehrt und überfallen wird, gleichwohl unversehret und unzerbrochen, ganz ans Ufer und an den Port kommen möge.

Er hat aber verheißen, daß er uns will beistehen, wenn wir ihn nur um Regierung und Hülfe, Schutz und Schirm fleißig bitten und mit Ernst anrufen; und so lange wir diesen Schiffherrn bei uns haben und behalten, so hats keine Noth, und kommen aus allem Unglück, daß uns die grausamen Winde und Wellen nicht schaden noch bedecken können. Wenn aber die, so im Schiff, in der größten Gefahr den Schiffherrn und Regenten muthwilliglich aus dem Schiff werfen, der sie doch durch seine Gegenwärtigkeit und Rath erhalten könnte, in dem Fall muß das Schiff umkommen und verderben. Und man siehet klärlich, daß der Schiffbruch geschehen ist nicht aus Verwahrlosung und Schuld des Schiffherrn, sondern aus Muthwillen und Unsinnigkeit derer, die im Schiff gewest sind."

XXXI. Tischreden D. M. Luthers vom rechten Gottesdienst

Argument vom Gottesdienst.

Einer sagte: Gott will, daß man ihm umsonst, freiwillig dienen soll; aber der Gott dienet aus Furcht der Strafe und der Höllen oder aus Hoffnung und Liebe des Lohns, der dienet und ehret Gott nicht umsonst, darum dienet er ihm nicht recht. Antwort: „Es ist ein stoisch Argument, das die Stockheiligen führen, so die Affecten und Neigungen der menschlichen Natur verwerfen, und dringen stracks darauf, man soll Gott als das höchste Gut willig allein ehren, dienen, lieben und fürchten; welches das vornehmste Ende und endliche Ursache sein soll. Das ist wohl wahr. Aber Gott kann wohl leiden, daß wir ihn lieben um seiner Verheißung willen und bitten ihn um leibliche und geistliche Güter; darum hat er uns auch heißen bitten, deßgleichen ihn fürchten um der Strafe willen, wie die Propheten erinnern.

Es ist traun etwas, daß der Mensch erkennen kann die ewige Strafe und Belohnung Gottes. Und wenn er darauf siehet, als auf das Ende und die Ursache, so nicht die vornehmste ist, so schadets ihm nicht, wenn er nur Acht hat und siehet auf Gott selbst, als die vornehmste endliche Ursache, der Alles umsonst gibt, aus lauter Gnaden, ohne unser Verdienst."

Rechte christliche Wallfahrt.

D. Martinus Luther sagete, „daß ein deutscher Fürst gen Compostel in Hispanien gekommen wäre, da Sanct Jacob, des Evangelisten und Apostels Sanct Johannis Bruder, soll begraben liegen. Als nun der Fürst da beichtete (wie der Brauch im Papstthum gewesen ist, und wollt groß römisch Ablaß und Vergebung der Sünde holen; wie man denn daselbst Ablaß austheilete, wer da Geld dafür gab), einem Barfüßermönche, der da ein frommer Mönch war gewesen, da hat er den Herzog gefraget: ob er ein Deutscher wäre? Wie solches der Fürst bekennet, spricht der Mönch: O, liebes Kind, warum suchest du das so ferne, das du viel besser und reichlicher in deutschen Landen hast? Denn ich hab gesehen und gelesen eines Augustinermönchs Schrift vom Ablaß und Vergebung der Sünde, darinnen er gewaltiglich schließt, daß die Vergebung der Sünde und der wahre Ablaß stehe allein im Verdienst und Leiden unsers Herrn und Heilandes Jesu Christi, darinnen die Vergebung aller Schuld und Pein gefunden wird. Und hatte noch einmal darauf gesaget: O, liebes Kind, bleibe darbei, und laß dich nicht anders bereden!"

XXXII. Tischreden D. M. Luthers vom Ehestande

Daß rechtschaffene Liebe zwischen Eheleuten seltsam sei.

Eine hübsche Jungfrau an einem Orte, die sonst viel stattliche Freier hatte, nahm einen Pfaffen um Geldes willen. Da sprach Doctor Martinus Luther: „Das Geld hat die Jungfrau Reginen (Königin) überwunden."

Darnach ward geredet, wie ein sehr hübsch Mägdlein wäre einem alten, wunderlichen Kröpel und geizigen Wittwer gegeben, welcher zuvor mit seinem Weibe hart und übel wäre umgegangen; und da er sie nun oft wohl geplaget, hatte sie gesaget: Kann denn dein der Teufel nicht los werden? Wenn er dich so lange in der Hölle gehabt hätte, so sollt er dein überdrüssig sein worden! Da sprach D. Mart.: „Gott der Herr gebe ihr seinen Segen und dieses Hochzeitliedlein, daß er ein Eiferer sei, wie die alten Männer gemeiniglich pflegen zu sein gegen junge Weiber. Ach lieber Herr Gott, welch ein groß, aber seltsam Ding ists doch, Weib und Kinder recht lieb haben! Einen Sack können wir wohl lieb haben, aber ein ehelich Weib nicht wohl. Es muß ein frommer Mann und ein fromm Weib sein, der sein Gemahl und Kinder von Herzen liebet. Also unterdrückt und dämpft der Satan Gottes Ordnung und die natürliche Zuneigung und Liebe in uns. Denn was wir thun sollen, das können und wollen wir nicht thun."

Die lieblichste Gesellschaft und Gemeinschaft ist unter frommen Eheleuten.

„Die höchste Gnade und Gabe Gottes ist, ein fromm, freundlich gottfürchtig und häuslich Gemahl haben, mit der du friedlich lebest, der du darfst all dein Gut und was du hast, ja dein Leib und Leben vertrauen, mit der du Kinderlein zeugest. Gott aber stößt ihrer viel in den Ehestand ohne ihren Rath, ehe sie es recht bedenken, und thut wohl dran. Käthe, du hast einen frommen Mann, der dich lieb hat, du bist eine Kaiserin! Ich danke Gott. Aber zu einem solchen Stand gehöret eine fromme und gottfürchtige Person."

Wie neue Ehemänner gesinnet sind.

„Im ersten Jahr des Ehestandes hat einer seltsame Gedanken. Wenn er über Tisch sitzt, so gedenkt er: Vorhin warst du allein, nun aber bist du selbander; im Bette, wenn er erwacht, siehet er ein Paar Zöpfe neben ihm liegen, das er vorhin nicht sah. Also saß meine Käthe im ersten Jahr bei mir, wenn ich studirete, und da sie nicht wußte, was sie reden sollte, fing sie an, und fragte mich: Herr Doctor, ist der Hofmeister in Preußen des Markgrafen Bruder?“

Mann und Weib ist Ein Leib.

Als M. Antonius Lauterbach zum Diacon gen Leißnick erfordert war, da war der Bischoff von Meißen mit ihm nicht wohl zufrieden gewesen, daß er sollte allda Caplan sein, denn er nicht geweihet wäre. Da hatte M. Antonius zu des Bischoffs Amtmann gesagt: Er wäre genug geweihet um seines Weibes willen, welche geweihet wäre. Denn sie war eine Nonne gewesen. Und hat das Sprichwort drauf gesagt: „Daß Mann und Weib wären Ein Leib. Solches erzählete M. Lauterbach Doctori Martino Luthero. Da sprach der Doctor: „Dem Bischoffe ist recht und wohl geantwortet.“

Und erzählte darauf einen schimpflichen Possen, „daß ein Schlemmer gewesen wäre, der alle Tage wäre zum Fressen und Saufen gegangen und im Sause gelebt, er hätte aber sein Weib daheim lassen Hunger und Kummer leiden. Wenn er denn war heim kommen, und das Weib hatte geklaget, daß sie weder zu brocken noch zu beißen hätte gehabt, da hätte er ihrer mit dem Sprichwort auch gespottet und gesagt: „Bist du nicht satt? Habe ich doch heute den ganzen Tag gegessen und getrunken; hast du es nicht geschmeckt? Sind doch ich und du ein Leib!“ Nun, sie war auch her, und ging einen Tag hinweg aus dem Hause und kochte dem Mann kein Essen, ließ ihm auch kein Geld zu trinken; aber sie aß und trank an einem andern Ort. Da sie nun wieder heim kam, und der Mann Essen und Trinken haben wollte, da sprach sie: „Ist's nicht genug, daß ich gegessen habe? Ist nicht Mann und Weib ein Leib?' Und spottete seiner wieder.“

Ein reich Weib nehmen.

„Mag. G. hat ein reich Weib genommen und seine Freiheit dadurch verkauft. Denn es gehet gemeiniglich also: wenn ein armer Gesell eine reiche bekommt, so will sie Herr sein, und wenn er ihr ein Wort sagt, das ihr nicht gefällt, so wirft sie das Maul auf und rückt ihm auf: Du Stümper, hättest müssen ein Bettler sein, wenn ich dich nicht genommen hätte usw. Ich hätte auch gerne, wenn mir meine Käthe übers Maul führe, ohne daß ich sie nicht ließe viel dran gewinnen, ein Maulschellium."

Von Einigkeit oder Uneinigkeit zwischen Eheleuten.

Doct. M. zog zu einer Fürstin Anno 1542 und wollte versuchen, ob er sie wieder mit ihrem Herrn versöhnen könnte. Da er nun wieder heim kam, sprach er: „Lieber Gott, was kostets Mühe und Arbeit in casibus matrimonialibus! Was kostets Arbeit, daß man Ehleute zusammen bringe! Darnach hats viel großer Mühe, daß man sie bei einander behalte. Adams Fall hat die menschliche Natur also gar sehr beschmitzt, verderbet und vergiftet, daß sie aufs Allerunbeständigste ist, läuft hin und wieder wie Quecksilber. O, wie wohl stehets, wenn Eheleute mit einander zu Tische und Bette gehen! Ob sie gleich zuweilen schnurren und murren, das muß nicht schaden; es gehet in der Ehe nicht allzeit schnurgleich zu, ist ein zufällig Ding; deß muß man sich ergeben!

Adam und Eva werden sich gar weidlich die neun hundert Jahr gescholten haben, und Eva zu Adam gesagt haben: Du hast den Apfel gefressen! Herwiederum wird Adam geantwortet haben: Warum hast du ihn mir gegeben? Denn sie werden in so einer langen Zeit ihres Lebens ohne Zweifel gar viel Böses und viel Unglück mit Herzleid und Seufzen in ihrem Ehestande gesehen haben. Welches Alles aus ihrem Fall und Ungehorsam herkommen ist, und sich daher verursachet hat, daß sie mit Seufzen und Thränen haben ansehen müssen. Es wird ein wunderlich Regiment gewesen sein, wie denn auch das erste Buch Mosi wunderbarlich ist."

Da sagt einer zum Herrn Doctor: Wenns jetzund ein Weib einem Manne thäte, er würde es ihr schwerlich vergeben. Hierauf sprach D. M.: „Wenn sie es denn thäte als eine Närrin, was sollt er draus machen? Darum ist das ein seliger Mann, der eine gute Ehe hat, wiewohl es eine seltsame Gabe ist." Darnach sagete der Doctor drauf: „Das ist ein gemarterter Mann, deß Weib und Magd nichts weiß in der Küchen. Es ist das erste Uebel, aus dem viele Uebel folgen."

Die Ehe ist Gottes Gabe, so der Teufel feind ist.

„Die Ehe ist eine schöne herrliche Gabe und Ordnung, bestätiget mit zweierlei Liebe; eine die ist natürlich und gut, die ander unordentlich und böse. Doch vertilget der Teufel, der ein Feind und Verstörer der Ehe ist, nicht allein die unordentliche, sondern auch die natürliche Liebe unter Eheleuten. Darum haben die Alten ihre Kinder fein unterweiset und gelehret: Liebe Tochter, halt dich also gegen deinen Mann, daß er fröhlich wird, wenn er auf dem Wiederwege des Hauses Spitzen siehet. Und wenn der Mann mit seinem Weibe also lebet und umgehet, daß sie ihn nicht gerne siehet wegziehen, und fröhlich wird, so er heimkommt, da stehets wohl."

Das Weib ist Frau im Haus.

Doctor Martinus Luther war auf Hans Luffts Tochter Hochzeit. Nach dem Nachtessen führet er die Braut zu Bette, und sprach zu dem Bräutigam: „Er sollts bei dem gemeinen Lauf und Gebrauch lassen bleiben, und Herr im Hause sein, wenn die Frau nicht daheim ist." Und zum Zeichen zog er ihm einen Schuh aus und legt ihn aufs Himmelbette, daß er die Herrschaft und das Regiment behielte.

Lob eines guten Ehestandes.

Doctor Martinus Luther redete von seiner Hausfrauen und sagte: „Er achtet sie theurer denn das Königreich Frankreich und der Venediger Herrschaft, denn ihm ein fromm Weib von Gott geschenkt und gegeben wäre, wie er auch ihr. Zum Andern, er hörete viel größer Gebrechen und Fehle allenthalben unter Eheleuten sein, denn an ihr funden würden. Zum Dritten, das wäre überflüssige Ursache gnug, sie lieb und werth zu halten, daß sie Glauben und sich ehrlich hielte, wie einem frommen, züchtigen Weibe gebühret. Welches Alles, da es ein Mann ansähe und bedächte, so würde er leichtlich überwinden, was sich möchte zutragen, und triumphiren wider Zank und Uneinigkeit, so der Satan pfleget zwischen Eheleuten anzurichten und zu machen."

Jungfraumägdlein.

Da von einem Jungfraumägdlein, das ein Eisen abgeworfen hatte, geredet ward, und einem Andern vertrauet ward, der sie für eine Jungfrau nahm, sagte

D. Martinus Luther: „Das heißt die Kirschen ausgefressen und einem den Korb an den Hals gehangen!“

Kinder soll man nicht zu hart stäupen.

„Man soll die Kinder nicht zu hart stäupen; denn mein Vater stäupet mich einmal so sehr, daß ich ihn floh und ward ihm gram, bis er mich wieder zu ihm gewöhnete.“

Von der Weiber Ungehorsam.

„Wenn ich noch eine freien sollte, so wollte ich mir ein gehorsam Weib aus einem Stein hauen; sonst hab ich verzweifelt an aller Weiber Gehorsam.“

Kinder sollen mit Vorwissen und Rath der Aeltern ehelich werden, und wie ferne.

Anno 39. den 1. Februarii hatte Doctor Martinus Luther viel zu thun mit Gesellschaften und Briefen, und sagte: „Es ist heut ein Brieftag und Unlust. Diese Händel (die Ehesachen) stehlen uns heimlich die Zeit zu studiren, zu lesen, zu predigen, zu schreiben und zu beten; doch freue ich mich, daß die Consistoria angerichtet sind, vornehmlich um der Ehesachen willen.“ Dazumal redet er auch viel mit D. Basilio, „daß mancherlei, viel, unzählige Ehefälle sich zutrügen, die man nicht aus beschriebenen Rechten und Gesetzen, sondern aus den Umständen, nach Billigkeit und Bedenken frommer, gottfürchtiger, verständiger Leute mäßigen und richten muß; denn man findet viel Aeltern, sonderlich Stiefväter, die ihren Kindern nicht zu grün sind, wollen ihnen die Ehe verbieten ohne alle Ursach. Da soll die Oberkeit und Pfarrherr drein sehen und die Ehe helfen fördern, auch wider der Aeltern Willen, nach Gestalt der Sachen.

Summa, wenns junge Leutlein sind und haben einander lieb, welches ist die Substantia und das Wesen oder Grund, darauf die Ehe stehet, so soll mans nicht wehren ohne große wichtige Ursachen, sondern wir sollen folgen dem Exempel Samsonis, und die Kinder sollens den Aeltern anzeigen, sonderlich jetzt zur Zeit des Evangelii, da der Ehestand in einem großen Ansehen und Ehren ist, nicht in solcher Verachtung und Abscheu wie im Papstthum, da man handelte nicht nach Billigkeit, sondern nach Gesetzen, stracks wie die vorgeschrieben waren; durften frei einem die Braut zusprechen, dem Andern nehmen, daß sie mit dem Ersten, den sie nicht hatte, mußte ehelich sein, mit dem andern, den sie hatte, eine Ehebrecherin. Darum muß man in solchen Fällen mehr auf die Gewissen sehen und die Umstände bedenken nach Billigkeit und Erkenntniß frommer, gott- und ehrliebender Leute, nicht nach scharfen Regeln und Rechten."

Von einem seltsamen Fall, und D. Mart. Luthers Bedenken drauf.

Es war ein Schulmeister zu Frankfurt an der Oder, ein gelehrter gottseliger Mann, der hatte sein Herz gewandt auf die Theologia, und etliche Mal geprediget mit großer Verwunderung der Zuhörer, zuletzt ward er zum Diaconatamt berufen. Aber sein Weib, so einen hoffärtigen Geist und Muth hatte, wollte keineswegs drein willigen, daß ers sollte annehmen, sagte, sie wollte keinen Pfaffen haben. Da ward schlecht gefragt, was dem guten Manne zu thun sei, ob er das Weib oder das Predigtamt verlassen solle? Hierauf sagte erstlich D. Mart. Luther im Scherz und lachend: „Hat er eine Wittwe genommen, wie Ihr sagt, so muß er, wie sie will." Bald darnach sprach er: „Wenn eine rechte Oberkeit wäre, so könnte sie die Vettel zwingen; denn das Weib ist schuldig dem Manne zu folgen, und nicht der Mann dem Weibe. Es muß ein bös Weib sein, ja ein Teufel, daß sie sich des Predigamts schämet, in dem der Herr Christus und die lieben Engel gewest sind. Das sucht der Teufel, daß er das Predigamt gerne schänden und lästern wollte! Ich spräche zu ihr, wenn sie mein Weib wäre: Willt Du mir folgen, so sage bald Nein oder Ja. Wenn sie spräche: Nein, so wollt ich so bald eine Andere nehmen und diese fahren lassen. Es liegt an dem, daß die Oberkeit nicht da ist mit der Exekution und über dem Predigamt nicht hält."

Weiber-Regiment.

„Das Weib," sprach D. M. L. „habe das Regiment im Hause, doch des Mannes Recht und Gerechtigkeit ohne Schaden. Der Weiber Regiment hat von Anfang der Welt nie nichts Gutes ausgerichtet, wie man pflegt zu sagen: Weiber Regiment nimmt selten ein gut End! Da Gott Adam zum Herrn über alle Creaturen gesetzt hatte, da stand es Alles noch wohl und recht, und Alles ward auf das Beste regieret; aber da das Weib kam und wollte die Hand auch mit im Sode haben und klug sein, da fiel es Alles dahin und ward eine wüste Unordnung."

Liebe unter Eheleuten.

„Die höchste Gnade Gottes ists, wenn im Ehestande Eheleute einander herzlich, stets für und für lieb haben. Die erste Liebe ist fruchtbar und heftig, damit wir geblendet werden und wie die Trunkenen hinan gehen. Wenn wir denn die Trunkenheit haben ausgeschlafen, alsdenn so bleibt in Gottfürchtigen die rechtschaffene Liebe, die Gottlosen aber haben den Reuel."

Der Ehestand ist nöthig.

„Es ist gut, daß Gott den Ehestand eingesetzt hat, sonst sorgeten die Aeltern für die Kinder nicht, die Haushaltung läge darnieder und zerfiele; darnach würde auch der Polizei und des weltlichen Regiments, deßgleichen die Religion nicht geachtet. Also ginge es Alles dahin und würde ein wüst, wild Wesen in der Welt."

Der Aeltern Liebe gegen die Kinder.

„Die Liebe und Sorge der Aeltern gegen die Kinder ist so groß und kräftig, daß, je mehr sie der Aeltern Hülfe und Wartung bedürfen, je fleißiger und sorgfältiger die Aeltern ihrer warten und erhalten. Drum ist mein Martinchen mein liebster Schatz; denn er bedarf meines Dienstes und Hülfe mehr, denn Johannes oder Magdalena, dieselben können nun reden und fordern, was sie wollen und ihnen noth ist, drum bedürfen sie so großer Sorge nicht."

Weiber Amt dazu sie verordnet sind.

„Weiber," sprach D. Mart. Luther, „reden vom Haushalten wohl als Meisterin mit Holdseligkeit und Lieblichkeit der Stimme und also, daß sie Ciceronen, den beredtesten Redner, übertreffen; und was sie mit Wohlredenheit nicht können zu Wegen bringen, das erlangen sie mit Weinen. Und zu solcher Wohlredenheit sind sie geboren; denn sie sind viel beredter und geschickter von Natur zu den Händeln, denn wir Männer, die wirs durch lange Erfahrung, Übung und Studiren erlangen. Wenn sie aber außer der Haushaltung reden, so taugen sie nichts. Denn wiewohl sie Worte genug haben, doch fehlet und mangelts ihnen an Sachen, als die sie nicht verstehen, drum reden sie auch davon läppisch, unordentlich und wüste durcheinander über die Maaße. Daraus erscheinet, daß das Weib geschaffen ist zur Haushaltung, der Mann aber zur Polizei, weltlichem Regiment, zu Kriegen und Gerichtshändeln, die zu verwalten und führen."

Eheliche Verwandtniß.

„Es ist kein lieblicher, freundlicher und holdseliger Verwandtniß, Gemeinschaft und Gesellschaft denn eine gute Ehe, wenn Eheleute mit einander in Friede und Einigkeit leben. Wiederum ist auch nichts Bitteres, Schmerzlichers, denn wenn das Band zerrissen, von einander getrennet und geschieden wird; nach welchem ist der Kinder Tod, wenn die sterben, welches ich versucht und erfahren habe!"

Ursache, warum ein fromm Weib soll billig geliebet werden.

Doctor M. L. sagte: „Ein fromm Weib soll darum geehret und geliebet werden, erstlich, daß sie Gottes Gabe und Geschenk ist; zum Andern, daß Gott einem Weibe herrliche große Tugenden verliehen, welche andere geringe Mängel und Gebrechen weit übertreffen, sonderlich wo sie Zucht, Treu und Glauben halten."

Ein Latein, so Doctor Martin Luther seinen Kindern zu lernen befohlen hat, auf daß sie Gott fürchten.

„ Memento Dei creatoris tui in diebus iuventutis tuae." Und ist dieß die Meinung:

„Liebes Kind, höre gerne Gottes Wort,
Und deiner Aeltern Warnung und Gebot,
Weil du bist frisch und jung.
Das ist dir hie und dort ewiglich gesund!"

Item, Doctor Martinus Luther sagte ein Mal über Tische, „daß ein Vater seine Kinder vermahnet hätte, fleißig zu studiren, und hätte diese zween Verse ihnen vorgesaget, die sie ja wohl behalten sollten, nämlich:

Liebes Kind, lernest du wohl, so wirst du guter Hühner voll;
Lernest du aber übel, so mußt du mit den Sauen essen aus dem
Kübel."

Der Papst hat viel tausend Kinder umgebracht.

Anno 1536. am 20. Januarii wurden neun Kinder getauft auf ein Mal, da D. Martinus, D. Pommer, M. Philipp und andere viele treffliche, ehrliche Leute Gevatter zu worden. Da sprach D. Mart.: „Der Papst hat mit seinem gottlosen Cölibat und ehelosen Leben viel tausend Kinder erstickt und umgebracht wider Gottes Ordnung nun länger denn 400 Jahr her. Unser Herr Gott will das gerne ein wenig wiederum erstatten vor dem Ende der Welt."

Von der Priester Keuschheit oder de Coelibatu.

Bischoff Albrecht von Mainz hat Anno 1532 zu Nürnberg gesaget, daß er wollte eher das Abendmahl unter beider Gestalt nachlassen und die Messe ganz und gar abthun, denn daß er sollte lassen den Cölibatum abgehen. „Nun," sprach Doctor Luther, „sie wollen nicht dran mit Gutem, aber sie müssen noch dran! Es ist eine gräuliche Rede. Unter Herr Gott wird im Magnificat das Deposuit potentes de sede mit ihnen practiciren, Gott wird seine Ehre verteidigen, und sie werden den Eselsgesang singen, hoch anfangen, aber niedrig aufhören!"

XXXIII. Tischreden D. M. Luthers von der Oberkeit und Fürsten

Die Oberkeit ist ein Zeichen göttlicher Gnade.

„Die weltliche Oberkeit ist ein Zeichen göttlicher Gnade, daß Gott barmherzig sei und habe nicht Lust noch Gefallen am Morden, am Metzeln und Würgen; sonst ließ ers Alles hingehen unter Türken und andern Heiden und Völkern ohne Regiment, so richteten sie sich unter einander selbst hinweg und fressen einer den andern auf nach dem Sprüchwort: Wer stark ist und es vermag, der steckt den andern in den Sack."

Unterschied unter Aeltern und der Oberkeit.

„Aeltern bewahren ihre Kinder mit größerm Fleiß und Sorgen denn die Oberkeit ihre Unterthanen. Daher spricht Moses: Hab ich euch gezeuget? Vater und Mutter sind natürliche und freiwillige Herrn, eine selbst gewachsene Herrschaft. Die Oberkeit ist aber ein erzwungener Herr, das ist, sie gehet mit Gezwang um und ist eine gemachte Herrschaft. Wenn Vater und Mutter nicht mehr kann, so muß es der Henker ausrichten und ziehen. Darum sind die Oberkeiten Hüter des vierten Gebots wie die Katzen über die Mäuse."

Obrigkeit soll über ihren Gesetzen und Ordnungen halten.

„Fürsten und Regenten sollen über ihren Mandaten, Befehlen und Ordnungen halten, sonst werden sie verachtet. Darum meinen die Bauern, Bürger und die vom Adel, wenn ein Fürst nicht selbst redet und mündlich befiehlt, so sei es nicht des Fürsten Wort oder Mandat und Befehl. Also gehets unserm Herrn Gott auch. Wenn Doctor Pommer, ich oder ein andrer treuer Lehrer predigt, so gehen die Verächter dahin und verachtens, sprechen: Es hat unser Pfarrherr geprediget, merken, noch gläuben nicht, daß es Christus Worte sind, der durch sie selbst redet, wie er sagt: Siehe, ich sende euch usw. Wer euch höret, der höret mich (Luc. 10,3.13). Darum, wo unser gnädigster Herr nicht über der Visitation halten wird, so wirds mit uns nichts sein."

Von der Todesstrafe.

„Herzog Friederich, der löbliche Kurfürst zu Sachsen, war sehr furchtsam und blöde, die Übelthäter zu strafen, sonderlich die armen Diebe. Ja, sprach er, es ist leicht, einem das Leben zu nehmen, aber man kann es nicht wiedergeben. Und Herzog Johann, Kurfürst zu Sachsen, pflegte allwegen zu sagen: Ei, er wird noch fromm werden! Und mit solchem Weichsein und durch die Finger sehen ward das Land voller Buben. Also waren sie von Mönchen überredet, daß sie sollten gnädig, gütig und friedsam sein. Aber Oberkeit, Fürsten und Herrn sollen nicht gelinde sein.

Denn siehe Gott an, der doch der Allergütigste und Barmherzigste ist, welch ein ernst und gestreng Gesetz und Recht hat er gegeben und im Mose gesaget, Exod. 21 (17): Wer seinem Vater oder seiner Mutter flucht, der soll getödtet werden, auch auf dem Altar; flugs Kopf ab, Kopf weg, auf daß das Land nicht voll

Gottloser werde. Und sagt der Text: Du sollst dich ihrer nicht erbarmen; also wirst du gerecht sein. Ja, Juristen tödten mit Lehren, Lesen und mit Urthelsprechen. Der Henker müßte sonst wol zufrieden sein und würde keinen nicht richten, wenn sie (die Juristen) ihn nicht zuvor verdammt und verurtheilt hätten durch ihre Rechtsprüche. Doctor Hieronymus Schurf, der vornehmsten und besten Juristen einer, und dazu ein Christ, ist noch so weit nicht kommen, daß er einen Uebelthäter mit gutem Gewissen könnte zum Tode verdammen und übers Blut Urtheil sprechen."

Oberkeit und Juristen bedürfen Vergebung der Sünden in ihrem Amte.

„Fürsten und alle Regenten und Oberkeit, da sie gleich fromm und gottfürchtig sind, können in ihrem Amt und weltlichen Regiment ohne Sünde nicht sein; sie thun bisweilen Manchem Unrecht, wenn sie sich gleich aufs Allerfleißigste hüten. Denn sie könnens nicht allzeit also schnurgleich treffen und fadenrecht machen, wie etliche Klüglinge meinen; drum bedürfen sie am allermeisten Vergebung der Sünden."

Gottlose Obrigkeiten können wohl feine Weltregenten sein.

Zu D. Martin Luthern ward ein Mal gesagt, daß ein Fürst, so dem Evangelio sehr entgegen war, dennoch ein feiner Weltregent gewesen wäre, drum er billig hoch gelobet sollte werden. Da sprach D. Luther: „Was liegt unserm Herrn Gott daran? Er pfleget mit dieser Larve die Welt zu bethören. Es waren Saul, Ahab und andere gottlose Könige in Israel glückselig genug, und ihre Rathschläge und Vornehmen gingen wohl hinaus und ihre Königreiche standen in großen Würden, im Wachsen und Zunehmen. Dagegen siehe Davids Regiment an, der war doch ein frommer und gottfürchtiger König und hatte wider seine auswendigen Feinde groß Glück, denn er bezwang die Philister, den Moab, Edom und die Syrer; aber in seiner Haushaltung da war alles eitel Ärgerniß um ihn – um seines Ehebruchs willen. Da folgete darauf Mord, der Kinder Aufruhr, böse Nachrede und daß ihm das Königreich durch seinen eigenen Sohn Absalom genommen wurde. Aber ob David wohl in seiner Regierung nicht ist so glückselig gewesen als andere gottlose Könige, so viel die äußerliche Gestalt anlanget, so hat er doch unserm Herr Gott können gute Worte geben und sagen: Misere mei, Deus; das konnten die Andern nicht thun, und damit brach er auch unserm Herrn Gott das Herz."

Was für Leute zum Regiment gehören.

„Zum Regiment gehören nicht gemeine, schlechte Leute, noch Knechte, sondern Helden, verständige, weise und geherzte Leute, denen man vertrauen kann und die da sehen auf gemeinen Nutz und Gedeihen, und nicht suchen ihren eignen Genuß, und folgen ihren Begierden. Wie viel aber sind Regenten und Juristen, auch Räthe, die daran gedenken? Sie machen nur ein Handthierung und Handwerk aus der Obrigkeit. Salomon spricht: Ein Mann, der seinem Sinn steuren und den brechen kann, ist besser, denn der Städte stürmet und erobert usw. (Spr. 16, 32). Es ist ein schön Buch, hat viel feiner Sprüche, Proverbia Salomonis. Scipioni, dem ehruchen Helden, möcht ich wohl gönnen, daß er im Himmel wäre, der konnte regieren. Sich selbst überwinden, und seinen Sinn brechen und steuren können, ist der höchste und löblichste Sieg. Herzog Friederich, Kurfürst von Sachsen usw. war ein solcher Fürst; der konnte viel verdauen und ihm selbst steuren, ob er gleich von Natur zornig war, aber er hielt an sich."

Doctor M. Luther sagte Anno 1546 über Tische zu Eisleben, „daß der weise und kluge, verständige Mann, Friederich von Thuna, Ritter, von Kurfürst Friederichen zu Sachsen ein Mal hatte Urlaub gebeten; da hätte der Kurfürst gesaget: Lieber Thun, Du siehest, daß Regieren ein schwer Ding ist, und ich bedarf dazu geschickte Leute, ich kann Deiner nicht entbehren. Wiewohl es Dein Alter nicht länger ertragen will, daß Du zu Hofe seiest, so mußt Du doch Geduld haben, gleichwie ich auch muß geduldig sein. Denn wenn ich es nicht thun will und Du auch nicht, wer wills denn thun? Darum kann ich Dich nicht von mir lassen!"

Sonst sagete ein Mal D. M. Luther, „daß ein junger Jurist wolle haben summum jus, ein junger Theologus summam sanctitatem, und ein junger Magistratus summum obedientiam." Item D. Luther sagte auf ein ander Mal, „daß junge Regenten meineten, sie wollten einen Wacken aufheben wie einen Kieselstein."

Böse Obrigkeit thut den Unterthanen Schaden.

Doctor M. Luther sagte ein Mal: „Eine böse Obrigkeit, so tyrannisch handelt, die ist wie ein Dumetum, das ist, wie eine Dornhecke um einen Garten: denn wo man durch diese Hecke oder Zaun in den Garten steigen will, so sticht und kratzet man sich, nicht daß die Dornhecke steuren und wehren wollte, daß man nicht die Aepfel und Birnen aus dem Garten stehlen sollte, sondern daß es des Dornbusches Art, Natur und Eigenschaft ist, daß, wer ihn angreift, der muß sich an ihm stechen und verletzen. Also sticht, verwundet, plaget und drücket eine böse Obrigkeit auch ihre Unterthanen, nicht daß sie Gottes Ehre suchete und die Kirche Gottes liebete, oder ein Disciplin und Zucht erhalten und dem Bösen steuren wollte; sondern, daß dieses aller Tyrannen Eigenschaft und Natur ist, daß sie sich befleißigen, den Leuten Leid zu thun und Schaden zuzufügen."

Liebe und Gehorsam der Unterthanen gegen die Obrigkeit ist das höchste Gut und Kleinod.

Dominus Philippus Melanchthon sagte ein Mal D. M. Luthern über Tische: Daß er in seiner Jugend gehört hätte, daß auf einem Reichstage etliche Fürsten gerühmet hätten von den Gaben und Herrlichkeiten ihrer Fürstenthümer und Länder. Und hätte der Herzog zu Sachsen gesagt, daß er silberne Berge in seinem Lande hätte und also sein Bergwerk gerühmet, welches damals große Ausbeute gab. Der Pfalzgraf aber hatte seine guten Weine gelobet, die ihm am Rheinstrom wüchsen. Als nun Herzog Eberhard von Würtenberg auch sagen sollt, was er für Herrlichkeit in seinem Lande hätte, da antwortet er: Ich bin wohl ein armer Fürst und Euer Liebden beiden nicht zu vergleichen, jedoch hab ich auch ein groß Kleinod in meinem Fürstenthum, daß, wenn ich mich verritten hätte und auf dem Felde gar alleine wäre, so kann ich doch in eines jeden meiner Unterthanen Schoß sicher schlafen. Wollt sagen, daß seine Unterthanen ihn so lieb hätten, daß er bei ihnen hausen und herbergen könnte und sie ihm alles Liebes und Gutes thun würden. Und seine armen Leute haben ihn auch gehalten für den Patrem patriae. Als solches die andern Fürsten, als Sachsen und Pfalz, gehört hatten, da hatten sie selbst bekannt, daß dies das edelste Kleinod und Gut wäre.

XXXIV. Tischreden D. M. Luthers von Königen, Fürsten und Herren

Fürsten und Herren wollen ungestraft sein.

„Edelleute und Bürgerkinder," sprach D. M. L., „werden wohl erzogen, Bauern aber und Fürsten wollen ungestraft sein. Wenn der Löwe fühlet, daß ihm die Zähne und Klauen wachsen, so spielet er nicht mehr."

Von einer Fürstin.

Des von Anhalt Gemahl wollte ihre Frau Mutter besuchen, kam gen Wittenberg und begehrte D. Mart, anzureden wiewohl zu ungelegner Zeit und mit Ungestüm; endlich kam sie ungefordert, von ihr selbst nach dem Abendmahl. Der Doctor aber entschuldiget sich seiner Schwachheit halben und sprach: „Gnädige Frau, ich bin im Jahr wenig rechtschaffen frisch; ich bin entweder am Leibe oder im Geist schwach und krank, eins ums andere; ich habe jetzund an meinem Leibe bei zwanzig Sterne, wie am Himmel, ich wollte, daß sie der Erzbischoff zu Mainz sollte haben!" Ja, sprach sie, lieber Herr Doctor, wir können auch nicht alle fromm sein. „Ja," sagte der Doctor, „Ihr vom Adel in hohen Ständen sollt von Nöthen alle fromm sein; denn Euer sind wenig und seid enge gezogen; wir von niedrigen Ständen und gemeine Leute werden verderbt durch die große Menge, denn unser ist viel; darum ists nicht Wunder, daß unser wenig fromm sind. Von Euch großen Geschlechtern und hohen Ständen aber sollen wir Exempel nehmen und lernen Gottseligkeit, Frömmigkeit, Ehrbarkeit" usw. Trabet ihr mit solchen Worten weidlich in die Hufe denselben Abend.

Vom Landgraf Philipp zu Hessen.

Doctor Martinus Luther sagete von Seinen F. G., „daß es ein Wundermann wäre, der ein sonderlich Glück und Stern hätte. Wenn er wollte vom Evangelio abfallen, so sollte er vom Kaiser und Papst erlangen, was er nur wollt; aber Gott hat S. F. G. bisher beständig erhalten. Der Kaiser hat ihm angeboten, daß er die Grafschaft Katzenelnbogen ruhiglich besitzen sollte. Item, Herzog Georg wollte ihn zum Erben aller seiner Lande und Leute machen und der Kaiser hätte es bestätiget, versiegelt und verbriefet, wenn er von unser Religion hätte wollen abfallen; aber er bekannte die Lehre des Evangelii, sonst hätte er können des Kaisers und des Papsts lieber Sohn werden. Er hat einen hessischen Kopf, und kann nicht feiern, er muß etwas zu thun haben; so trauet und gläubt er auch nicht leichtlich. Er fähet viel Dinges an, und es gehet ihm hinaus. Es war eine große Kühnheit, daß er Anno 1528 die Bischöffe überziehen wollte. Und eine größere That war es, daß er den Herzog von Würtenberg einsetzete, und den König Ferdinandum aus dem Würtenberger Lande jagte. Ich und Dominus Philipp. Melanch. wurden zu S. F. G. deshalben gegen Welmar erfordert, und da wir dieses seines fürhabenden Krieges halben um Rath und unser Bedenken gefraget wurden, da widerriethen wir S. F. G. zum Allerhöchsten, und brauchten dazu unsre besten Rhetorica; baten, S. F. G. wollten nicht mit diesem Kriege die Lehre des Evangelii über den Haufen stoßen oder einen Schandfleck unsrer Lehre anhängen, oder den gemeinen Landfrieden im Reich brechen und betrüben. Da ward S. F. G. gar roth, und erzürnten sich drüber, da doch sonst S. F. G. gar ein aufrichtig Gemüth haben.

Im Colloquio zu Marburg Anno 1529 da ging S. F. G. in geringer Kleidung her, daß ihn Niemand hätte für den Landgrafen angesehen, und ging doch mit hohen großen Gedanken um.“ Er fragte damals Philippum Melanchthonem auch um Rath in einer Sache, und sprach: „Lieber M. Philipp, soll ichs auch leiden, daß der Bischoff von Mainz mir meine evangelischen Prediger mit Gewalt austreibt?“ Da antwortet Philipp: Wenn die Jurisdiction derselbigen Orte dem Bischoff von Mainz zustehet, so könnens E. F. G. ihm nicht wehren. Da antwortete der Landgraf: Ich laß Euch wohl rathen, ich thue es aber nicht. „Ich,“ sprach D. Luther, „sagte damals zu seinem alten Rath, dem von Beimelberg: Warum wehret Ihr nicht Euerm Herrn und seinem Vornehmen?“ Da antwortet er: Ah, lieber Herr Doctor, unser Vermahnen hilft nicht; was er vornimmt, da läßt er sich nicht von bringen. Und da er im Anzuge war, den Herzog von Würtenberg einzusetzen, da hat Ihre F. G. Jedermann gebeten, daß er das Hessenerland nicht in ein Verderben führen wollte. Da sprach er: Lassets jetzt gehen, ich wills euch nicht verderben! Er führets auch hinaus und bezahlete redlich. Er schoß in ein Schloß 350 Schüße, und gewann es.

Und als zu Caden in Böhmen ein Tag vom Könige Ferdinand und andern Fürsten gehalten ward und man dem Landgrafen von dannen aus Antwort geben sollte; da hatte Herzog Georg von Sachsen zum Könige Ferdinando gesagt: So er in zweien oder dreien Tagen ein Kriegsvolk versammlen könnte, das ihm Widerstand thun möchte, so wollte er zum Frieden nicht rathen; aber so man das nicht thun könnte, sollte man in allwege Frieden machen. Und Severus, D. Luthers Tischgenosse, sprach drauf, daß Herr Hans Hoffmann sich deshalb wider den König und alle seine Räthe gelegt hätte, und hätte es auch erhalten, daß man mit dem Landgrafen Frieden gemacht.

Auf dem Reichstage Anno 1530 war er mit den andern Fürsten der Augsburgischen Confession halber zum Könige Ferdinando erfordert worden, da hat er öffentlich zu den Bischöffen gesagt Machet Friede, wir begehrens! Thut Ihrs nicht, und ich muß hinunter, so will ich ein, zween aufs wenigste mit mir nehmen. Der Bischoff von Salzburg hatte auf demselbigen Reichstage zu Bischoff Albrecht von Mainz gesaget: Wie, daß Ihr Euch vor dem Landgrafen von Hessen also sehr fürchtet, ists doch nur ein armer Fürst? Da hat der Bischoff von Mainz geantwortet: Ja, lieber Herr, wenn Ihr ihm so nahe wohnetet als ich, so würdet Ihr wohl anders reden!

Und sprach D. Luther: „Gott hat den Landgrafen mitten in das römische Reich geworfen; denn er hat vier Kurfürsten um sich wohnen und den Herzog von Braunschweig, und fürchten sich doch alle vor ihm. Das macht, er hat den gemeinen Mann an ihm hangen, so ist er auch ein Kriegsmann."

Von Herzog Georg zu Sachsen.

Doctor M. L. sagte, „daß Herzog Georg zu Sachsen für den Reichstag zu Augsburg Anno 1530 ein groß dick Decretal geschrieben, wie die Geistlichen könnten reformiret werden. Das hätte er mit sich auf denselbigen Reichstag genommen." Und sprach D. Luther drauf: „Ich wollt, daß der Kaiser ihn zum Papst machete; ich meine, er sollt den Bischöffen mit ihren Bistümern zusprechen mehr und härter denn der Luther. Die Papisten allzumal würden den Luther lieber leiden zu einem Reformatorn denn H. Georgen. Ich wollte, daß ers schon wäre, ich wollte gerne mit eine Reformation leiden neben den Bischöffen. Denn die Decrete strafen die Bischöffe viel mehr denn der Luther. H. G. wollte gern den Papst reformieren als ein Reformator der Kirchen, also daß der Bischoff von Mainz nur ein Bisthum habe und mit 14 Pferden reite und fahre; item der Bischoff von Merseburg nur 3 Pferde hätte, und daß der Papst von der Simonia ablasse, und nicht den geistlichen Wucher treibe. Nun, alle Papisten bekennens selbst, daß es hoch von Nöthen sei, daß man die Bischöffe reformire, aber die Pfaffen dürfens nicht wagen, daß sie in die Reformation willigten. Und die stolzen, hoffärtigen Itali erkennen jetzt ihre Sünde und Bosheit, allein thut ihnen das wehe, daß sie von uns Deutschen als einer barbarischen Nation sollen gestraft werden. Wenn doch einer in Italia aufträte, der ein Ansehen und Hinterhalt hätte, und der Reformation sich unterfinge, der möchte etwas ausrichten! Vor der Offenbarung des Evangelii ist H. G. ein großer Feind der papistischen Religion gewesen, also daß er die Bischöffe, Aebte, Domherrn und Mönche überaus wohl plagte, und sich H. Friederich Kurfürst zuletzt drein schlagen mußte, also daß ein Sprichwort von ihm war, weil er böhmischen Geblütes vom Könige Girsick war, (denn seine Mutter dieses Königs Tochter gewesen), daß man sagte: Er hats nicht getrunken sondern gesogen, er ist von Natur und Art ein Feind der Cleriker und Geistlichen. Aber da das Evangelium wieder rein an den Tag gebracht ward und der Kaiser, Papst, der König von England und Frankreich mit allen Fürsten und Bischöffen sich an ihn hingen; da ist er durch ihr Heucheln und Schreiben also aufgeblasen worden, daß er sich nun wieder unterstehet der Geistlichen Reformation. Denn er ist dem Papste feind, gleichwohl kann er den Bischöffen fein das Maul schmieren und setzet sie aufs Eis, verheißt ihnen viel, das er doch nicht halten kann.“ Darum pflegte D. Luther von ihm zu sagen: „Die Pfaffen und Mönche haben H. G. voll gemacht, er wird ihnen dagegen in den Busen speien!“ Und klagte D. M. L. über seine Blindheit und Lästerung wider Christum, und daß er der erkannten Wahrheit widerstrebet und wider das Gewissen gesündiget hätte, und sprach: „Da ich im Kloster noch war, da hätte ich nimmermehr gegläubt, daß eine solche Bosheit sollte in den Leuten sein. Ich meinete, die Welt würde die erkannte Wahrheit bald annehmen; aber ich lerne am Bischoff von Mainz und H. G., was die Welt für ein Kräutlein ist. Denn weils nicht von ihnen herkömmt, so ists nichts. Nun, ich kann mich vor denen nicht fürchten, so in ihrem Gewissen also verrückt sind, daß, wenn sie gleich der Kirchen Namen vor dem gemeinen Manne rühmen, so halten und gläuben sie doch viel anders in ihrem Herzen. Sie machen wahr diese Prophezei derer, die da sagen: Weiche von uns! Wir wollen deinen Weg nicht, und mit aufgerichtetem Halse sind wir stolz. Solche Leute sehen wir vor Augen. Und wer also redet und thut wider Gottes Wort und sein Gewissen, der muß wiederum mit seinen Lästerungen zu Schanden werden, denn er sündiget wider den Heiligen Geist, ist vermessen, verstockt, und ficht an die erkannte Wahrheit.“

Item: Es hatte H. G. Ausschuß geschrieben an H. Heinrichen, S. F. G. Bruder, daß er seinen Sohn, H. Moritzen, so bei Herzog Johann Friederich, Kurfürsten zu Sachsen, am Hofe war, aufs Erste zu sich anheim erforderte, so wollten sie kommen, und ihren F. G. anzeigen H. G. Willen. Denn H. G. beide Söhne gestorben waren, daß er keine Erben hatte. Darauf sagte D. M. L. „Es ist ein gemein Sprichwort: Wer einen großen Stein nicht erheben kann, der laß ihn liegen! Es sieht H. G. wohl, daß er den Stein nicht heben kann. Denn der Mensch setzt ihm wohl vor, aber Gott schickt es viel anders. Homo proponit, et Deus disponit, das ist, contrarium ponit, er thut das Widerspiel. Es hat H. G. wollen Andre austrocknen, daß sie verdorreten und seinen Stamm grünend und blühend machen; darum gab er seinem ältesten Sohne, H. Hansen, das landgräfliche Fräulein, gar ein schönes Fräulein, zum Gemahl. Und H. Friedrichen freiete er ein Mansfeldisches Fräulein, Graf Hanns Georgens Schwester. Aber beide junge Herrn zeugeten bei gesundem Leibe und schönen Weibern keine Kinder." Darum sagt D. M. L.: „Dieweil er siehet, daß seine beiden Söhne mit Tode abgegangen sind, so wird er sich willig drein geben und seinem Bruder das Land zustellen, und einen guten Willen davon behalten, denn er kann sein Land nicht mit sich nehmen, wenn er stirbt."

Junge Herrn.

„Junge Herrn müssen gute Tage haben und einen frischen Muth bis ins 20. Jahr, daß sie nicht zu kleinmüthig werden; aber darnach tröste sie Gott! Wenn sie ins Regiment kommen, da werden ihnen die guten Tage gesalzen werden! Wie man siehet an einem Baum, der in einen Scherben oder Topf gesatzt ist, der wurzelt nicht weit um sich, kann auch nicht."

Fürsten Arbeit die größten und gefährlichsten.

„Große Herrn und Fürsten haben große wichtige Sachen und Händel zu verrichten, müssen derhalben desto mehr Sorge und Gefahr haben; aber Bauern haben dagegen gute Tage, sind sicher und sorgen nicht viel, noch bekümmern sich um Rechts Händel und wie es zugehe. Wenn ein Bauer die Fährlichkeit und Mühe eines Fürsten wüßte, er würde Gott danken, daß er ein Bauer wäre und in dem seligsten und sichersten Stande. Aber sie sehen noch erkennen ihr Glück und Wohlfahrt nicht, sehen nur auf den äußerlichen Schmuck und Gepränge der Fürsten, als, daß sie hübsch gekleidet und mit güldenen Ketten behänget sind, haben große Schlösser und Häuser, leben herrlich, sind reich und gewaltig usw. Sehen aber nicht die große Sorge und Gefahr, darinne Fürsten leben, wie in einem Feuer und Sündfluth, da ein Bauer hinterm Ofen liegt, brätet Birnen und ist sicher!

Drum sagte Herzog Friederich, Kurfürst zu Sachsen, zum Präceptor zu Lichtenberg, Doctor Reißenbusch, daß der Bauern Leben in niedrigen gemeinen Ständen das allerseligste Leben wäre. Denn also hätte er nach einander gradatim einen Stand nach dem andern immer einzeln vom untersten bis zum höchsten bedacht. Der Kaiser wäre in der höchsten Gefahr, Angst, Noth und Sorge; andere Fürsten hätten auch mancherlei Anstöße, Mühe und Arbeit; desgleichen die vom Adel auch ihre Beschwerung und Unlust; Bürger, ob sie ein besser Leben hätten denn diese, doch würde ihnen ihre Nahrung sauer, kauften mit Sorgen und Arbeit, und verkauftens oft wieder mit Verlust und Schaden; ja, die da wollten anders aufrichtig und ehrlich handeln, mußten viel Gefahr des Lebens haben in der Nahrung; aber den Bauern alleine wüchse Alles durch Gottes Segen fein, ohne große sonderliche Arbeit und Sorge. Was ihnen wächst, verkaufen sie mit Rath, und leben ohne alle Sorge, allein geben sie ihre Zinsen und Decem; denn das Land ist der Fürsten."

Vom Kaiser Maximilian.

„Kaiser Maximilian soll auf ein Zeit gesagt haben, da er ein Bündniß mit den Venedigern aufgerichtet hatte: Es wären drei Könige in der Welt, er, der Kaiser, der König von Frankreich und der König von England. Er wär ein König der Könige; denn wenn er gleich seinen Fürsten etwas auflegte, da es ihnen gefiele, so thäten sie es; wo nicht, so ließen sie es. (Zeigte damit an, daß ihm die Fürsten niemals gehorsam wären gewest, sondern thäten, wie sie wollten.) Der König von Frankreich aber wäre ein König der Esel; denn Alles, was er die Seinen hieße, das müßten sie thun wie die Esel, dem müßten seine Fürsten gehorsam sein. Der König aber von England wäre ein König der Leute, denn was er ihnen auflegte, das thäten sie gerne, und hätten ihren Herrn lieb wie gehorsame Unterthanen."

Des Kaiser Maximiliani Höflichkeit.

„Da der König von Dänemark auf eine Zeit eine stattliche Legation und Botschaft zu Kaiser Maximilian schickte und dieselbige sich großer Ehre selbst anmaßete von wegen ihres Herrn, als der mächtig wäre, also daß der Gesandte die Werbung und das Antragen sitzend thun wollte: da das K. Maximilian merkte, stand er auf und höret ihn stehend, daß auch der Legat mußte Schand halben aufstehen und seine Werbung thun. Desgleichen da ein Gesandter im Anfang seiner Rede und Antragen erschrack und bestack, also daß er still schwieg und gleichsam verstummete, fing der Kaiser an mit ihm von einem andern Handel zu reden, gab ihm Zeit zu bedenken, bis er sich wieder ermunterte. Item, da ein unverschämter Bettler ihn, den Kaiser, um eine Gabe bat und hieß ihn Bruder, denn sie wären beide von einem Vater Adam herkommen; er wäre arm, der Kaiser aber reich, der helfen könnte, sprach er zu ihm: Siehe, da hast du zween Kreuzer, und gehe zu den andern Brüdern auch; geben sie dir so viel, so bist du reicher denn ich!"

Höflichkeit und Gütigkeit des Kaisers Maximiliani des Ersten.

„Der Kaiser Maximilianus hat einen Schreiber gehabt, der hatte ihm bei drei tausend Gülden veruntreuet und abgestohlen. Nun war der Kaiser ein feiner höflicher Mann. Da nun der Schreiber ein Mal zu ihm gekommen war, hat er zu ihm gesagt: Lieber Schreiber, was dünkt Euch, wenn einer einen Diener hätte und er stähle ihm so viel, was wäre er wohl werth? Da hatte sich der Schreiber fremd gestellet und gesagt: Gnädigster Herr Kaiser, den soll man billig hängen und strafen! Ei nein, hätte der Kaiser Maximilian gesagt, und ihn auf die Achsel geklopft, wir dürfen Euer noch länger!"

Von Kaiser Karl dem Fünften.

Anno 1545. den 11. Junii redete man vom Kaiser, der da zornig und dem Evangelio feind wäre. Da sprach Doctor Martinus Luther: „Ich habe den Kaiser alle Zeit verdächtig gehalten, wiewohl er weidlich simulieren und hinter dem Berge halten kann. Denn er muß es auch thun; kann nicht so frei sein als ein Prediger, welcher ist wie ein Einrösser, er kann sich bald wenden. Das kann ein Regent mit seinem folgenden Zeuge nicht thun; doch fristet er dieweil und nimmt ein die Bischoffthümer Utrich, Lüttich usw. Da sollten die vom Adel wachen! Ich zwar habe mich heftig bemühet, daß die Stifte und Fürstenklöster nicht zerrissen würden, sondern daß sie den Armen vom Adel erhalten würden, es will aber nicht sein. Ich habe schier verzweifelt an ihm, als der die erkannte Wahrheit anficht und verfolget, die er auf den Reichstagen so oft gehört hat."

Von Kurfürst Johann.

„Der Kurfürst zu Sachsen, Herzog Johann, widerstand alleine unter allen Kurfürsten 1531 der Wahl des röm. Königes Ferd. zu Cöln, denn sie geschah wider alt Herkommen und die güldene Bulla; zudem daß Kaiser Karl der V. einen leiblichen Eid gethan hatte. Und da er zum röm. Könige zu Frankfort am Main gewählet war, zugesaget und sich verschrieben, weil er lebete, keinen König mehr neben ihm zu wählen. Drum war der junge Herr, H. Johann Friederich, gen Cöln geschickt, Einrede zu thun und sich dawider zu setzen von seines Herrn Vaters wegen, beide mit Worten und Werken; und von Stund an, da er seinen Befehl ausgerichtet hatte, ritt er eilend wieder davon. Er war aber kaum zum Thor hinaus, wurden etliche abgefertiget, ihn zu suchen und zu fahen. Aber man sehe des Kaisers Gütigkeit und Bescheidenheit; denn er gedenkt desselben Handels nicht mit einem Wort, sondern trachtet nur darauf und arbeitet dahin, Einigkeit in der Religion zu machen. Denn er sagt: Es ist mehr an der Religion gelegen denn am Leben, drum wollen wir uns befleißigen, daß dieselbige wieder angerichtet und zu Recht gebracht werde, das soll unser vornehmste und größte Sorge sein. Es muß der Kaiser ein feiner Kopf sein, muß feine Leute bei und um sich haben oder heilige Engel. Gott ist bei seinem Regiment, gleichwie bei einem Haushalten!“

Von Herzog Johanns, Kurfürsten zu Sachsen, Tode.

Da man Herzog Johann, den Kurfürsten zu Sachsen, begrub, sagte D. M. L.: „Die Glocken klingen viel anders denn sonst, wenn einem ein Freund stirbt, der ihm lieb ist. Unsere Scharrhansen haben Lust zu regieren gehabt. Sie habens nun, mögen zusehen, daß sie es gut machen! In unserm Fürsten ist ein große Frömmigkeit und Gütigkeit gewesen, in Herzog Friederichen große Weisheit und Verstand. Wenn die zween Fürsten wären eine Person gewesen, so wäre es ein groß Wunderwerk. Herzog Friederich saß und ließ ihm rathen, thät die Augen zu, hatte ein Schreibtäflein und verzeichnet nach einander der Räthe eines jeglichen Bedenken; zuletzt sagt er seine Meinung, da die Stimme an ihn kam, und beschloß: Also kann dieser, jener usw. Rath nicht bestehen, aus dieser und der Ursachen, denn das und jenes würde daraus kommen und erfolgen.“

Von Herzog Johanns, Friedrichs, Kurfürsten zu Sachsen, Tugenden.

„Wahrlich," sprach Doctor Martinus Luther, „wir haben einen Fürsten mit vielen feinen Gaben von Gott begnadet! Er hat einen züchtigen Mund, man höret kein unhübsch, noch unehrlich und unzüchtig Wort, noch Fluchen von ihm; hat Gottes Wort lieb, desgleichen Kirchen und Schulen; trägt eine große, schwere Last und die allein; hält Treu und Glauben, was er zusaget, und beginnet jetzt denen vom Adel auf die Garen zu sehen, merkt womit sie umgehen und was sie im Sinn haben. Neulich hat er einem auch seiner Räthe Urlaub gegeben, der mußte von Stund an vom Hofe ziehen darum, daß er wider fürstlichen Befehl gethan und dem Hofmarschall böse, unnütze Worte gegeben hatte. Er sähe es gerne gut mit Allem; er kanns aber nicht Alles wenden, noch bald ändern. Einen Mangel hat er, daß er gerne bauet und trinkt, wiewohl ein solcher großer Leib will etwas mehr haben, denn ein kleiner; und wie man sagt, ehe er die Wände begießet, so wäre ich voll. Sonst arbeitet er wie ein Esel. Doch, er habe getrunken, wie er wolle, auch wenn er gleich fremde Gäste gehabt, so lieset er allweg, ehe er schlafen gehet, zuvor etwas, sonderlich in der heiligen Schrift. Wenn wir nicht fleißig für ihn bitten, so wären wir nicht fromm. Er hat über andere Unkosten, die groß und schwer sind, tausend Gülden jährlich der Universität zugelegt und Zinsen gegeben. Der Pfarrherr hat jährlich zwei hundert Gülden und sechzig Scheffel Getraidig, so hat ihn der Fürst noch sechzig Gülden Zulage gethan von wegen der Lectur."

XXXV. Tischreden D. Martin Luthers von Uneinigkeit

Von Uneinigkeit.

D. M. Luther sprach: „Vor Zeiten hätten Fürsten und Herrn ihre irrige Handlung und Zwietracht auf getreue, rittermäßige Leute gesetzt, und nicht bald unter der Juristen Hände kommen lassen. Als, da Herzog Ernst, der alte Kurfürst zu Sachsen, und sein Bruder, Herzog Albrecht, uneins gewesen, da haben sie die Sache auf den Alten von Einsiedel, Herrn Henrichs und Abrahams Vater, gestellet, der hat kluge verständige Leute zu sich gezogen und die Sachen entschieden. Sie haben sich nicht wider einander gesetzet, noch unter die Juristen sich begeben. Es ist auch Herzog Friederich der Aeltere, Kurfürst, und Herzog Wilhelm von Sachsen, also hart mit einander uneins worden, daß sie mit großem Volk wider einander gezogen sind, hat einer dem andern großen Schaden gethan. Wie sie nun bei Leipzig mit beiden Heeren zusammen kommen, daß man schlagen sollte, da hatten sich die Räthe auf beiden Theilen drein geschlagen, und gesaget: Es dienet nirgends zu, daß Fürsten, zwar Vettern, sich und ihr Land und Leute also sollten verderben. Und brachtens dahin, daß die Fürsten beide in ihren Kürissen zusammen gingen, auf einen Hügel, der zwischen beiden Lagern gelegen, und mit einander redeten. Da stand auf beiden Seiten das Kriegsvolk und sah zu. Da sie aber zusammen gingen, stürzten die Messer, und redeten nur ein wenig mit einander: da schlugen sie alle beide die Visiere von den Helmen auf, redeten weiter, und gaben einer dem andern die Hand. Da das die Drommeter sahen, stießen sie in die Posaunen, und ward eine große Freude im Lager, und wurden die zween Herrn mit einander eins, und die irrigen Sachen befahl man den Räthen zu vertragen. Also sollten Fürsten und Herrn noch mit einander reden und für ihre Person eins sein, und ihre streitigen Händel durch die Räthe vertragen lassen."

Von Einigkeit zu machen, gab der Herr D. M. Luther, als er zu Eisleben handelte zwischen den Grafen von Mansfeld, so sehr uneins waren, dies Gleichniß und sprach: „Wenn man einen Baum mit viel knorrigen Aesten und Zweigen hätte abgehauen, und man wollt ihn in ein Haus oder in eine Stube bringen, da muß man ihn nicht vorn bei dem Wipfel fassen und hinein ziehen wollen, denn da würden sich die Aeste sperren und zurück legen, denn sie stehen alle gegen das Haus oder die Stube; und wenn man also mit Gewalt den Baum in das Haus oder die Stube wollte dehnen, so zerbräche man alle Aeste, ja, man würde den Baum gar nicht ins Haus bringen. Aber also mußte man thun: den Baum mußte man am Stamme angreifen, da er abgehauen wäre, da denn alle Aeste von der Thür wegstünden, und denn den Stamm zur Thür hineinziehen, dann biegten sich die Aeste fein zusammen, und man könnte den Baum ohn alle Mühe, Beschwerung und Arbeit ins Haus bringen. Also soll's auch zugehen, wenn man will Einigkeit machen, da muß Einer dem Andern nachgeben und nachlassen; sonst, wenn ein Jeglicher will Recht haben und Keiner dem Andern weichen und fein zusammen rücken, da wird nimmermehr Einigkeit; denn die Aeste sperren sich und stehen gegen die Hausthür, man kann sie nicht also hinein bringen."

Nach wenig Tagen redete D. Martin Luther zu Eisleben von Uneinigkeit, und sprach: „Herzog Georg von Sachsen ist einmal mit den Mönchen zu Dresden uneins worden. Nun hat er gesagt: „Können wir uns nicht scheiden, so scheide uns das Recht!“ Daher ist nun das gemeine Sprichwort kommen, daß man saget: Der Personen Freund, und der Sachen Feind! Die Sachen sollen streiten, und die Personen sollen eins sein. Und was denn das Recht spricht, das soll uns wohl und wehe thun. Das Recht soll man in superiorem oder in arbitrum aliquem werfen, die Person soll zufrieden sein und mittlerweile re suspensa ad superiorem, freundlich sich halten. Also was Christus am jüngsten Tage zwischen dem Papste, Bischöfe von Mainz und zwischen mir sprechen wird, das soll mir wohl und wehe thun, dabei will ich's bleiben lassen!“

Und als Doctor Martinus Luther ganze drei Wochen zu Eisleben gelegen war und zwischen den Grafen zu Mansfeld, seinen Landsherrn, gehandelt und sie gern mit einander vertragen hätte, aber wenig Fruchtbares ausgerichtet, hat er am 16. Tag Februarii Anno 1546 mit Kreide in seiner Schlafkammer an die Wand geschrieben diese Worte:

„Wir können nicht thun, was Jedermann will;
Wir können aber wohl thun, was wir wollen.“

Damit er hat beklagen wollen, daß die Parten wohl haben wollen von den Richtern, daß sie ihren Sachen beifallen und sie recht sprechen und billigen sollten; aber die Parten gleichwohl sich auch an Gleich und Recht nicht wollen genügen lassen, sondern allen Muthwillen treiben, und dennoch wollen fromm und gerecht sein.

Einer muß dem Andern um des Friedens willen weichen.

Doct. Mart. Luther sagete: „Wenn sichs begibt, daß zwo Ziegen einander begegnen auf einem schmalen Stege, der über ein Wasser gehet, wie halten sie sich? Sie können nicht wieder hinter sich gehen, so mögen sie auch nicht neben einander hingehen, der Steg ist zu enge. Sollten sie denn einander stoßen, so möchten sie beide ins Wasser fallen und ertrinken. Wie thun sie denn? Die Natur hat ihnen gegeben, daß sich eine niederleget und läßt die ander über sich hingehen; also bleiben sie beide unbeschädigt. Also sollt ein Mensch gegen den andern auch thun und auf ihm lassen mit Füßen gehen, ehe denn er mit einem andern sich zanken, hadern und kriegen sollte!“

XXXVI. Tischreden D. M. Luthers von Krankheiten und derselbigen Ursachen

Welches die schwersten Anfechtungen und Krankheiten seien.

„Hauptwehe und Herzleid," sprach D. Martinus Luther, „sind die größten Anfechtungen und Krankheiten vor allen andern Schmerzen. Wie jener sagte: Hui, höre auf, oder ich gehe dahin! Wiewohl Zähne- und Ohrenwehe auch schwer ist; ich will lieber die Pestilenz und Franzosen haben! Da ich zu Coburg 1530 war, plagte mich das Sausen und Klingen in den Ohren also, daß mir gleichsam ein Wind aus dem Kopfe ging, blies und sauset wie ein Hauptfluß. Da hilft der Teufel frei zu!"

Daß man den Kranken zur Stärke geben soll, was sie von Speis und Trank begehren.

Doct. M. Luther sagete: „Es läge viel daran, wenn ein Kranker zu einem Medico ein Herz und Lust hätte. Als er zu Schmalkalden wäre krank gelegen, da wären wohl vier Medici über ihm gewesen, denen er wäre gar gram worden; denn es wäre kein Mensch in der Welt, der so ungern aus der Apotheken esse und trinke, als er. Und erzählte sein Exempel, „daß er wäre allda drei Tage gelegen und nichts essen mögen, und die Medici hatten ihm auch viel Speise verboten. Da war die Frau im Hause zu ihm kommen; die hatte ihn gebeten, er sollte doch sagen, wozu er Lust hätte zu essen, so wollte sie es ihm zurichten. Da hätte er gesaget: Er möchte gern kalt Erbeis und Brathering essen. Die hätte sie ihm gemacht, und er hätte flugs darauf wohl geschlafen."

Item, D. M. L. sagete noch sonst ein Exempel von einem Edelmann, „der auch krank gelegen war und weder essen, trinken noch schlafen mögen. Endlich hatte ihn gelüstet nach rothem Wein, den er sonst gerne hat pflegen in seiner Gesundheit zu trinken. Nun hatte er ein Glas voll holen lassen, das hatt er ausgetrunken, darnach hat er noch ein Glas voll holen lassen und darauf gesagt: Aller guten Dinge müssen drei sein, und hatte das dritte Glas auch ausgetrunken, wiewohl die Medici den Wein ernstlich hatten verboten gehabt; aber er hat wohl drauf geschlafen. Des Morgens war der Medicus kommen, und hatte den Urin beschauet und gesaget: Ja, wenn Ihr Euch also hieltet, so würde es wohl besser mit Euch werden!"

Vom Fieber.

„Das Fieber ist in Deutschland eine gesunde Arznei; denn die Deutschen fräßen und söffen sich zu Tode, wenn das Fieber nicht dazu käme. Dasselbige machet sie mäßiger."

Von der Gebrechlichkeit und Sterblichkeit, daß der Mensch sei wie ein Glas.

Doctor M. L. hat ein Mal Doctori Justo Jonä ein schön Glas geschickt und geschenkt, und daneben diese folgenden Worte geschrieben: „Ein Glas schenkt ein Glas einem andern Glas; rath, was ist das?"

„ Dat vitrum vitro Jonae vitrum ipso Lutherus,
Se similem ut fragili noscat uterque vitro."

XXXVII. Tischreden D. M. Luthers vom Tode.

Doctor Martini Luthers Trauern, Geberde und Rede, so er im Sterben und Begräbniß seiner lieben Tochter Magdalene, ihres Alters im 14. Jahr, gehabt 1542.

Grabschrift Magdalenchen Luthers, D. Martini Luthers Töchterlein, vom Vater selbst gemacht.

Dormio cum Sanctis hic Magdalena LVTHERI

Filia, et hoc strato tecta quiesco meo.
Filia mortis eram, peccati semine nata,
Sanguine sed vivo, CHRISTE, redempta tuo.
Hie schlaf ich Lenichn, D. Luthers Töchterlein,
Ruh mit alln Heilign in meim Bettlein,
Die ich in Sünden war geborn.
Hätt ewig müssen sein verlorn;

Aber ich leb nu und habs gut,
Herr Christe, erlöst mit deinem Blut!

Da nun seine Hausfrau sehr traurig war, weinete und heulete, sprach D. Martinus Luther zu ihr: „Liebe Käthe, bedenke doch, wo sie hinkömmt! Sie kömmt ja wohl! Aber Fleisch und Blut fleischert und blutet, thut wie seine Art ist; der Geist lebt und ist willig. Die Kinder disputiren nicht; wie mans ihnen sagt, so glauben sie es; bei den Kindern ists Alles einfältig, sterben ohne Schmerz und Angst, ohne Disputiren, ohne Anfechtung des Todes, ohne Schmerzen am Leib, gleichwie sie entschlafen."

Zu M. Holstein sagt er: „Lieber Magister, wo seid Ihr gewesen vor 60 Jahren? Wo bin ich gewesen? Wo bin ich herkommen? Wo seid Ihr herkommen? Wir werden uns ja nicht selber gemacht haben, und wir wollen nun zufahren und mit unserm Herrn Gott einen Kauf anschlagen und ihm unser Werk verkaufen! Er soll uns darum den Himmel geben! Ists nicht ein schändlich Ding, daß sich eine Creatur so hoch erheben soll und sich unterstehen mit seinem Schöpfer also zu handeln? Es ist also, daß wir nicht gläubten, daß Gott unser Schöpfer sei; denn so wir das gläubten, würden wir wohl ein Anders anheben und thun. Aber Niemand gläubt, daß Gott der Schöpfer ist. Wenn ers gleich sagt und sein Gewissen überzeugts ihn, daß Gott unser aller Schöpfer sei, so ists doch nicht unser rechter Ernst. Da wir von einem Andern geschaffen und gemacht wären, so hätte es wohl noch ein Ansehen. Nun kommen wir also vor Gott getreten und sprechen: Herr Gott, siehe mich an um meiner Werke willen! Ich komme her zu dir, du hast mich nicht gemacht. Ach, pfui Dich mal an!"

D. M. Luthers tröstliche Reden in seiner Tochter Krankheit und Begräbniß.

Da seine Tochter noch sehr krank lag, sprach er, Doctor Martinus: „Ich Hab sie sehr lieb; aber, lieber Gott, da es dein Wille ist, daß du sie dahin nehmen willt, so will ich sie gerne bei dir wissen." Und da sie also im Bette lag, sprach er zu ihr: „Magdalenchen, mein Töchterlein, du bliebest gerne hie bei deinem Vater, und ziehest auch gerne zu jenem Vater!" Sprach sie: Ja, herzer Vater, wie Gott will! Da sagte der Vater: „Du liebes Töchterlein, der Geist ist willig, aber das Fleisch ist schwach!" Und wandte sich herum und sprach: „Ich habe sie ja sehr lieb; ist das Fleisch so stark, was wird denn der Geist sein?" Und unter andern sagt er: „Gott hat in tausend Jahren keinem Bischoff so große Gaben gegeben als mir, denn Gottes Gaben soll man sich rühmen. Ich bin zornig auf mich selbst, daß ich mich ihrer nicht von Herzen freuen, noch danken kann; wiewohl ich unterweilen unserem Herrn Gott ein Liedlein singe und danke ihm ein wenig dafür."

Da nun Magdalenchen in Zügen lag und jetzt sterben wollte, fiel der Vater vor dem Bette auf seine Kniee, weinte bitterlich und betete, daß sie Gott wolle erlösen. Da verschied sie und entschlief in des Vaters Händen. Die Mutter aber war auch wol in derselben Kammer, doch weiter vom Bette um der Traurigkeit willen. Das geschah ein wenig nach neun Horen am Mittwoch des 17. Sonntags nach Trinitatis Anno 1542.

Er, der Doctor, wiederholte oft, wie droben angezeigt, und sprach: „Ich wollte gern meine Tochter behalten, denn ich habe sie ja sehr lieb, wenn mir sie unser Herr Gott lassen wollte; doch geschehe sein Wille! Ihr kann zwar nichts Besseres geschehen!" Da sie noch lebete, sprach er zu ihr: „Liebe Tochter, du hast noch einen Vater in dem Himmel, zu dem wirst du ziehen!" Da sprach M. Philipp.: Der Aeltern Liebe ist ein Gleichniß und Bild der Gottheit, so menschlichem Herzen eingedruckt ist. Ist nun eine so große Liebe Gottes gegen das menschliche Geschlecht, wie groß der Aeltern ist gegen ihre Kinder, wie die Schrift saget, so ist sie fürwahr groß und hitzig.

Da sie nun in den Sarg geleget war, sprach er: „Du liebes Lenichen, wie wohl ist dir geschehen!" Sahe sie also liegend an, und sprach: „Ach, du liebes Lenichen, du wirst wieder aufstehen, und leuchten wie ein Stern, ja wie die Sonne!" Da man ihr aber den Sarg zu enge und zu kurz gemacht hatte, sprach er: „Das Bette ist ihr zu klein, weil sie nun gestorben ist. Ich bin ja fröhlich im Geist, aber nach dem Fleisch bin ich sehr traurig; das Fleisch will nicht heran, das Scheiden vexirt einen über die Maße sehr. Wunderding ists, wissen, daß sie gewiß im Friede und ihr wohl ist, und doch noch so traurig sein!"

Und da das Volk kam, die Leiche helfen zu bestatten, und den Doctor nach gemeinem Brauch und Gewohnheit anredeten und sprachen, es wäre ihnen sein Betrübniß leid, sprach er: „Es soll Euch lieb sein! Ich hab einen Heiligen gen Himmel geschickt, ja, einen lebendigen Heiligen! O, hätten wir einen solchen Tod! Einen solchen Tod wollt ich auf diese Stunde annehmen." Da sagte einer: Ja, es ist wohl wahr; doch behält ein Jeder gerne die Seinen. Doctor Martinus antwortet: „Fleisch ist Fleisch und Blut ist Blut! Ich bin froh, daß sie hinüber ist, keine Traurigkeit ist da denn des Fleisches." Abermal sprach er zu Andern, die da kamen: „Lasset Euch nicht leid sein! Ich hab einen Heiligen gen Himmel geschickt; ja, ich hab ihrer zween hingeschickt!" Unter andern, die zur Leich kamen, da man singet: Herr, gedenk nicht unser vorigen alten Missethat, sagte er: „Ich spreche: O Herr, Herr, nicht allein der vorigen und alten, sondern auch der jetzigen und gegenwärtigen Sünden, denn wir sind Wucherer, Schinder, Geizhälse usw. Ja, da ist noch der Gräuel der Messen in der Welt!"

Da man sie einscharrete und begrub, sprach er: „Es ist die Auferstehung des Fleisches!" Und da man wieder von dem Begräbniß kam, sprach er: „Meine Tochter ist nun beschickt, beide an Leib und Seele usw. Wir Christen haben nichts zu klagen, wir wissen, daß es also sein muß. Wir sind je des ewigen Lebens aufs Allergewisseste; denn Gott, der es uns durch und um seines lieben Sohnes willen zugesaget hat, der kann je nicht lügen. Zween Heiligen hat unser Herr Gott aus meinem Fleisch, aber nicht aus dem Geblüte."

Unter andern sagte er weiter: „Man muß die Kinder doch versorgen und sonderlich die armen Mägdlein; wir dürfen nicht sorgen, daß sich ein Anderer ihr annehmen wird. Ich habe mit den Knaben keine Barmherzigkeit; ein Knabe ernähret sich, in welches Land er kömmt, wenn er nur arbeiten will. Will er aber faul sein, so bleibt er ein Schlingel. Aber das arme Mägdevölklein muß einen Stab in der Hand haben. Ein Knabe kann in die Schule laufen nach Parteken, daß darnach ein feiner Mann aus ihm werden kann, wenn ers thun will. Das kann ein Mägdlein nicht thun, es kann bald zu Schanden werden, krieget sie den Bauch voll." Item: „Ich gebe diese Tochter unserm Gott sehr gerne, nach dem Fleisch aber hätte ich sie gerne länger bei mir behalten; weil er sie aber weggenommen hat, so danke ich ihm."

Als Magdalena, D. Martin Luthers Tochter, Anno 1542 gestorben war, da hatte D. Martini Luthers Frau die Nacht zuvor einen Traum gehabt, daß sie gedacht hatte, daß zween schöne, junge, wohlgeschmückte Gesellen gekommen wären und hätten ihre Tochter wollen zur Hochzeit führen. Als nun Philippus Melanchthon des Morgens kömmt ins Kloster, und sie fragte: „Was ihre Tochter machte?" da hat sie ihm den Traum erzählt. Aber er war darüber erschrocken, und zu Anderen gesagt: „Die jungen Gesellen sind die lieben Engel, die werden kommen, und diese Jungfrau in das Himmelreich, in die rechte Hochzeit führen." Und an demselbigen Tag war sie auch gestorben.

Von papistischem Begängniß.

„Unterm Papstthum hielt man mit der Leich ein solch Gepränge, daß wir Heiden alle Ceremonien und Bräuche der Jüden weit übertroffen haben, und waren gar ungeheure grobe Bräuche. Herzog Albrecht von Sachsen ist mit einem solchen Gepränge begraben, daß sechs hundert Pfaffen vier Tage an einander Seelmesse hielten und herrlich gespeiset wurden. Da hat man bei allen Kaufleuten Sammet, güldene Stücke aufgekauft, so viel große wächserne Kerzen, wie die Osterkerzen geopfert. Da hat der Marschall des Fürsten Petschier zerschlagen, und sind 24 Paniere niedergefallen und wächserne Wappen zerbrochen usw. Einen solchen Pomp und Gepränge würde kein Heide oder Jüde halten."

Dieses Lebens Art.

Doctor Martinus Luther beklagte das Elend und den Jammer menschliches Lebens, „welches doch alle Menschen lieb hätten. Niemand wollt es gerne lassen und sterben, da doch immer ein Unglück über das ander käme, und wäre da kein Aufhören bis in Tod. Darum schreibt Plinius der Heide lib. 20 cap. 1,, die beste Arznei eines Menschen sei, bald sterben. Und Kaiser Julius verachtete die Zeichen seines Todes, und hütete sich nicht vor Gefahr, sprach: Es ist besser ein Mal sterben denn sich immerdar vorsehen und hüten. Es ist von einem Heiden genug; doch soll man Gott nicht versuchen, sondern brauchen die Mittel, die er gibt, und es ihm befehlen."

D. Martin Luther ist des Lebens überdrüssig gewesen.

D. M. Luther sagte: „Der Teufel hat uns den Tod geschworen, aber er wird eine taube Nuß beißen!"

Anno 1539, am 11. Tage Junii, fuhr D. M. Luther aus Wittenberg gegen Liechtenberg, zu der alten Markgräfin, Churfürstin. Als er nun auf den Abend mit ihrer F. G. aß und von allerlei über Tische mit einander redeten, und die Markgräfin sagte: Sie wünschete und hoffte, er sollte noch lange leben, und er könnte noch wohl 40 Jahr leben, wenns Gottes Wille wäre; da sprach D. M. Luther: „Da sei Gott vor! Wenn er mir gleich das Paradies anböte, darinnen noch vierzig Jahre allhier zu leben, so wollt ichs nicht annehmen; ich wollte eher einen Henker miethen, der mir den Kopf abschlüge. Also böse ist jetzt die Welt! Und die Leute werden zu eitel Teufeln, daß ihm einer nichts Besseres wünschen kann denn nur ein seliges Stündelein und davon. Ich frage auch nach den Aerzten nichts; will mir mein Leben, so mir von ihnen auf ein Jahr gestellet ist, nicht sauer machen, sondern in Gottes Namen essen und trinken, was mir schmeckt!"

Weissagung D. M. Luthers von seinem Tode.

Anno 1546. am 16. Februar, als man zu Eisleben über D. M. Luthers Tische viel vom Sterben und Krankheit redete, da sprach D. M. Luther: „Wenn ich wieder heim gen Wittenberg komm, so will ich mich alsdann in den Sarg legen, und den Maden einen feisten Doctor zu essen geben." Und dieses wurde über zween Tage wahr, daß Doctor Martinus Luther allda zu Eisleben starb.

Wie Doctor Martin Luthers Vater, Hans Luther, also seliglich gestorben sei.

Anno 1530 ist Doctoris Martini Lutheri Vater Hans Luther zu Mansfeld gestorben, dem Doctor Martinus aus Coburg, wenige Tage vor seinem Ende, einen schönen, herrlichen Trostbrief zugeschrieben hatte. Als ihn nun Herr Michael Cölius, Pfarrherr im Thal Mansfeld, in den letzten Zügen gefraget hatte: Ob er auch alles dasjenige gläubte, was in den Artikeln des christlichen Glaubens uns gelehret und vorgehalten würde? da hatte er drauf geantwortet: Das müßte ja ein Lauer sein, der das nicht gläuben wollte! Da das Doctori Luthero war vermeldet worden, hatte er gesagt: „Das ist ein Wort von der alten Welt!" Aber Phil. Melanchthon hat darauf zu Doctor Luthern gesagt: Lieber Herr Doctor, das sind selige Leute, die also in der Erkenntniß Christi dahin sterben, wie schon Eure Magdalena gestorben ist; denn je älter wir werden, je thörichter wir werden! Und das beweise ich also. Denn die jungen Leute bleiben stracks einfältig in den Artikeln des christlichen Glaubens; wie sie dieselbigen gelernet haben, also gläuben sie auch dieselbigen; aber wenn wir alt werden, so beginnen wir zu disputiren, wollen klug sein, und sind doch die größten Narren!

XXXVIII. Tischreden D. Martin Luthers von der Todten Auferstehung und dem ewigen Leben

Von der Todten Auferstehung.

„Ich werde wieder auferstehen," sprach D. Mart., „und wieder mit euch reden können. Dieser Finger, daran dieser Ring steckt, muß mir wieder werden. In Summa, es muß Alles wiederkommen, denn es stehet geschrieben: Gott wird neue Himmel und neue Erde schaffen, in welcher Gerechtigkeit wohnen wird. Es wird kein leer oder müßig Regiment werden. Da wird eitel Freude und Wonne sein; denn Himmel und Erde wird nicht ein dürrer unfruchtbarer Sand sein.

Wenn ein Mensch fröhlich ist, so erfreuet ihn ein kleines Bäumlein, ja, ein schönes Blümlein oder Sträuchlein; wenn er aber traurig ist, so darf einer schier keinen Baum recht ansehen. Himmel und Erde werden verneuet, und wir Gläubigen werden allzumal ein Haufe sein. Wenn wir hie alle eins wären, so wäre großer Friede unter uns; aber Gott machts anders, daß sichs hie und dort sperret, auf daß wir uns sehnen und seufzen nach dem zukünftigen Vaterland, und also dieses mühseligen Lebens überdrüssig werden.

Soll nun in den Auserwählten Freude sein, so muß in den Verdammten die höchste Traurigkeit und Verzweiflung sein usw. Ein rauschend Blatt hat keine Hörner. Wenn habt Ihr gehöret, daß ein rauschend Blatt einem ein Loch in den Kopf geschlagen oder gestoßen hat? Gleichwohl erschrickt ein Gottloser und Ungläubiger davor. Ein Christ aber nicht, denn in Christo hat er Frieden; dagegen haben die Gottlosen keinen Frieden."

Im ewigen Leben werden alle Creaturen lieblich, und di" Leiber verklärt sein.

Da D. Martinus und Andere lange mit einander gescherzt hatten, kamen sie auf ernste Dinge, nehmlich vom ewigen Leben zu reden, wie Himmel und Erde würden neu werden, wie Adam und Eva aus dem Paradies gefallen wären, das ist, aus Gottes Gnade und Gunst. Aber in Christo haben wir alle ein ander künftig und ewiges Leben. Da wird ein neuer Himmel und eine neue Erde werden; da werden die Blumen, Laub und Gras so schön, lustig und lieblich sein, wie ein Smaragd, und alle Creaturen aufs Allerschönste. Wenn wir nur Gottes Gnade haben, so lachen uns alle Creaturen Gottes an. Wenn ich werde zum Ziegelstein sagen, daß er ein Smaragd werde, so wird's von Stund an geschehen. Und in dem neuen Himmel wird ein großes, ewiges Licht und Lieblichkeit sein. Was wir jetzt gerne sein wollten, das werden wir dort sein. Wo die Gedanken werden sein, da wird der Leib auch sein.

In diesem Leben ist der Leib dem Willen gehorsam, was der Wille erkennet und erwählet, da muß der Leib folgen, es sei gut oder böse; viel mehr wird es im künftigen Leben geschehen, da der Leib wie eine Pflaumfeder leicht wird sein, daß er dem Willen leichtlich folgen kann. Da werden die Augen und Wimpern glänzen, wie fein Silber. Diese Gliedmaße und Finger, so wir jetzt haben, werden wir wieder haben, aber in einer andern Gestalt, aufs Allerklärste. Und Alles, was jetzt hie schön ist, das wird dort zu rechnen nichts sein, werden uns an Gottes Gnade genügen lassen, und alsdenn sein, wie es uns nur gefällt. Darum reden Esaias (K. 65, 17) und S. Petrus (2. Epist. 3, 13) von einem neuen Himmel und neuer Erde, in welcher Gerechtigkeit wohnet; da wird Alles sein, das wir jetzt gerne haben wollten, nämlich, Gerechtigkeit, Friede, Freude, Seligkeit usw., und werden frei und überig sein aller Krankheit, Seuchen und Unglück. Denn ein Herz, das voll Freuden ist, was es siehet, das ist ihm Alles fröhlich; aber ein traurig Herz, dem ist Alles traurig, was es siehet. Aenderung des Herzens ist eine große Aenderung. Da werden Ameisen, Wanzen und alle unfläthigen stinkenden Thiere eitel Lust sein und aufs Beste riechen.

Darnach fragte D. H.: Ob auch anderes Vieh dort würde sein? Da sprach D. Martinus: „Ihr sollts nicht also verstehen, daß Himmel und Erde wird allein Luft und Sand sein, sondern Alles, was dazu gehöret, Schafe, Ochsen, Vieh, Fische, ohne welche die Erde und Himmel, oder Luft nicht sein kann. Wenn die Welt wäre voll Einigkeit, Frieden, und Gerechtigkeit, daß der Bauer dem Fürsten allenthalben gehorsam wäre, das Gesinde dem Herrn und Frauen, das Weib dem Manne; so würde sich Niemand ins künftige Leben sehnen. Darum läßts Gott in der Welt so seltsam und verwirret, und übel durch einander zugehen, daß wir uns nach dem künftigen Leben sehnen."

Ein Anders.

Da man vom ewigen Leben und desselbigen Freude redete, sprach D. Martinus: „Ich gedenke ihm oft nach, ich kanns aber nicht verstehen, womit wir doch werden die Zeit zubringen. Denn wird keine Veränderung, keine Arbeit, weder Essen noch Trinken, oder zu schaffen sein. Ich halte aber, wir werden Objecta genug haben anzuschauen. Darum sagte Philippus sehr fein (Joh. 14, 8): Herr, zeige uns den Vater, so genügt uns. Das wird unser sehr lieblich Objectum sein, damit wir werden genug zu schaffen haben."

XXXIX. Tischreden v. M. Luthers von Verdammniß und Hölle

Was Zähneklappern sei?

Magister Veit fragte: Was doch das Zähneklappern sein würde? Sprach D. M. Luther: „Es wäre die äußerste Pein etwa, die einem bösen Gewissen wird folgen, das ist, Verzweiflung; nämlich, wissen, daß man von Gott muß ewig geschieden sein. Denn ein bös Gewissen fürcht sich vor allen Creaturen. Ein Blatt am Baum hat Niemand jemals erschlagen, gleichwohl fürchtet sich und fliehet ein erschrocken und zitternd Herz vor ihm. Wenns verzagt ist, so erschrickts vor einer jeglichen Creatur, auch die gut ist."

Gläubet ihr nicht, so bleibt ihr nicht.

„Das ist, werdet ihr nicht gläuben, so werdet ihr nicht bleiben. Unsers Herr Gottes Ding ist alles unbegreiflich, dort aber in jenem Leben, hat er gesaget, wolle er uns Alles zeigen, und wolle uns Rechenschaft geben, warum ers also gemacht habe. Wir Christen haben, Gott sei Dank, einen großen Vortheil, daß unser Glaube so gewaltig gegründet ist in der heiligen Schrift und stimmet allezeit überein. Das haben dennoch der Türk oder Jude nicht."

XL Tischreden D. M. Luthers vom jüngsten Tage

D. Luthers Gedanken von dem jüngsten Tage.

Doctor Martinus sprach: „O lieber Gott, komm schier einmal; ich warte stets des Tages, frühe um den Lenzen, wenn Tag und Nacht gleich ist, und wird ein sehr klare helle Morgenröthe werden. Aber das sind meine Gedanken, und ich will davon predigen. Ei nein! – Hier ist alles in der schönsten Gestalt. – Bald aus der Morgenröth wird kommen eine schwarze dicke Wolke, und werden drei Blitze geschehen, darnach wird ein Schlag kommen, und Alles in einem Nu auf einen Haufen schlagen, Himmel und Erde. Gott sei aber Lob, der uns gelehret hat, daß wir nach dem Tage seufzen, und ihn begehren sollen. Im Papstthum fürchtete sich alle Welt davor, wie sie auch ihre Gesänge hatten, und ich hab noch ein Sequenz, den muß ich wieder anrichten lassen."

Der Doctor sagte: „Ich hoffe je, es sei der jüngste Tag nicht fern, und wir wollen ihn noch erleben." Da sprach einer: Domine Doctor, soll doch das Evangelium um dieselbige Zeit nirgend geprediget werden? Denn Christus spricht: Er werde kaum Glauben auf Erden finden. „Ja wohl," sprach D. Martinus, „was heißet das, daß wir das Evangelium in den Winkeln haben? Wo rechnet Ihr hin, daß ganz Asia und Afrika kein Evangelium haben, und in Europa, Griechen und Italien, Ungern, Hispanien, Frankreich, England und Polen, kein Evangelium gepredigt wird? Das kleine Flecklein, das Haus von Sachsen, wird den jüngsten Tag nicht hindern."

Der jüngste Tag wird voneinander scheiden die Gerechten und Gottlosen.

„Die rechte Kunst der Alchymie ist wahrhaftig die Philosophia der alten Weisen, die mir sehr wohl gefället, nicht alleine um ihres vielen Nutzes willen, den sie mitbringet, die Metalla zu schmelzen, zu scheiden, auszusieden und zuzurichten; item, Kräuter, Wurzeln und anderes zu destilliren und zu sublimiren, sondern auch um der Allegorien und heimlichen Deutung willen, die überaus schön ist, nämlich die Auferstehung der Todten am jüngsten Tage. Denn gleichwie in einem Brennofen das Feuer aus der Materie zieht und scheidet, was am Besten ist, ja den Spiritum, Geist, Leben, den Saft und Kraft, führets in die Höhe, daß es das Oberste am Helm einnimmt, dran klebt, und denn herab fließt; wie man solches siehet, wenn man Kräuterwasser brennet, oder daß man sonst etwas destilliret; da schwimmet das Feiste empor, und das Beste schwebet allezeit oben. Aber die unreinen Materien und Hefen läßts im Grunde bleiben, als ein todt Aas und nichtig Ding. Also auch, wenn man gebrannten Wein machet, da wird die ganze Substanz und Wesen durchs Feuer ausgezogen, und kömmt die Kraft in die Höhe; was übrig ist, bleibt unten im Grunde, und es riecht noch schmecket nicht, sondern es ist ein unförmlich Wasser. Dergleichen wird auch aus der Zimmetrinde und Muskatennuß alle Kraft und Macht ausgezogen und abgesondert, wenn man daraus ein Wasser brennet oder ein Oel zurichten will; da wird das Gute in die Höhe geführt, und was da übrig bleibet, das ist ohne Geruch und Schmack, gleichwie ein faul Holz. Eben dergleichen wird Gott auch thun durch den jüngsten Tag und letzte Gericht; damit wird er, als durch ein Feuer, abscheiden, absondern und abtheilen die Gerechten von den Gottlosen. Die Christen und Gerechten werden über sich in den Himmel fahren, und darinnen ewig leben; aber die Gottlosen und Verdammten werden als die Grundsuppe und Hefen in der Hölle bleiben, und darinnen verdammt sein, und im ewigen Joch bleiben."

Vom jüngsten Tage.

„Ich halte, daß der jüngste Tag nicht fern sei; Grund: weil jetzt der letzte Anlauf des Evangelii ist, und ist gleich wie mit einem Licht: Wann das verlöschen will, so thut es zuletzt einen großen Stoß, gleich als wollt es noch lange brennen, und verlischt also. So läßt es sich mit dem Evangelio ansehen, als wollt es sich jetzt weit ausbreiten, aber ich habe Sorge, es werde nun also in einem Hui verlöschen und der jüngste Tag dazu kommen. So ist es auch mit einem kranken Menschen: Wenn er sterben soll, so stellet er sich gemeiniglich am Ende am frischsten, gleich als wollt er wieder aufkommen, und im Hui ist er dahin."

XLI. Tischreden D. M. Luthers von Concilien

Wozu Concilia nützen.

Anno 33. am 21. Tage Martii kam des Kaisers Legat in D. M. Luthers Haus gen Wittenberg, begehrte ihn zu sehen, als der an alle Fürsten und Herren deutscher Nation Befehl hatte von seinem Herrn. Er sah aber D. Luthern nicht. Da fragte ihn M. Hausmann: Wo jetzt Kaiserliche Majestät wäre? Sprach er: Zu Mantua, da hätte er lange mit dem Papst des Concilii halben gehandelt, daß man eins sollte ansetzen und ausschreiben; aber der Papst hätte sich lange entschuldiget, und die Sache etwas aufgeschoben, und verzogen zu antworten. Da aber der Kaiser endlich mit Fleiß angehalten, der Papst wollte einen gewissen Ort bestimmen, wäre der Papst heimlich davon gezogen, hätte den Kaiser da gelassen.

Da sprach D. M. L., da es ihm angezeigt ward: „Der Papst ist ein Schalk und Bösewicht. Ich habe immerzu auf ein Concilium gehoffet; nicht, daß unsere Lehre da sollte confirmiret und bestätiget werden, denn sie ist zuvor allzeit von einem Andern, nämlich von Gott selber, gegeben und allbereit bestätiget, sondern nur daß in äußerlichen Dingen und Ceremonien möchte etwa eine Einigkeit und Reformation gemacht werden. Aber es wird nichts daraus. Darum sei Keiner so närrisch, der die Leute wollte vertrösten auf ein künftig Concilium. Gottes Wort soll unsers Glaubens Fundament sein, darauf wir uns gründen und verlassen sollen. Auch so ists ungewiß mit dem Concilio. Wie viel hundert tausend Menschen sterben wohl indes, ehe eins gehalten wird? Darum soll man die Leut auf Gottes Wort und seinen Willen führen, nicht aufs Concilium."

Von menschlichen Traditionen.

Doct. M. L. sagte ein Mal, „daß ein Augustinermönch, Andreas Proles, Doctoris Staupitii Antecessor, ein trefflicher gelehrter Mann und feiner Prediger, hätte pflegen von den menschlichen Satzungen und den sophistischen Disputationibus zu sagen, daß ihn solche Disputationen gemahnen gleich als wenn einer sitze, und wetze ein Beil, und er es immer wetzet und wetzet, und hauet doch nimmermehr etwas damit. Mit welchem Gleichniß er hat anzeigen wollen, daß man solcher Disputation nirgendszu könne gebrauchen, sondern es sind nur bloße Worte und sonst nichts."

Vergleichung des göttlichen Wortes und der Väter Schrift.

„Item, dieser Andreas Proles hat von dem göttlichen Wort, wenn man dasselbige durch die Väter wolle auslegen, deuten und glossiren, pflegen zu sagen: Wenn das Wort Gottes zu den Vätern kömmet, so gemahnet michs gleich, als wenn einer Milch seiget durch einen Kohlensack, da die Milch muß schwarz und verderbt werden. Damit er hat wollen zu verstehen geben, daß Gottes Wort an ihm selbst rein und lauter, helle und klar genug sei; aber durch der Väter Lehre, Bücher und Schriften werde es sehr verdunkelt, verfälschet und verderbet."

Papst will übers Concilium sein.

„Die Papisten erheben die vier Concilia hoch, und vergleichen sie den vier Evangelisten. Mit solchem falschen Lobe und betrüglichen Ruhm wollen sie ihre Autorität und Gewalt confirmiren und bekräftigen, darnach haben sie sich gesetzt über die Concilia, wie auch zu Costnitz im Concilio beschlossen ist worden, und das Werk beweiset es auch, daß das Concilium über dem Papst sei; darum haben sie damals drei Päpste abgesetzet, und einen andern erwählet. Und ist einer, Philippus Decius, ein vortrefflicher Jurist, bei unserm Gedenken und Zeit, aus Italien vom Papst vertrieben worden, darum daß er disputiret und gelehret hatte, die Concilia wären über den Papst."

Und D. M. Luth. sah gen Himmel, seufzte und sagte: „Ja, ein general, gemein, frei und christlich Concilium. Nun, Gott wirds wohl machen, die Sache ist sein, der weiß und hat alle heimlichen Räthe, die wir nicht wissen, in seiner Hand. Wohlan, da er uns gleich nicht Alles offenbaret, was liegt dran? Er muß ja auch seine Gottheit und Majestät vor uns behalten, nach der wir sonst stehen und streben."

D. M. Luthers Gespräch vom Concilio mit des Papsts Legaten Petro Paulo Vergerio.

„Ich habs vor 26 Jahren dem Cardinal Cajetano, des Papsts Legaten zu Augsburg, rund abgeschlagen. Und da Petrus Paulus Vergerius, des Papsts Legat, hie war zu Wittenberg Anno 1533 und ich zu ihm ging aufs Schloß, da er uns citirte und erforderte aufs Concilium; sagte ich zu ihm und sprach: Ich will kommen. Sagte dazu weiter: Ihr Papisten arbeitet und bemühet Euch vergebens, und würget Euch mit Euren Anschlägen und Räthen. Denn wenn Ihr gleich ein Concilium haltet, so handelt Ihr darinnen nichts von heilsamer Lehre, nichts von Sacramenten, nichts vom Glauben, der allein gerecht und selig macht, nichts von guten Werken und ehrbarem Wandel und Wesen; sondern nur von Narren- und Kinderwerk, wie lange Kleider und Röcke die Geistlichen und Pfaffen tragen, wie breit der Gürtel, und wie groß die Platten sein sollen, wie man Mönche und Nonnen reformiren und härter halten soll, vom Unterschied des Essens und Trinkens, und von dergleichen Puppenwerk usw. Da ich solches redete, wandte er sich von mir, hielt das Haupt in der Faust, und sprach zu seinem Gesellen und Mitgesandten: Der trifft wahrlich den rechten Zweck im ganzen Haupthandel usw."

„Ach lieber Gott," sagte der Doct. zu uns, „sie verzagen an ihren Anschlägen, Räthen und Praktiken; denn sie sehen und greifen, daß das Deutschland, so nun, Gott Lob, durchs Evangelium erleuchtet ist, und die Augen aufgethan hat, wird hinfort nicht mehr thun, was es zuvor, durch Aberglauben und Abgötterei bethört und bezaubert, erlitten hat. Sie werdens nicht dahin wieder bringen, weder durch Reichstage, weder Concilia, wie klug und gelehrt sie immer sein mögen. Der barmherzige Gott erhalte, was er in uns gewirkt hat; die Sache ist sein, und nicht unser. Gott gebe, daß wir auch treu und dankbar für diese Offenbarung seien. Der Papst hat dem Kaiser durch diesen Legaten verheißen und zugesagt 100 000 Kronen wider den Türken zu geben. Das heißet die Vögel gekörnet."

Welcher das rechte Concilium sei.

„Jetzt ist das rechte Concilium, denn Christus ist Präses, der Präsident und oberste Regent; die Engel sind Assessores, die Beisitzer. Wir werden angeklaget, aber aus und durch Gottes Wort antworten wir."

XLII. Tischreden D. M. Luthers von Reichstagen, Conventen oder Versammlungen in Religionssachen

Wie es Doctor Luthers zu Augsburg ergangen.

Doctor M. L. erzählte und sagte, wie es gegangen wäre zu Augsburg Anno 1518 und wie des Papstes Legat daselbst mit ihm gehandelt und umgegangen wäre. „Erstlich," sprach er, „da ich citirt und gefordert ward, erschien und kam ich, aber mit einer großen Custodien und Verwahrung des Churfürsten zu Sachsen usw. Herzog Friederichs, der mich an die von Augsburg verschrieben, und ihnen befohlen hatte. Dieselben hatten sehr fleißig Achtung auf mich, und warneten mich, daß ich je nicht mit den Italiänern wollte umgehen, keine Gemeinschaft mit ihnen haben, noch ihnen vertrauen; denn ich wüßte nicht, was ein Wale wäre.

Drei ganze Tage war ich zu Augsburg ohne des Kaisers Geleite. Indeß kam ein Wal oft zu mir, foderte mich zum Cardinal, und hielt fleißig bei mir an, ich sollte revociren und widerrufen, ich sollte nur ein Wort sagen, Revoco; so wird Dich, sprach er, der Cardinal dem Papst commendiren und befehlen, und also wirst Du mit Ehren wieder zu Deinem Fürsten kommen.

Nach dreien Tagen kam der Bischoff von Trient, und zeigte von des Kaisers wegen dem Cardinal an mein Geleite. Da ging ich in aller Demuth zu ihm, fiel erstlich nieder auf die Knie; zum Andern, auf die Erde, so lang ich war liegend; zum Dritten, da ich also lag, hieß mich der Cardinal dreimal aufstehen. Da stand ich auf, das gefiel ihm sehr wohl, und hoffte, ich würde mich eines Bessern bedenken.

Da ich des andern Tages wieder zu ihm kam, und gar nichts widerrufen wollte, sprach er zu mir: Was meinest Du, daß der Papst nach Deutschland frage? Meinest Du, die Fürsten werden Dich mit Waffen und Kriegsvolk vertheidigen? O nein! Wo willt Du bleiben? Unterm Himmel, sprach ich. So stolz und hoffärtig war der Papst. Drum ist seine Dignität, Herrlichkeit und Majestät in Verachtung kommen, welches ihm viel werscher thut, denn der Tod. Sie könnens nun nicht wehren.

Darnach demüthigte sich der Papst, und schrieb der Kirchen, ja Magistro Spalatino und Pfeffinger, des Churfürsten Hofprediger und Kammerrath, sie wollten mich ihm überantworten, und daran sein, daß sein Mandat und Befehl ausgerichtet und exequirt würde. Dem Churfürsten aber schrieb er auf diese Meinung: Wiewohl Du mir für Deine Person unbekannt bist, doch hab ich Deinen Vater, Herzog Ernsten, zu Rom gesehen, der war ein gar gehorsamer Sohn der Kirche, visitirte und besuchte aufs Andächtigste unsere Religion, die hielt er in großen Ehren, wünschte und wollte, daß auch Deine Serenität und Durchlauchtigkeit in seine Fußstapfen treten usw.

Der Churfürst aber merkte des Papsts ungewöhnliche Demuth und sein bös Gewissen, sah auch die Kraft und Wirkung der heiligen Schrift wohl; drum ließ ers bleiben. Meine Resolutiones und Büchlein gingen, ja flohen in wenig Tagen durch ganz Europa, das dritte Theil der Welt; drum ward der Churfürst confirmirt und gestärkt, wollte die Mandata und Befehle des Papsts nicht exequiren und vollstrecken, und unterwarf sich der Erkenntniß der Schrift.

Wenn der Cardinal vernünftiger und mit besserer Bescheidenheit mit mir zu Augsburg wäre umgegangen und gehandelt hätte, und da ich ihm zu Fuße fiel, mich angenommen hätte; so wäre es nimmermehr dahin kommen. Denn zur selben Zeit sah ich noch sehr wenige Irrthümer des Papsts. Hätte er stille geschwiegen, so hätte ich auch leichtlich geschwiegen.

Das war der Stylus und Brauch des römischen Hofs in dunkeln und verwirreten Sachen, daß der Papst sagte: Wir nehmen aus päpstlicher Gewalt diese Sache zu uns, vertilgen und löschen sie ganz und gar aus. Alsdenn mußten beide Theil weinen. Ich halte, der Papst gäbe drei Cardinäle drum, daß es in dem Fasse wäre, darinnen es dazumale war."

Von Doctor Martin Luthers Reise und Handlung auf dem Reichstage zu Worms 1521.

„Also ging mirs daselbst: Da mich der Herold Dienstags in der Matterwochen citirte, das Kaiserliche und vieler Fürsten Geleite mitbrachte, ist bald am andern Tag am Mittwoch dasselbe Geleite zu Worms gebrochen, haben mich da verdammt und meine Bücher verbrannt. Als ich nun gen Erfurt kam, da kam mir die Botschaft, wie ich zu Worms wäre verdammt worden; ja in allen Städten ward daselbst hinaus öffentlich angeschlagen wider mich; daß mich auch der Herold fragte: Ob ich noch gedächte gen Worms zu ziehen?

Wiewohl ich erschrak und zitterte; doch antwortete ich ihm, und sprach: Ich will hinein ziehen, wenn gleich so viel Teufel darinnen wären, als Ziegel auf den Dächern. Da ich gen Oppenheim kam, nicht weit von Worms, kam Magister Bucerus zu mir, und widerrieth mir, ich sollte nicht in die Stadt ziehen, denn Glerpion, des Kaisers Beichtvater, wäre bei ihm gewest, ihn gebeten, mich zu warnen, daß ich nicht sollte hinein ziehen, denn ich würde verbrannt werden, sondern ich sollt mich in der Nähe bei Franz von Sikkingen aufhalten, der würde mich gern aufnehmen.

Das thäten die Bösewichter Alles nur darum, daß ich nicht sollte compariren und erscheinen. Denn, wo ich drei Tage verharret hätte, so wäre mein Geleite aus gewest, und sie hätten die Thür zugeschlossen, mich nicht verhöret, sondern gewaltiglich verdammt.

Aber ich zog immer fort aus lauter Einfältigkeit. Und da ich die Stadt sähe, von Stund an schrieb ich Spalatino, daß ich käme und fragte, wo ich sollte einziehen zur Herberge. Da verwunderten sie sich alle, daß ich unversehens käme; denn sie meineten, ich würde außen bleiben, durch Schrecken und Arglistigkeit verhindert.

Aber zween von Adel, als H. von Hirsfeld und Herr Hanns Schott, nahmen mich an, und führeten mich, aus Befehl des Churfürsten zu Sachsen usw., in ihre

Kammer. Aber kein Fürst kam zu mir, denn nur allein die Grafen und Edelleute, welche hart auf mich sahen, und die vier hundert Artikel wider die Geistlichen Kaiserlicher Majestät überantwortet hatten, und gebeten, man wollte die Beschwerung abschaffen, oder sie würdens selbst müssen thun. Von welchen allen sie durch mein Evangelium erlöset sind. Aber die Bauern sind nun undankbar worden, fechten das Evangelium an.

Der Papst hatte dem Kaiser geschrieben, daß er mir das Geleite nicht sollte halten. Darauf drangen alle Bischöffe. Aber die Fürsten und Stände wollten nicht drein willigen; denn es würde ein großer Lärm draus werden. Ich hatte großen Glimpf da, den ich heraus brachte. Sie mußten sich mehr vor mir fürchten, denn ich mich vor ihnen. Denn der Landgraf, als noch ein junger Herr, begehrte mich zu hören, und kam zu mir, redete mit mir; und endlich sagte er: Lieber Herr Doctor, habt Ihr recht, so helfe Euch unser Herr Gott.

Bald da ich gen Worms kam, schrieb ich Glapioni und bat, er wollte zu mir kommen, nach seiner Gelegenheit und Willen. Aber er wollt nicht, es wäre nun umsonst. Darnach erschien ich, berufen und erfordert, vor dem ganzen Reichsrath auf dem Rathhause, da der Kaiser, Churfürsten und Fürsten bei einander versammlet waren. Da fing das Bischoffs von Trier Official, D. Eck an, und sagte zu mir: Martine, Du bist hierher berufen, daß Du sollt Antwort geben, ob Du diese Schriften für Deine Bücher erkennest (die auf dem Tische bei einander lagen, und er mir weisete); da sprach ich: Ich gläubs. Aber D. Hieronymus Schurf sagte von Stund drauf: Man lese die Titel vorne drauf. Da nun dieselben verlesen worden, sprach ich: Ja, sie sind mein.

Zum Andern fragte er mich: Wollt ihr sie widerrufen? Da sprach ich: Gnädigster Herr Kaiser, etliche meiner Bücher sind Streitbücher, darinnen ich meine Widersacher angreife; etliche sind Lehrbücher, dieselben kann ich und will nicht widerrufen, denn es ist Gottes Wort. Aber so ich in den Streitbüchern wider Jemand zu heftig bin gewest, hätte ihm vielleicht zu viel gethan, so will ich mich weisen lassen, wollet mir Bedenkzeit geben. Da ward mir ein Tag und eine Nacht gegeben.

Des andern Tages ward ich berufen von Bischöffen und Andern, die mit mir handeln sollten, daß ich widerriefe. Da sagte ich: Gottes Wort ist nicht mein Wort, drum weiß ichs nicht zu vergeben; was aber außer demselben ist, will ich gerne gehorsam sein. Da sprach Markgraf Joachim: Herr Doctor, so viel ich vernehme, ist das Eure Meinung, daß Ihr Euch wollt weisen lassen, ohne allein, was die Schrift betrifft? Ja, sagte ich, das will ich.

Da sagten sie: Ich sollte es Kais. Maj. heimstellen. Ich wollt aber nicht. Sie sprachen: Ob sie denn nicht auch Christen wären, die solche Sache mit Ernst würden ausrichten? Darauf sagte ich: Doch ohne Abbruch und Verletzung der Schrift, die wollte ich frei behalten, denn ich könnte das nicht vergeben, das nicht mein wäre. Dagegen sagten sie: Ihr sollet Euch zu uns versehen, sie werden recht schließen. Ich aber sprach dawider: Ich trauete ihnen so viel nicht, daß sie für mich wider sich selbst schließen sollten, die mich jetzunder im Geleite also verdammt hätten. Aber daß Ihr sehet, was ich thun will, machts mit mir, wie Ihr wollt, ich will Euch mein Geleite heimgeben und aufsagen. Da sprach Herr Friedrich von Feilitzsch: Das ist wahrlich genug, ists anders nicht zu viel.

Darnach sagten sie: Laßt uns doch etliche Artikel nach! Ich sprach: Im Namen Gottes, der Artikel, die außer der Schrift sind, will ich mich nicht wehren. Bald waren zween Bischöffe zum Kaiser gegangen, und ihm angezeiget, ich widerriefe. Da schickte der Bischoff zu mir und ließ fragen: Ob ich gewilligt hätte, die Sache dem Kaiser und Reich heimzustellen? Ich sagte: Ich wollte nicht, hätte auch niemals drein gewilliget. Da sprach der Bischofs: Es ist gut, daß ich Euch gerufen habe. Also widerstand ich Vielen alleine, also, daß auch mein Doctor (Staupitz) und Andere übel zufrieden waren über meine Beständigkeit; ja Etliche sagten, da ich die Artikel in ihr Bedenken heimstellen wollte, so würden sie die Artikel, so zu Costnitz im Concilio verdammet, alle schenken und nachgeben. Ich aber antwortete und sprach: Hie ist Leib und Leben. Da kam Cochläus und sagte zu mir: Martine, willt Du das Geleite aufgeben, so will ich mit Dir disputiren. Ich hätte es nach meiner Einfalt gethan, und mit ihm angenommen; aber D. Hieronymus Schürf antwortete drauf höhnisch und gleich lächelnd: Ei, das müßte wahrlich sein, es ist nicht ein ungleich Anmuthen und Anwerben, wer so närrisch wäre. Also bleib ich beim Geleite. Da sprangen etliche Gesellen herfür und sagten: Wie? führet Ihr ihn gefangen? Das müßte nicht sein!

Darnach kam ein Doctor des Markgrafen von Baden zu mir, wollte mich mit großen, hochtrabenden Worten bewegen, ermahnete mich und sagte: Ich wäre ja viel schuldig zu thun und zu lassen um brüderlicher Liebe willen, damit Friede und Einigkeit unter den Leuten erhalten, und nicht Empörung erregt würde, auch wäre man Kaiserlicher Majestät, als unserer höchsten Oberkeit, schuldig, gehorsam zu sein, man sollte Aergerniß in der Welt fleißig verhüten; drum sollte ich revociren. Darauf sagte ich: Ich wollte um der Liede willen herzlich gerne gehorsam sein, und thun, doch so fern, daß das wider den Glauben und Christi Ehre nicht ist.

Da sprach der Trierische Canzler: Martine! Du bist Kaiserlicher Maj. ungehorsam, drum ist Dir erlaubet, mit dem gegebenen Geleite wieder abzureisen. Da antwortete ich und sprach: Wie es dem Herrn gefallen hat, so ists geschehen; sehet Ihr auch zu, wo Ihr bleibet. Also zog ich davon in meiner Einfältigkeit, merkte noch verstand ihre Arglist nicht, brachte also ein großen Glimpf aus Worms, daß sie darnach hätten gewollt, es wäre noch in dem Fasse, darinnen es vorhin gewest.

H. Georg lachte immerdar, wenn ich mich auf die Schrift berief, und sagte: Wehret, lieben Herrn, es soll in meinem Lande wohl gewehret werden. Was? Sie gingen mit mir um mit solcher Arglistigkeit, daß Herzog Friederich zu Sachsen usw. hat müssen sagen: Ich hätte nicht gemeint, daß man also sollte handeln.

Darnach exequirten sie das gräuliche Edict der Acht, welches Jedermann Ursache gab, sich an seinen Feinden zu rächen, unter dem Titel und Schein lutherischer Ketzerei; und die Tyrannen haben doch endlich müssen wieder revociren. Also hat mirs zu Worms gegangen, da mich allein der Heilige Geist erhielt."

Vom Nutz und Kraft der Augsburgischen Confession und Apologia.

„Gottes Wort ist kräftig. Je mehr mans verfolget, je mehr breitet sichs aus, und je weiter es kömmt. Sehet an den Reichstag zu Augsburg, welches wahrhaftig die letzte Posaune und Drommete ist vor dem jüngsten Tage. Wie wüthete da die Welt wider das Wort! O wie mußten wir dazumal beten, daß Christus im Himmel droben bleiben sitzen möchte! Da brach unser Lehre durch die Confession hervor ans Licht, also, daß sie in kurzer Zeit durch den Kaiser allen Königen, Fürsten und Universitäten zugeschickt ward. Viel feine, treffliche Leute sind damals in Höfer gewest, hin und wieder, unter welchen etliche von Gott erwählet, die fingen diese Lehre wie einen Zunder, und darnach zündeten sie Andere auch an.

Unsere Confession und Apologia ist mit großen Ehren ans Licht kommen, ihre Confutation liegt in der Finsterniß und stinkt. O wie gern wollte ich, daß ihre Confutation an den Tag käme; wie wollten wir uns an den alten zerrissenen Pelz machen, und ihn also zerschmettern, daß die Flecken hin und wieder davon stieben sollten. Aber sie scheuen das Licht."

XLIII. Tischreden D. M. Luthers von den Büchern des Neuen Testaments

Von S. Jacobs Epistel.

„Viele haben gearbeit, sich bemühet, und darüber geschwitzet, über der Epistel S. Jacobi, daß sie dieselbige mit S. Paulo verglichen. Wie denn Ph. Mel. in der Apologia etwas davon handelt, aber nicht mit einem Ernst; denn es ist stracks wider einander, Glaube macht gerecht, und Glaube macht nicht gerecht. Wer die zusammen reimen kann, dem will ich mein Barett aufsetzen, und will mich einen Narren schelten lassen."

Von S. Johannis Evangelio.

„Sanct Johannes der Evangelist redet mit sehr einfältigen Worten majestätisch, als da er spricht: Im Anfang war das Wort, und das Wort war bei Gott, und Gott war das Wort, dasselbige war im Anfang bei Gott. Alle Ding sind durch dasselbige gemacht, und ohne dasselbige ist nichts gemacht, was gemacht ist. In ihm war das Leben, und das Leben war das Licht der Menschen, und das Licht scheinet in der Finsterniß, und die Finsterniß habens nicht begriffen (Joh. 1, 1 ff.).

Siehe, wie mit sehr einfältigen Worten er Gott, den Schöpfer, und auch die Creaturen, als mit einem Blitz beschreibet. Wenn ein Philosophus und Hochgelehrter solches sollte beschreiben, wie würde er mit wunderlichen, schwülstigen, hochtrabenden Worten heraus fahren und schmettern, de ente et essentia, von einem Dinge und Selbstwesen, von göttlicher und himmlischer Kraft, daß man also nichts verstehen könnte."

Was man für Bücher in der Kirche predigen soll.

Doctor Martinus Luther ward gefragt, was man für Bücher der heiligen Schrift vornehmlich predigen sollte? Antwort er: „Den Psalter, S. Johannes Evangelium, und S. Paulum, für die da streiten müssen wider die Ketzer; aber für den gemeinen Mann und junge Leute, die andern Evangelisten. David hat Psalmen, die da lehren, weissagen, beten und danken. Unter den prophetischen Psalmen ist der vornehmsten einer der 110.: Der Herr sprach zu meinem Herrn. Unter den Lehr-Psalmen sind die vornehmsten, das Miserere, der 51. 32. 130. 143. Denn dieselben lehren, daß die Vergebung der Sünde geschieht ohne Gesetz, und ohne alle Werke, darum sind es Paulinische Psalmen. Denn was ists anders, da David sagt (Ps.130, 4): Denn bei dir ist Vergebung, daß man dich fürchte, denn das S. Paulus spricht (Röm. 11. V. 32): Gott hat es alles unter die Sünde beschlossen, auf daß er sich Aller erbarme; daß man dich fürchte, das ist, daß Alle das Hütlein vor dir müssen abziehen, daß sich Niemand rühmen könne seiner Gerechtigkeit, sondern daß es eitel Vergebung sei, und kein Verdienst."

XLIV. Tischreden v. M. Luthers von Kriegen, vortrefflichen Kriegshauptleuten und Helden

Geschütz.

„Büchsen und das Geschütz ist ein grausam, schädlich Instrument, zersprengt Mauern und Felsen, und führt die Leute in die Luft. Ich gläube, daß des Teufels in der Hölle eigen Werk sei, der es erfunden hat, als der nicht streiten kann sonst mit leiblichen Waffen und Fäusten. Gegen Büchsen hilft keine Stärke noch Mannheit, er ist todt, ehe man ihn siehst. Wenn Adam das Instrument gesehen hätte, das seine Kinder hätten gemacht, er wäre vor Leid gestorben."

Krieg ein güldener Hamen.

„Ach, Krieg ist wie ein güldener Hamen, wenn man damit fischet, gewinnet man nicht viel damit. Und der Landgraf, der doch ein Kriegsmann ist, sagte zu mir D. Luth. ein Mal ganz züchtig, fürstlich und christlich: Ich habe zwier gekrieget, will nicht mehr eilen. Wir wollen, ob Gott will, auf unsrer Seite nicht anfahen; werden sie aber anheben, so helfe uns Gott. Dies Wort des guten Herrn tröstet mich," sprach D. M. L.

Vom großen Alexander.

„Ein solcher trefflicher Held und Kriegsfürst war auch König Alexander, der eine kurze Zeit lebte, und in 12 Jahren brachte er in seine Gewalt und unter sich schier die ganze Welt. Demselbigen wollt es Julius Cäsar nachthun und nachahmen; er aber war nur ein Affe, denn er zerrüttete und zerstörete das Regiment und gemeinen Nutz. Denn ein Schwert behält oft das andere in der Scheide."

Vom Cunz von der Rose.

„Cunz von der Rose," sprach D. M. L., „Maximilians Diener, und ein fröhlicher, kurzweiliger Mann, muß ein geherzter Kerl gewest sein. Denn man saget, da er auf eine Zeit durch einen Wald verritten und sich verspätet, daß er hat im selben Walde müssen in eine einzelne Herberge ziehen, da der Wirth ein Schalk und Mörder gewest, aber er hat die Gäste freundlich empfangen; da hab er gesehen, daß eine Jungfrau drinnen sehr geweinet, und sie heimlich gefraget: Warum sie doch so weinete? Habe sie gesagt: Es wären eitel Mörder drinnen, darum möchte er seiner wohl wahrnehmen und sich vorsehen, sie wollte ihn treulich gewarnet haben, weil sie ihn für einen ehrlichen Mann ansehe. Und hatte ihm bald angezeiget, wie er sich halten sollte, und gesaget: Wenn der Wirth würde die Lichter lassen anzünden und ein Glöcklein läuten, so würden die Bauern hinein kommen als Gäste. Wenn nun der Tisch gedeckt und zugerichtet wäre, würde er, der Wirth, aus der Stube gehen, und sprechen: Putz dich, Licht! Alsdenn würde der Bauern einer das Licht auslöschen, so sticht man Euch todt. Welches er zu Herzen nahm, als ein muthiger, geherzter Mann, hatte Acht auf seine Schanz; bat, die Jungfrau wollte ihm ein Licht in einer Laterne geben, welches er heimlich verdeckt unter die Bank setzte, behielt seinen Harnisch an, und seine Wehre bei sich, desgleichen seine Diener auch, denen befahl er, sie wollten des Spiels wohl wahrnehmen und sich redlich wehren. Da er nun überm Tische saß und wartet, von Stund an kam derselben Bauern einer, that, als wollt er das Licht schnuppen, und löschet es aus, und wollte ihn erstechen. Aber er hatte seinen Harnisch noch an, hieß die Laterne mit dem brennenden Lichte hervorziehen, und trieb mit seinen Knechten die Bauern allzumal in die Flucht, und erstach sie; den Wirth aber nahm er darnach gefangen."

Von einem Herrn, der zum h. Lande zog.

„Ein Herr," sprach D. M. L., „zog zum h. Lande gen Jerusalem, und da er förder auch nach S. Catharin zum Berg Sinai ziehen wollte, und auf eine Tagereise oder etliche nun kommen war, ward er gewahr, daß etliche Straßenräuber daher zogen, stracks auf ihn. Da ließ er bald den Tisch zurichten, und aufsetzen, was er von Speise und Getränk mit genommen hatte auf den Weg, denn es gar in der Wüste liegt. Da nun dieselben Gesellen zu ihm kamen, stand er auf, empfing sie aufs Allerfreundlichste, und bat, sie wollen absitzen, und mit ihm ein Bißlein essen, und einen Trunk thun, denn bei ihm in seinem Lande wäre dieser Brauch, die Gäste also zu empfahen und laden. Sie setzten sich nieder, und aßen und tranken mit ihm. waren fröhlich und guter Dinge. Da schenkte er einem Jeglichen ein Kleinod, so er mit sich führete. Also zogen sie wieder fein freundlich von ihm. Des andern Tages kamen sie wieder zu ihm, verhüllet, nehmen ihn mit seinen Dienern gefangen, und führen sie auf ein Schloß, thun ihm gütlich, begaben ihn wieder mit Geschenken, und geleiten ihn des Wegs ein Theil, frisch und unversehret. Also bricht und nimmt ein auch der Feinde Herzen, so willens sind, einem Böses zu thun, Holdseligkeit, Freundlichkeit und Mildigkeit. Es ist aber Gottes Gabe."

Von Helden im Regieramt.

„Wenn ein Land oder gewaltige Stadt nur einen trefflichen wunder und geschickten Mann hätte, so gingen alle Rathschläge und Decreta besser fort; wo aber keiner nicht ist, da gehets Alles hinter sich, wie der Krebs kreucht, ob ihrer wohl viel sind, die da regieren und rathen. Rechtschaffene, freudige Kriegsleute machen wenig Worte, sind bescheiden, reden nicht viel, denn sie haben Leute gesehen. Wenn sie reden, so ist die That mit; wie Herr Bernhard von Milo, ist mit Geberden wie eine Jungfrau."

XLV. Tischreden D. M. Luthers von der Gegen- und Nothwehr

Von Nothwehr.

„So mich Jemand,“ sprach D. Martin Luther, „in meinem Hause übereilete, und mir und den Meinen Gewalt thun und sie beschädigen wollte, bin ich, als ein Wirth und Hausvater schuldig, mich zu wehren und sie zu vertheidigen; viel mehr auf dem Wege und der Landstraße. Ich bin oft von unserm Gnädigsten Herrn erfordert worden, da ich wol auf der Straße wäre zu greifen gewesen. Wenn mich Straßenräuber oder Mörder hätten wollen beschädigen, und mir unrechte Gewalt thun, so wollte ich mich von wegen des Fürstenamts, als sein Unterthan und Diener, ihrer gewehrt und Widerstand gethan haben; denn sie griffen mich nicht an um des Evangelii willen, als einen Prediger und Glied Christi, sondern als des Fürsten und der Oberkeit Glied; da soll ich dem Fürsten helfen sein Land reine halten; kann ich ihn erwürgen, soll ich das Messer auf ihn legen, und frei das Sacrament empfahen; soll ich doch in Nöthen einen guten Gesellen retten, viel mehr einem Fürsten sein Land. Würde ich aber angegriffen um Gottes Worts willen, und als ein Prediger, da soll ich leiden, und die Rache und Strafe Gott befehlen. Denn ein Prediger soll sich nicht wehren; darum nehme ich kein Messer mit auf die Kanzel, sondern allein auf dem Wege, wenn ich wandere und über Feld ziehe. Die Wiedertäufer sind verzweifelte böse Buben, tragen keine Wehre, und rühmen sich großer Geduld.“

D. M. L. fragte den Engeländer, der bei ihm im Hause und sein Tischgänger war: „Ob wir uns auch möchten wehren, wenn des Papsts Concilium fortginge, und wir darinnen verdammt, und dem Kaiser die Execution befohlen würde?“ Antwortet er: Ja, denn die deutschen Fürsten wären Amtspersonen, hätten das Schwert, darum gebührete ihnen, ihre Unterthanen zu schützen vor unrechter Gewalt. Dawider sagte D. M. L.: „Nein, denn ein Fürst ist gegen dem Kaiser eine Privat- und einzelne Person; aber das zu unterscheiden, wollen wir den Juristen befehlen.“ Doch sprach er weiter: „Regiments sind dreierlei Art: Eins despoticum, herrisch; das ander, civile, bürgerlich; das dritte, tyrannisch. Das herrische ist ein Jus, Gerechtigkeit; wie ich habe über meine Hühner, Gänse, Kühe, Schweine und Vieh, sie zu schlachten, denn ich bin ihr Herr, wie ich auch meines Weibes, Kinder und Gesindes Herr bin; aber wenn ich sie wollt umbringen und tödten, das gebührete mir nicht, thäte unrecht, denn sie sind mir nicht unterworfen noch unterthan nach dem herrischen, sondern nach dem bürgerlichen Rechte.

Also sind wir dem Kaiser unterworfen, und seine Unterthanen, mit einem gewissen Maaß, nach Verordnung der Rechte, wie er uns dagegen auch nach derselbigen Verordnung verpflichtet und verbunden ist. Da er nun dieselben Rechte überschritte, und dawider thäte, so widerstünden wir ihm mit Recht, als einem Tyrannen, der Gewalt übete, und wider seine Pflicht thäte. Darum hat der Kaiser im Deutschlande und Reich nicht ein solche Gewalt und Recht, so ein jeglicher König in seinem Reich hat; denn er hat für sich selbst weder Münze noch Zoll, und Geleite oder Bergwerke, wie andere Könige und Herrn in ihrem Reich; sondern die Fürsten und Städte des Reiches haben solches Alles. Darum sind wir dem Kaiser nicht so gar stracks und ohne alle Maße unterworfen. Und obwohl wir Theologi wollten lehren, man soll leiden; so würde man sprechen, wie der Landgraf zu mir sagete: Herr Doctor, Ihr rathet wohl fein, wie wenn wir Euch nicht folgten? Das geschah den letzten Augusti Anno 36."

Hinterlist wider D. Luth.

„Ihr verachtet meine Lehre, und wollt den Luther in seinen Worten sahen, wie die Pharisäer Christo thäten. Aber so ich wollte, wie ich denn nicht will, hätte ich eine Glosse, daß solcher Widerstand geschehe nicht wider den Kaiser, sondern wider Herzog Georg; und daß ein Weltmann, Unterthan und Bürger des Reichs nicht ein Christ ist. Denn es ist nicht Christi Meinung, daß er wollte die Polizei, das weltliche Regiment und die Rechte aufheben und verstören. O nein; sondern daß ein Jeglicher in seinem befohlenen Amte thue, was er schuldig ist, ohne Verletzung des Glaubens und seines Gewissens; gebe Gotte, was Gottes ist, und dem Kaiser, was des Kaisers ist; sei nicht gehorsam in dem, was wider Gott und sein Wort ist. Dieser Aufruhr der Fürsten bricht nun hervor; denn sie sagen: Uns habe nicht gebühret, ohne Vorwissen und Erlaubniß des Papsts etwas zu ändern, er habe unsere Seelen in seiner Hand, möge es machen, wie er will usw.: Die Bösewichter sind nicht allein zufrieden, daß wir nichts lehren wider die heilige Schrift und Artikel des Glaubens; sondern wollen auch noch dazu, daß wir alle falsche Lehre, Irrthum, Ketzerei und Abgötterei billigen und loben, und uns aller ihrer vorigen und künftigen Sünden theilhaftig machen, und Alles, was wir Gutes geschrieben und gethan haben, verdammen sollen usw.

Das thue der Teufel an meiner Statt. Wären die Pfaffen fromm, so dürften sie des Luthers nicht. Absalon war ein König, und David erkannte ihn gleichwohl nicht dafür, sondern vertrieb ihn. Sie rauben auch dazu die Kirchengüter; was man hinter sie zu treuen Händen gelegt hat, das behalten sie, und nehmen Liebniß und Geschenke."

XLVI. Tischreden D. M. Luthers von Edelleuten

Von der Vermessenheit der Edelleute.

Als man zu Wittenberg am Wall bauete, an D. M. L. Hause, da sprach D. M. L.: „Lebe ich noch ein Jahr, so muß mein arm Stüblein weg, daraus ich doch den Papst gestürmet habe, daß es um der Ursach willen werth wäre, daß es ewig bliebe stehen. Aber die großen Hauptstücke, Hauptwälle, Hauptfürsten werden mirs wegfressen. So werden sie den Herrn persuadiren und mit prahlenden Worten überreden. Denn die Scharrhansen sind uns von Herzen feind, ihre Hoffart und Vermessenheit ist so groß, daß sie auch werden verhindern, daß der junge Herr nicht studire noch gute Künste lerne. Denn sie sagen zu seinem Herrn Vater: Gn. Herr, was darf er großer Klugheit? Wollen E. Gn. einen Schreiber aus ihm ziehen? Er muß ein regierender Fürst werden. Laßt ihn in die Rathstube gehen, die Händel anhören, daß ers also aus Übung und Erfahrung lerne. Das thuts. Was übern Büchern liegen, und die Blätter umwerfen?

Haben also den guten frommen Fürsten mit glatten, gleißenden Motten beredet, daß der junge Herr versäumet ist und nichts studirt hat. Denn sie fürchten, wenn er studirte, so möchte er Historien lesen, und ihre Fallacias, Betrügerei und Praktiken merken. Ein solcher verständiger, kluger Fürst war H. Friedrich. Ah, sie sind mit allen sieben Todsünden zwiefach besessen. Es ist eine große Bosheit und Stolz in ihnen.

Ernst von Schlieben treibet alle Händel und Krämerei mit anderer Leute Schaden. Ist das auch adelisch? Wohlan, Gott befohlen, es will doch nicht anders sein. Die Welt kann solcher Leute nicht entbehren noch entrathen, sie muß Tyrannen haben, die sie regieren und Mores lehren. Im selbigen ist Ernst von Schlicken mit seiner Tyrannei gleich ein Leckerbißlein für die Welt."

Großer Herren Studium.

„Ah," sprach er, „es ist mit dem deutschen Reich geschehen; jetzt sind Fürsten und Herren ungelehrt, denn sie haben nicht studirt, wollens auch nicht thun, meinen, es sei ihnen eine Schande; darum können noch wissen sie nicht zu regieren. Ihr größter Fleiß und vornehmst Studium und Übung ist, große Hengste reiten, banketiren, spielen, jagen, und die Unterthanen mit unnöthigen Schatzungen beschweren, schinden und schaben. Indeß regieren die vom Adel, führen die Herrn in alle Noth; wie sie unserm frommen Fürsten, Churfürst Hannsen, vor Meiningen in der Bauern Aufruhr thäten, da sie ihn vor die Büchsen stelleten mit dem ganzen Kriegsvolk, und hießen ihn darnach die Flucht geben."

Die vom Adel können nicht regieren.

„Die vom Adel maßen sich an, und wollen regieren; aber sie könnens noch verstehens nicht. Der Papst aber weiß es nicht allein, sondern kann auch regieren mit der That. Ein schlechter Papst kann besser regieren, denn hundert vom Adel an unserm Hofe."

Fürsten-Rechte vom Adel.

„Der Welt Bosheit ist so groß. Wenn ein Fürst die lateinische Sprache lernet und studiret, so fürchten die vom Adel und Rechte, er werde ihnen zu gelehrt und klug, und sagen: Potz marter usw. Was? will E. F. Gn. ein Schreiber werden? E. Gn. müssen ein regierender Fürst werden, müssen weltliche Händel lernen, und was zur Reiterei und zum Kriege gehört, damit Land und Leute geschützt und erhalten werden usw., das ist, ein Narr bleiben, den wir mögen mit der Nasen umherführen, wie einen Bär.

Aber H. Friederich, Kurfürst zu Sachsen, sagte ein Mal: Wir hören wohl, was unser Räthe rathen, folgen ihnen aber nicht alle Mal, denn in dem, was wir selbst für recht und gut erkennen. War aber das für treue Räthe seien, so die Fürsten vom Studiren abhalten und abschrecken, das mag ein Jeder wohl abnehmen und denken."

XLVII. Tischreden D. M. Luthers von Juristen

Was Juristen sind.

„Ein Jurist ist ein Balkenträger; ein Theologus ein Splitterträger. Und ein Doctor Juris ist ein Balkendoctor; ein Theologus ein Splitterdoctor. Ein Jurist ist nach menschlicher Weisheit klug; aber ein Theologus ist klug nach Gottes Weisheit. Viele sind gelehrter, denn ich bin; aber daß sie sollten gelehrter sein in Gottes Wort, das ich lehre und predige, das ist unmöglich. Ich will einen Schuster, Schneider, Juristen, und ein Jeglichen lassen bleiben; ficht mir aber einer den Predigtstuhl an, so will ich ihn herab weisen, daß er sichs soll wundern. Ein Jurist ist nicht mehr, denn ein Schuster oder Schneider."

Abdecker und Jurist.

Ein Abdecker kam ein Mal zu einem silbernen Juristen, und sprach zu ihm: Glück zu, Gott ehre das Handwerk! Da ward der Doctor unwillig. Ja, sprach der Schinder, wir sind billig eines Handwerkes, wiewohl wir eines Grades leidlicher, und nicht so große Schinder sind, als ihr Juristen, ob ihr gleich den Namen nicht wollt haben; denn wir schinden todte Thiers, ihr aber lebendige Leute.

Daß gefährlich sei, ein Jurist sein.

„Kaiserliche Rechte, wie sie in Büchern verfasset sind, wissen und verstehen, ist wohl eine feine Kunst und Facultät; aber jetzt stehet sie nur auf der Praktika, und wird nach den Gerichtsstühlen und Gebräuchen gerichtet. Darum ists gar eine jährliche Vocation. Und D. Benedictus Pauli bekannte und sagte frei: Wenn er gleich viel Söhne hätte, so wollte er doch keinen lassen Jura studiren. Ich wills ja meinen Söhnen auch verbieten; denn das rechte Recht ist jetzt aufgehoben und abgethan, ist zum Schemen und Pützemanne worden. Und da gleich noch etwas Gutes übrig ist, das verdrehet und verfälscht man, und macht ihm eine wächserne Nase. Gleichwie die Theologia unter dem Papstthum war nur ein bloßer Name und Schein, da nichts hinter ist. Gott aber wird sein Reich, wider des Teufels Betrügerei, Verfälschung und Verführerei, durch rechtschaffene Lehrer und Prediger erhalten; denn die Lehre des Evangelii stehet jetzt in großer Gefahr, wird angefochten von Secten und Rotten, von aufrührischen Bauern,

Bürgern und Adel, den Bauchdienern; wie etwa vor Zeiten das römische Reich angefochten und geplaget ward."

Unterschied des Rechtes.

„Das Recht ist vornehmlich zweierlei: Eins, natürlich; das andere beschrieben oder gesetzte Recht. Das natürliche Recht lehret, wie man sich in diesem Leben halten soll, beide gegen Gott und Menschen, so viel den äußerlichen Wandel und die Sitten belangt; verbeut was böse und unrecht ist, und gebeut was gut und recht ist, und deß Stifter ist Gott, der solch Licht geschaffen und dem Menschen ins Herz gepflanzt und geschrieben hat. Beschriebene und gesetzte Rechte aber sind die Gesetze und Ordnungen, so ihre Umstände haben, und aus bewährlichen und vernünftigen Ursachen also gesetzt sind, und mit dem natürlichen Rechte übereinstimmen; ob sie wohl bisweilen in etlichen Umständen aus Ursachen geändert sind; und derselben Stifter ist die Oberkeit. Als, daß an etlichen Enden Diebstahl mit dem Strang gestraft wird, das kömmt aus gesetzten Rechten, aus bewährlichen billigen Ursachen. Nicht wie des Draconis Gesetz, welches alle Diebe, die auch nur ein Huhn gestohlen hatten, zum Strick an den Galgen verurtheilte und verdammte; aber es hatte deß keine bewährliche, vernünftige und billige Ursachen, und ist wider die Natur, drum sagt man davon, daß solch Gesetz mit Blut geschrieben wäre. Doch muß man solche Pön in Landen und Orten, da die Leute verrucht und wilde sind, und sich an keine Strafe kehren, etwas schärfer und härter mit Ernst exequiren und üben."

Worauf man in Händeln am meisten und vornehmlich sehen soll.

„In allen Sachen," sprach D. Mart., „soll man mehr sehen auf die Billigkeit, denn auf gestreng und scharf Recht. Also saget S. Jakob in seiner Epistel (K. 2, 13): Barmherzigkeit erhebt das Gerichte, denn das schärfeste Recht ist das größte Unrecht. Darum soll man die Billigkeit ansehen und darnach richten, welche das Recht und die Disciplin nicht los macht, noch bricht und aufhebt, sondern dieselbe ausleget und lindert nach Gelegenheit der Umstände, vornehmlich in den Fällen, davon das Recht vornehmlich nicht redet. Doch soll man gleichwohl in solcher Milderung fleißig zusehen, daß unter solchem Schein nicht wider Recht etwas gehandelt werde: Judex sit juris dispensator, non dissipator. Denn was wider natürliche und göttliche Recht ist, darinnen soll kein Dispensiren zugelassen werden; und die guten Werke, so aus der Natur nöthig herfließen, und derselben eingepflanzt sind von Gott, Ehrbarkeit, Liebe und Disciplin belangende, sollen, außerhalb dem Bekenntniß, den Ceremonien vorgezogen werden. Drum soll man mit großer Vorsicht und in Gotts Furcht und Anrufen handeln; nicht unbedächtig und plötzlich bald heraus fahren und sagen: das ist billig und recht; wie junge unerfahrne Leute pflegen. Denn es gehet also zu, wie wir sehen und erfahren: Ein junger Jurist will haben das höchste und schärfeste Recht; ein junger Theologus die größte Heiligkeit, und ein junger Regent den größten Gehorsam. Sie meinen, wie es in Büchern geschrieben stehet, und sie gefaßt haben, also soll es auch stracks gehen und geschehen. Aber es fehlet ihnen weit, man kanns nicht alles zu Bolzen drehen; doch in Artikeln des Glaubens und in Gottes Wort, da soll man weder zur Rechten noch zur Linken weichen."

Juristenstand ist jetzt ein fährlicher Stand.

„Juristerei, wie sie in den alten Rechtsbüchern der römischen Heiden verfaßt und beschrieben, ist ein feine gute Facultät; aber jetzt gibt man sich nur auf die Praktike, verwirret die Sachen, nachdem mancherlei Bräuche der Gerichte sind, schiebet und ziehets auf, hackt allerlei Hundshaar mit ein. Die alten Rechte liegen unter der Bank, und einem jeglichen Zungendrescher und Procurator wird sein Muthwillen gestattet, der bringet die armen Leute um das Geld, hetzt sie in einander, damit er etwas heraus schneide und reich werde, und ist des Rechtens kein Maaß noch Ende. Drum ists gar ein fährliche Vocation und Stand; nicht, daß die Rechte unrecht wären, sondern des schändlichen Mißbrauchs halben."

Um Genusses willen studiert man gemeiniglich Jura.

Doct. M. L. sagte: „ Studium Juris, im Rechten studiren, wäre ein sordidum, unfläthig und garstig Ding, da man nur Genieß, Geld und Gut mit suchte, daß man reich würde." Da sprach Peter Weller, der bei ihm im Hause war und zu Tisch ging: Er hätte den Sinn nicht, und thäte es nicht. Da rief D. M. L. überlaut, und sprach zu seinem Famulo: „Wolf, gehe und laß die große Glocke lauten, und bring Wasser her, daß man ihn kühle." Da er aber drauf bestand, und es theuer verjahete; fragte ihn der Doctor: „Ob er allein von wegen des Erkenntniß der Händel, und daß er möge wissen, was Recht ist, oder Lust halben in Jure studirte? So wäre er unsinnig; sondern die endliche Ursach, darum ihr zu Juristen werdet und Jura studiret, ist das Geld, daß ihr reich werdet.

Juristen wissen nicht, was die Kirche ist.

„Juristen wissen nicht, was Ecclesia (die Kirche) ist. Wenn sie gleich alle ihre Bücher aussuchten, so finden sie nicht, was Ecclesia, die Kirche sei; darum sollen sie uns auch hier nicht reformiren. Omnis Jurista est aut nequista, aut ignorista; ein jeglicher Jurist ist entweder ein Schalk, oder ein Esel, der nichts kann in göttlichen Sachen. Und wenn ein Jurist davon disputiren will, so sagt zu ihm: Hörest du Gesell, ein Jurist soll hier nicht eher reden, es farze denn eine Sau, so soll er sagen: Dank habt, liebe Großmutter, ich habe lange keine Predigt gehört. Sie sollen uns nicht lehren, was Ecclesia (Kirche) heißt. Es ist ein alt Sprichwort: Ein Jurist, ein böser Christ. Das ist wahr."

XLVIII. Tischreden D. M. Luthers von Schulen und Universitäten

Vom Studieren.

Anno 39. am 28. Jan. sagte D. M. L., „wie jetzt die Jugend so gute Zeit und Bequemlichkeit zu studiren hätte, denn alle Künste würden fein ordentlich und richtig gelehret, daß mans wohl und leichtlich bald fassen könnte, wer nur nicht gar ein Tölpel wäre. So hielte man die Knaben nicht so hart. Vor Zeiten ward die Jugend allzu hart gezogen, daß man sie in der Schulen Märtyrer geheißen hat; sonderlich hat man sie mit dem Lupo und Casualibus und Temporalibus wohl geplaget, das doch gar kein nütze war, sehr verdrießlich und beschwerlich, auch unlustig, damit man nur die gute Zeit zubrachte, und manchen feinen geschickten Kopf verderbte; hat aber auch über sechs Jahre nicht gestanden. Nun, zu dieser Zeit, da Gott wiederum gute Künste, und die sie fein richtig lehren können, gegeben hat, so will die Jugend nicht studiren, ist faul, nachlässig und verdrossen." Und las dem jungen Hanns von A. einen guten Text um seines Ungehorsams und Unfleißes willen, da er doch einen feinen Kopf und Ingenium zum Studiren hätte, und die Aeltern viel auf ihn wendeten, wollten gern, daß er etwas lernete; und da er sich nicht würde bessern, so wollte er ihn selbst mit Füßen treten. „Denn ich will," sprach er, „in meinem Hause und über meinem Tische solche Exempel des Ungehorsams nicht wissen noch leiden, wenn du gleich Grafen-Güter hättest; darnach richte du dich, ich wills von dir, noch Keinem leiden."

Von der Universität zu Erfurt.

„Die Universität zu Erfurt war etwa in solchem Ansehen, und so berufen, daß alle anderen dagegen für kleine Schützenschulen angesehen worden; aber nun ist dieser Ruhm und Majestät dahin, und ist diese Universität gar todt. Wie war es eine so große Majestät und Herrlichkeit, wenn man Magistros promovirte, und ihnen Fackeln vortrug, und sie verehrte; ich halte, daß keine zeitliche, weltliche Freude dergleichen gewesen sei. Also hielt man auch ein sehr groß Gepräng und Wesen, wenn man Doctores machte; da ritt man in der Stadt umher, dazu man sich sonderlich kleidete und schmückte; welches alles dahin ist, und gefallen. Aber ich wollte, daß mans noch hielte."

Von der Deposition.

Und da er, D. M., samt etlichen vortrefflichen Gelehrten auf einer Deposition war, absolvirt er drei Knaben und sprach: „Diese Ceremonie wird darum also gebraucht, auf daß ihr gedemüthiget werdet, nicht hoffärtig und vermessen seid, noch euch zum Bösen gewöhnet. Denn solche Laster sind wunderliche, ungeheure Thiere, die da Hörner haben, die einem Studenten nicht gebühren und übel anstehen. Darum demüthiget euch und lernet leiden und Geduld haben, denn ihr werdet euer Lebenlang deponiret werden. In großen Aemtern werden euch ein Mal die Bürger, Bauern, die vom Adel, und eure Weiber deponiren und wohl plagen. Wenn euch nun solches widerfahren wird, so werdet nicht kleinmüthig, verzagt und ungeduldig, dieselbigen lasset euch nicht überwinden; sondern seid getrost, und leidet solch Kreuz mit Geduld, ohne Murmelung; gedenkt dran, daß ihr zu Wittenberg geweihet seid zum Leiden, und könnt sagen, wenns nun kömmt: Wohlan, ich habe zu Wittenberg erstlich angefangen deponirt zu werden, das muß mein Lebenlang währen. Also ist diese unser Deposition nur ein Figur und Bild menschlichen Lebens, in allerlei Unglück, Plagen und Züchtigung. Goß ihnen Wein aufs Haupt, und absolvirte sie vom Bean und Bachanten."

Von der Universität Wittenberg.

„Ach, wie bitter feind ist der Teufel unserer Kirchen und Schulen, die er vor andern anficht, und zu ihr einstürmet. Diese hat das liebe Brod, Semmel geheißen, darum wird sie allenthalben von inwendig und außen gräulich angefochten; Tyrannei und Secten nehmen überhand mit aller Gewalt, da alle Glieder des Leibes in der Kirchen wider einander sind, auch wir, so ein Stück des Herzens sind, plagen uns einer den andern. Ich halte, daß viel böser Buben und Laurer hie sein, die auf uns lauschen, und freuen sich, wenn Aergerniß und Uneinigkeit entsteht, darum soll man fleißig beten und wachen; wird uns Gott nicht erhalten, so ists aus. Es läßt sich wohl also an. Betet, betet! Diese Schule ist gleichwie ein Fundament und Grundfest der reinen Religion, darum wird sie billig erhalten mit Lectionibus und Besoldung, wider des Satans Toben und Wüthen."

Anno 39. aß ein Italiener von Senis mit D. M. L., redte viel mit ihm, und blieb etliche Wochen da, vielleicht sich zu erkunden, wie es hie stünde; da sprach D. M. L.: „Wir haben sie gerne, denn wir handeln öffentlich und scheuen das Licht nicht; vielleicht ist er von frommen gottfürchtigen Leuten hieher abgefertiget, daß er erkundete und sähe, ob solch schändlich Ding bei uns geschehe und begangen würde, wie man davon sagt und uns austrägt.

Ich habe es D. Pommer zuvor gesagt: Daß, wer nach meinem Tode die Autorität dieser Schule wird verachten, da sie anders nur also bleibet, wie sie jetzt ist, beide Schule und Kirche, derselbige ist ein Ketzer und verkehrter Mensch. Denn Gott hat in dieser Schule am ersten sein Wort wiederum offenbaret und gereiniget, und mag jetzund diese Schule und Stadt, beide in der Lehre und Leben, mit allen andern verglichen werden; ob wir wohl nicht gar vollkommen, sondern noch gebrechlich sind im Leben. Die jetzt die höchsten und Vornehmesten Theologi und Gelehrten sind, die Haltens mit uns, als Amsdorf, Brentius, Regius, begehren unsere Freundschaft, schreiben uns; und Alle, die uns fliehen, heimlich auf uns stochern und uns übel Nachreden, die haben den Glauben verlassen und sind abgefallen, als Jäckel und Grickel, die könnens allein, und haben nichts von uns gelernet, wie Zwingel auch rühmet. Wer konnte etwas vor 25 Jahren? Wer stand mir bei vor 21 Jahren, da mich Gott wider mein Wissen und Willen ins Spiel führete? Aber Ladünkelein hat das Unglück."

Von Graden und Promotionen in Universitäten, und von guten Künsten.

Anno 38. den andern Tag nach dem h. Christtage vermahnete D. M. L. das Volk in der Kirche, „daß sie die Ceremonien, so in Universitäten und Schulen gehalten und gebraucht würden, wollten ehrlich halten, Gotte zu Ehren und Ruhm, der Religion und dem Regiment zu Nutz; auf daß die Jugend erkenne und sehe, wie und wozu gute Künste nütz und noth sind;“ und sagte, „wie einer vergleicht hätte einen Ungelehrten einem Todten, einen Gelehrten aber einem Lebendigen. Dazu zeuget die Erfahrung, daß Alle, die nicht studirt haben, klagen, und ist ihnen leid, daß sie gute Künste verachtet und in ihrer Jugend dieselben nicht gelernet haben, daß sie doch zum wenigsten hätten schreiben und lesen gelernet. Die Sprachen, sonderlich die lateinische, wissen, ist Allen nütze, auch Kriegs- und Kaufleuten, auf daß sie mit fremden Nationen sich bereden, und mit ihnen umgehen können, ohne Dolmetscher, und nicht allein deutsche Brüder bleiben. Ihr Aeltern (sprach er weiter,) könnt euren Kindern keinen bessern noch gewissern Schatz lassen, denn daß ihr sie lasset studiren und gute Künste lernen, Haus und Hof verbrennet und gehet dahin, Kunst aber ist gut zu tragen, und bleibt. Wenn man weit von einander ist mit dem Leibe, doch kann man mit Briefen und Schreiben gegenwärtig sein, und Einer mit dem Andern reden und sein Herz anzeigen; ich kann hie mit einem zu Rom reden durch Briefe.“

Gott erhält gute Künste und Schulen.

„Gott erhält Künste, nicht die Menschen; denn er richtet nur etliche Ingenia und Leute an, und machet sie geschickt zu einer jeglichen Facultät und Kunst, wie und so viel er will, durch welche, wiewohl unter großer Undankbarkeit, eine jegliche Kunst erhalten, lieb und werth gehalten und groß geachtet wird. Denn was in der Welt nicht geachtet und hoch gehalten wird, das muß nichts sein. Ein jung Weib oder Jungfrau, sie sei so schön, als sie immer kann, wenn sie nicht Liebhaber hat, so ist doch ein kleiner Unterscheid zwischen ihr und einer häßlichen.“

Was Dialectica sei.

„Dialectica ist eine hohe Kunst, redet einfältig, schlecht und gerecht; als wenn ich sage: Gib mir zu trinken. Rhetorica aber schmückts, und spricht: Gib mir des lieblichen Safts im Keller, das fein krause stehet und die Leute fröhlich macht.“

Von der Dialectica.

D. Henning fragte: „Ob ein Dialecticus, der es aus dem Buch gelernt hat, könne von allen Händeln richtig und ordentlich lehren, oder, ob ers nicht müßte aus der Erfahrung gelernt haben." Antwort: „Dialectica lehret noch gibt das Vermögen nicht, der sie schon gelernt hat und wohl kann, von allen Sachen zu lehren; sondern ist nur ein Instrument und Werkzeug, dadurch wir fein richtig und ordentlich lehren, was wir wissen und verstehen. Denn, daß ich sollte reden vom Bergwerk, vom Schösseramt usw., das kann ich nicht, denn ich weiß nicht, wie man senken oder schürfen soll, oder wie die Gänge streichen, als die Häuer wissen; wenn ich aber dasselbige versucht und gelernt hätte, so wollte ich daß wissen davon zu reden, denn irgend ein Steiger. Dialectica gibt nicht die Materie, davon man reden und lehren will; sondern lehret nur, wie man fein ordentlich, eigentlich und richtig, kurz und einfältig davon lehren und reden soll."

Da sagte Henning: Ich müßte lange in Büchern studiren, daß ich von allen Dingen reden könnte. Darauf sprach D. M. L.: „Dieß ist die natürliche Dialectica, so uns angeboren ist; jene aber ist künstlich, die man aus den Büchern in der Schule lernet.

M. Ph. Melanchthon hat gute Künste illustriret und erkläret, und lehret sie also, daß sie, die guten Künste, nicht ihn gelehret haben. Ich bringe meine Kunst in die Bücher, und nehme sie nicht aus den Büchern.

Wenn nun ein närrischer Fürst, Rath, Lector und Theologus wollte Kurfürst Friederichs zu Sachsen, Herrn Fabians von Feilitzschen, M. Philippsen und meinem Rath, Verstande und Weisheit nachahmen, und meinete, er wollt es so gut machen und wohl treffen, als die hohen Wunder-Leute; das wird er wohl lassen müssen; er muß von ihnen lernen; denn solcher Leute sind nicht viel. Darum gehören die Gesetze und Rechte für den Pöbel und gemeinen Mann, und großen Haufen in der Welt, Vernunft aber, Verstand und Weisheit für sonderliche, einzele Leute. Jene werden regieret; diese regieren mit Gesetzen und nach beschriebenen Rechten. Gut wäre es wohl, daß man nur nach der Vernunft allein regierte; aber wo sind solche verständige Leute? Darum müssen wir beschriebener Rechte brauchen, und darnach regieren, Alles nach Gelegenheit der Umstände. Denn Summum ius, summa iniuria; das schärfste Recht ist das größte Unrecht, sagt man, und ist wahr; wie junge unerfahrne Regenten, Räthe, Juristen und Theologi pflegen zu thun.

Dialectica ist eine nützliche und nöthige Kunst, die man billig studiren und lernen soll, wie die Arithmetica und Rechenkunst. Und wiewohl etliche scharfsinnige Köpfe von Natur etwas in Sachen schließen und rechnen können, aus dem Sinn; doch ists ungewiß und fährlich, wo die Kunst nicht auch dazu kömmt und hilft. Denn die Dialectica weiset fein den Weg, wie man ordentlich und richtig von Sachen reden soll, woher mans nehmen, und was recht oder unrecht, eigentlich und gewiß erkennen, und richten oder urtheilen soll."

Von Disputationen.

Doctor Martinus Luther sagte von den Disputationen in Schulen, die man Circulares nennet, und in Facultäten umgingen, ordentlich nach der Reihe, „daß dieselbigen jungen Gesellen, so studirten, großen Nutzen brächten; denn man führete die stolzen Gesellen unter die Ruthe, auf daß sie erfahren, wie geschickt sie seien. Darum gefällt mirs wohl, und lobe es, daß junge Leute und Studenten Argumenta auch Vorbringen, sie seien nun, wie gut sie können, und mir mißfällt, daß es M. Ph. so genau und scharf suchet, und die armen Gesellen so balde überrumpelt; man muß je auf der Treppen, von einer Stufen zu der andern hinauf gehen. Niemand wird plötzlich der höchste."

Wöchentliche Disputationes.

Doctor Martinus Luther lobete sehr die circulares Disputationes, „denn solche Vorbereitung diene dazu vornehmlich, daß junge Gesellen geübet und versucht werden, den Sachen, davon man disputiret, fleißiger nachzudenken und zu suchen, wenn man nur sittig nach der Wahrheit forschet, nicht allein Ehre und Ruhm, Gezänk und Hader suchet.

Etwan bei den Alten sind solche Disputationes sehr gemein gewest, und oft gehalten worden; aber es mangelte ihnen dazumal an der Materie, wußtens nicht zu brauchen, verstanden die Händel nicht recht; wir aber haben Materie, Gott Lob, genug, und die rechte Wahrheit, liegen aber und schnarchen; darum wollen wir solche Disputationes, wills Gott, wieder anrichten. Wenn gleich junge Gesellen nicht so gar geschickt dazu seien, noch so gut machen und eigentlich treffen, was schadets? wenn nur nicht Bosheit, Stolz und Vermessenheit dabei ist, als wären sie Meister Klügel. Es ist genug, ein guter Wille, daß sie es gerne thun wollten; wie man sagt: Der Henker führe einen weg, der es besser will machen, denn er kann. In magnis etiam sat est voluisse. Keiner wird bald Doctor; denn es ist kein Baum, der zuvor nicht wäre ein Sträuchlein gewest. Es gehöret Zeit dazu: Tempus producit, non ager; Zeit bringet Rosen. Darum loben wir den guten Willen der jungen Gesellen. Also saget Augustinus: Gott krönet inwendig den guten Willen, obwohl von außen das Vermögen nicht da ist; aber Hoffart und Vermessenheit machet herwiederum den Willen und das Vermögen zu Schanden."

Schulen erhalten die Kirche.

„Wenn Schulen zunehmen, so stehet's wohl, und die Kirche bleibt rechtschaffen; ja, so auch die Lehre rein ist. Laßt uns nur Doctor und Magister heißen; junge Schüler und Studenten sind der Kirchen Samen und Quellen. Wenn wir nun todt sind, wo wären Andere, so an unsere Statt träten, wenn nicht Schulen wären? Um der Kirche willen muß man christliche Schulen haben und erhalten; denn Gott erhält die Kirche durch Schulen, Schulen erhalten die Kirche. Sie haben wol kein hübsch Ansehen, sind aber sehr nützlich und nöthig. In Schulen haben die kleinen Knäblein dennoch das Pater noster, Vater Unser und den Glauben gelernt, und sind die Kirchen durch die kleinen Schulen wunderlich erhalten worden."

Der Heiden Vernunft und Theologia.

„Die Philosophie ist der Heiden Vernunft und Theologia; rechtschaffene wahrhaftige Historien, auch bei den Heiden, zeigen an Gottes Willen, wie stumme Buchstaben."

XLIX. Tischreden D. M. Luthers von der Musik

Von der Musik Nutzen und Kraft.

„Der schönsten und herrlichsten Gaben Gottes eine ist die Musica. Der ist der Satan sehr feind, damit man viel Anfechtungen und böse Gedanken vertreibet. Der Teufel erharret ihr nicht. Musica ist der besten Künsten eine. Die Noten machen den Text lebendig. Sie verjagt den Geist der Traurigkeit, wie man am Könige Saul siehet. Etliche vom Adel und Scharrhansen meinen, sie haben meinem gnädigsten Herrn jährlich 3000 Gülden erspart an der Musica; indeß verthut man unnütz dafür 30 000 Gülden. Könige, Fürsten und Herrn müssen die Musicam erhalten; denn großen Potentaten und Regenten gebühret, über guten freien Künsten und Gesetzen zu halten. Und da gleich einzele, gemeine und Privat-Leute Lust dazu haben und sie lieben, doch können sie die nicht erhalten.

H. Georg, der Landgraf zu Hessen, und H. Friederich, Kurfürst zu Sachsen, hielten Sänger und Cantorei; jetzt hält sie der Herzog zu Bayern, K. Ferdinandus und Kaiser Carl. Daher lieset man in der Bibel, daß die frommen Könige Sänger und Sängerinnen verordnet, gehalten und besoldet haben.

Musica ist das beste Labsal einem betrübten Menschen, dadurch das Herze wieder zufrieden, erquickt und erfrischt wird; wie der sagt beim Virgilio: Tu calamos inflare leves, ego dicere versus; Singe du die Noten, so will ich den Text singen.

Musica ist eine halbe Disciplin und Zuchtmeisterin, so die Leute gelinder und sanftmüthiger, sittsamer und vernünftiger machet. Die bösen Fiedler und Geiger dienen dazu, daß wir sehen und hören, wie eine feine gute Kunst die Musica sei; denn Weißes kann man besser erkennen, wenn man Schwarzes dagegen hält."

Anno 38 am 17. December, da D. Martin Luther die Sänger zu Gaste hatte, und schöne liebliche Motetten und Stücke sangen, sprach er mit Verwunderung: „Weil unser Herr Gott in dies Leben, das doch ein lauter Schmeißhaus ist, solche edle Gaben geschüttet und uns gegeben hat, was wird in jenem ewigen Leben geschehen, da Alles wird aufs Allervollkommenste und Lustigste werden; hier aber ist nur materia prima, der Anfang.

Musicam habe ich allezeit lieb gehabt. Wer diese Kunst kann, der ist guter Art, zu Allem geschickt. Man muß Musicam von Noth wegen in Schulen behalten. Ein Schulmeister muß singen können, sonst sehe ich ihn nicht an. Man soll auch junge Gesellen zum Predigtamt nicht verordnen, sie haben sich denn in der Schule wohl versucht und geübet.

Da man etliche feine, liebliche Moteten des Senfels sang, verwunderte sich D. M. L. und lobte sie sehr, und sprach: „Eine solche Motete vermöcht ich nicht zu machen, wenn ich mich auch zerreißen sollte, wie er denn auch wiederum nicht einen Psalm predigen könnte als ich. Drum sind die Gaben des H. Geistes mancherlei, gleichwie auch in einem Leibe mancherlei Glieder sind. Aber Niemand ist zufrieden mit seiner Gabe, läßt sich nicht genügen an dem, das ihm Gott gegeben hat, alle wollen sie der ganze Leib sein, nicht Gliedmaße.

Die Musica ist eine schöne herrliche Gabe Gottes, und nahe der Theologie. Ich wollt mich meiner geringen Musica nicht um was Großes verzeihen. Die Jugend soll man stets zu dieser Kunst gewöhnen, denn sie macht feine geschickte Leute."

„Die schöne treffliche Gabe Gottes, zu reden, ist sehr seltsam in der Welt, denn ob wohl allen Menschen sonderlich das Reden angeboren ist, und Viele die Sprachen können; doch ist das Reden eine seltsame Gabe. Doct. Gregorius Brück kann reden."

Singen.

„Singen ist die beste Kunst und Übung. Es hat nichts zu thun mit der Welt; ist nicht vor dem Gericht noch in Hadersachen. Sänger sind auch nicht sorgfältig, sondern sind fröhlich, und schlagen die Sorgen mit Singen aus und hinweg."

L. Tischreden D. M. Luthers von der Astronomia und Sternkunst

Von des Himmels Bewegung und der Sterne Lauf.

„Astronomia, die Sternkunst," sprach D. Martin Luther, „und des Himmels Lauf wissen, ist die allerälteste Kunst, die viel andere Künste mit sich bracht hat, und ist den Alten, sonderlich den Ebräern, sehr gemein und bekannt gewest, denn sie haben alle auf des Himmels Lauf fleißig Acht gehabt; wie Gott zu Abraham sagt (1. Mos. 15, 5): Siehe gen Himmel und zähle die Sterne; kannst du sie zählen?" Und sagte von dreierlei Bewegung des Himmels. „Die erste ist: Primi mobilis et raptus, das das ganze Firmament so schnell und behend bewegt, und in 24 Stunden umher läuft, in einem Hui und Nu, etliche tausend Meilen Weges, welches vielleicht von einem Engel geschieht. Wunder ists, daß ein solch groß Gebäude und Gewölbe soll in kurzer Zeit umher laufen und gehen; wenn die Sonne und Sterne eisern, silbern, gülden oder eitel Stahl wären, müßten sie bald zerschmelzen in so behendem Lauf. Denn ein Stern ist größer, denn die ganze Erde und sind doch so viel unzähliger Sterne. Der andere Lauf ist der Planeten, die haben ihre eigene und sonderliche Bewegung. Der dritte ist ein zitternder Lauf, wie sie ihn nennen, trepidantem, und neulich erdacht, der ist gar ungewiß. Ich lobe die Astronomiam und Mathematicam, die da stehet in Demonstrationibus, gewissen Beweisungen; und ich gläube, daß ein Stern größer ist, denn die ganze Welt. Von der Astrologia halte ich nichts.

Es ward gedacht eines neuen Astrologi, der wollte beweisen, daß die Erde bewegt würde und umginge, nicht der Himmel oder das Firmament, Sonne und Mond; gleich als wenn einer auf einem Wagen oder in einem Schiffe sitzt und bewegt wird, meinete, er säße still und ruhete, das Erdreich aber und die Bäume gingen um und bewegten sich. Aber es gehet jetzt also: wer da will klug sein, der soll ihm nichts lassen gefallen, was Andere machen, er muß ihm etwas Eigenes machen, das muß das Allerbeste sein, wie ers machet. Der Narr will die ganze Kunst Astronomiae umkehren. Aber wie die heilige Schrift anzeiget, so hieß Josua die Sonne still stehen, und nicht das Erdreich (Jos. 10, 12, 13)."

Von der Astrologia.

Da einer D. M. L. eine Nativität (wie mans nennet,) zeigete, sprach er: „Es ist eine feine lustige Phantasei, und gefällt der Vernunft wohl, denn man gehet immer fein ordentlich von einer Linien zur andern. Darum ist die Art und Weise, Nativitäten zu machen und auszurechnen und dergleichen, dem Papstthum gleich, da die äußerlichen Ceremonien, Gepränge und Ordnung, der Vernunft wohl gefällt, als, das geweihete Wasser, Kerzen, Orgeln, Zimbeln, Singen, Läuten und Deuten. Es ist aber gar keine rechte Wissenschaft und gewisse Erkenntniß, und diejenigen irren gar sehr, die aus diesem Dinge eine gewisse Kunst und Erkenntniß machen wollen, da doch keine nicht ist; denn es gehet nicht aus der Natur der Astronomie, die eine Kunst ist; dieß ist Menschensatzung.

Daß Astrologia eine gewisse Erkenntniß und Kunst sei, wird mich Phil. noch Niemand bereden. Ph. hat sich oft heftig bemühet, und beflissen, daß er mich möchte dahin bewegen, daß ich seine Meinung billigete, und es mit ihm hielte; aber er hat mich niemals können dazu bereden noch bringen, ich bleibe hart und feste auf der Meinung, die die Bauern haben, mit denen halt ichs, wenn ein heißer Sommer ist, daß ein kalter Winter darnach folget. Dieser ganze Handel ist wider die Philosophia.

Ich habe oft mit Ph. davon geredt, und ihm ordentlich erzählet mein ganzes Leben, wie es nach einander ergangen ist, und ichs getrieben habe. Ich bin eines Bauern Sohn, mein Vater, Großvater, Ahnherr, sind rechte Bauern gewest. Da sagte er drauf: Ich würde ein Oberster, Schultheiß, Heimburger, und was sie mehr für Aemter im Dorfe haben, oder irgendein oberster Knecht über die andern worden sein. Darnach, sprach ich, ist mein Vater gen Mansfeld gezogen, und daselbst ein Berghauer worden; daher bin ich.

Daß ich aber bin Baccalaureus, Magister, ein Mönch usw. worden, das stehet im Gestirne nicht. Habe ich aber nicht große Schande eingelegt, daß ich bin ein Mönch worden, habe das braune Barettlein hingelegt, und Andern bracht? Welches, wahrlich, meinen Vater übel verdroß, und that ihm weh; dennoch bin ich dem Papst in die Haare gefallen, und zwar er mir wieder, habe eine ausgelaufene Nonne zum Weibe genommen, und etliche Kinder mit ihr gezeugt; wer hat das in den Sternen gesehen? Wer hätte mirs vorhin gesaget, daß es also geschehen würde?"

LI. Tischreden D. M. Luthers von Studien

Gute Bücher, und deren wenig, soll man oft lesen.

Doctor M. L. rieth Allen, so studirten, in welchen Künsten es auch wäre, daß sie gewisse Bücher für sich nähmen, und dieselben mit Fleiß lesen, und machten ihnen einen guten Autorem und Buch so gemein, daß sie denselben oftmals lesen und wiederlesen, also, daß sie gleich in sein Fleisch und Blut verwandelt würden, als wäre ihnen desselben Art zu reden und zu schreiben angeboren.

Denn mancherlei Bücher lesen, machet mehr Verwirrung, denn daß man etwas Gewisses und Standhaftiges draus lernet. Gleich als die, so allenthalben wohnen, wo sie hinkommen, und bleiben an keinem gewissen Ort, die wohnen nirgend, und sind an keinem Ort gewiß daheim. Und gleichwie wir in der Gesellschaft nicht täglich aller guter Freunde Gemeinschaft brauchen, sondern etlicher wenigen und auserlesenen; also soll man sich auch an die besten Bücher gewöhnen, und ihm dieselbigen gemeine machen und auf einem Näglein können.

Von Comödien.

D. Johannes Cellarius fragte D. Martin Luther um Rath: Es wäre ein Schulmeister in Schlesien, nicht ungelehrt, der hätte sich vorgenommen eine Comödie im Terentio zu agiren und zu spielen; Viele ärgerten sich daran, gleich als gebührte einem Christenmenschen nicht solch Spielwerk aus heidnischen Poeten usw. Was er, D. Lutherus, davon halte? Da sprach er: „Comödien zu spielen soll man um der Knaben in der Schule willen nicht wehren, sondern gestatten und zulassen, erstlich, daß sie sich üben in der lateinischen Sprache; zum Andern, daß in Comödien fein künstlich erdichtet, abgemalet und vorgestellt werden solche Personen, dadurch die Leute unterrichtet, und ein Jeglicher seines Amts und Standes erinnert und vermahnet werde, was einem Knecht, Herrn, jungen Gesellen und Alten gebühre, wohl anstehe und was er thun soll, ja, es wird darinnen vorgehalten und vor die Augen gestellt aller Dignitäten Grad, Aemter und Gebühre, wie sich ein Jeglicher in seinem Stande halten soll im äußerlichen Wandel, wie in einem Spiegel.

Zudem werden darinnen beschrieben und angezeigt die listigen Anschläge und Betrug der bösen Bälge; desgleichen, was der Aeltern und jungen Knaben Amt sei, wie sie ihre Kinder und junge Leute zum Ehestande ziehen und halten, wenn es Zeit mit ihnen ist, und wie die Kinder den Aeltern gehorsam sein, und freien sollen usw. Solches wird in Comödien vorgehalten, welches denn sehr nütz und wohl zu wissen ist. Denn zum Regiment kann man nicht kommen, mag auch dasselbige nicht erhalten, denn durch den Ehestand. Und Christen sollen Comödien nicht ganz und gar fliehen, drum, daß bisweilen grobe Zoten und Bühlerei darinnen seien, da man doch um derselben willen auch die Bibel nicht dürfte lesen. Darum ists nichts, daß sie solches vorwenden, und um der Ursache willen verbieten wollen, daß ein Christ nicht sollte Comödien mögen lesen und spielen.

Comödien gefallen mir sehr wohl bei den Römern, welcher vornehmste Meinung, Causa finalis, und endliche Ursach ist gewest, daß sie damit, als mit einem Gemälde und lebendigen Exempel, zum Ehestand locken und von Hurerei abziehen. Denn Polizeien und weltliche Regimente können nicht bestehen ohn den Ehestand. Eheloser Stand, der Cölibat und Hurerei, sind der Regimente und Welt Pestilenz und Gift.“

LII. Tischreden D. M. Luthers von Gelehrten

Künftiger Mangel an gelehrten Leuten.

„Ehe etliche wenig Jahr vergehen, so wird man erfahren, daß mangeln wird an gelehrten Leuten, daß man sie würde aus Brettern schneiden, und aus der Erde graben, wenn man sie nur haben könnte; es wird aber nicht helfen, man versündiget sich jetzt zu sehr an Gott.“

Welt kann ohne gelehrte Leute nicht regiert werden.

„Weisheit, Verstand und gelehrt sein, und die Schreibfeder, die sollen die Welt regieren. Wenn Gott zürnete und alle Gelehrten aus der Welt wegnähme so würden die Leute gar zu Bestien und wilden Thieren; da wäre kein Verstand noch Witz, kein Recht, sondern eitel Rauben, Stehlen, Morden, Ehebrechen und Schaden thun. Wer den Andern vermag, der steckt ihn in den Sack. Der Pöbel wollt, daß keine weisen, verständigen, gelehrten Leute und Prediger wären, daß sie möchten leben, wie sie wollten. Wenn das geschähe, so verginge die Welt; denn ohne Verstand, Weisheit und Gesetze können weder Türken noch Tartarn leben und haushalten. Sind es Menschen, so müssen sie Rechte, Gesetze und Ordnung haben; wo nicht, so werdens Bäre, Wölfe, Löwen und Bestien, ohne Oeconomei und Polizei, da kein häuslich und weltlich Regiment und Zucht ist.“

Von Cicerone et Aristotele.

„Cicero übertrifft Aristotelem weit in Philosophia und mit Lehren. Officia Ciceronis sind viel besser, denn Ethica Aristotelis. Und nachdem Cicero in großen Sorgen im Regiment gesteckt ist, und große Bürde, Mühe und Arbeit auf ihm gehabt hat, doch ist er weit überlegen Aristoteli, dem müßigen Esel, der Geld und Gut, und gute faule Tage genug hatte. Denn Cicero hat die feinsten und besten Quaestiones in der Philosophia gehandelt: Ob ein Gott sei? Was Gott sei? Ob er sich auch menschlicher Händel annehme, oder nicht? und es müsse ein ewig Gemüthe sein usw. Aristoteles ist zwar ein guter und listiger Dialecticus gewest, der den Methodum und richtigen ordentlichen Weg im Lehren gehalten hat; aber die Sachen und den rechten Kern hat er nicht gelehrt, wie Cicero. Wer die rechtschaffene Philosophia lernen will, der lese Ciceronem.

Cicero ist ein sehr weiser Mann gewest, hat mehr geschrieben, denn alle Philosophi, und alle Bücher der Griechen durchlesen. Mich wundert, daß der Mensch, in so viel großen Geschäften und Händeln, so viel hat können lesen und schreiben. Die Episteln Ciceronis verstehet Niemand recht, er sei denn 20 Jahr in einem vortrefflichen Regiment gewest.

Cicero, ein weiser und fleißiger Mann, hat viel gelitten und gethan. Ich hoffe, unser Herr Gott werde ihm und seines Gleichen gnädig sein. Wiewohl uns nicht gebühret, das gewiß zu sagen, noch zu definiren und schließen, sondern sollen bei dem Wort, das uns offenbart ist, bleiben: Wer gläubet und getauft wird, der wird selig (Marc. 16, 16); daß aber Gott nicht könnte dispensiren, und einen Unterschied halten unter andern Heiden und Völkern; da gebühret uns nicht zu wissen Zeit und Maaße. Denn es wird ein neuer Himmel und eine neue Erde werden, viel weiter und breiter, denn sie jetzt ist. Er kann wohl einem Jeglichen geben nach seinem Gefallen."

Von Aesopo.

Da D. M. L. seine Vorrede über den Aesopus seinen Gästen las, lobete er überaus sehr dasselbe Buch, daß es voll feiner guter Lehre, Sitten, Zucht und Erfahrung wäre, und sagte: „Wer wohl reden kann, der ist ein Mann. Denn reden ist Weisheit, und Weisheit ist Reden. Reden kömmt von rathen, a consilio; sonst heißt es gewaschen, und nicht geredet. Also redet Aesopus, wäscht nicht; legt ein Ding und die Wahrheit vor unter einer andern Gestalt, als Fabeln, wie ein Narr. Noch muß er drüber verfolget werden."

Von etlichen Gelehrten unsrer Zeit.

„Ein Prediger im Thüringerlande, N. N., war etwa durch Beiwohnung und Gemeinschaft bei Herrn Carln von Miltitz, des Papsts Gesandten, und D. Croten, dahin gerathen, daß er nicht gläubte, daß ein Gott wäre, auch nicht, daß Christus sei, weder Wort, Evangelium, Gesetz, Polizei, oder ein ander Leben. Also war er von den welschen Buben beredet. Nun aber ist er durch Gottes Gnade davon erlöset; jene aber sind dahin in Nobiskrug gefahren. Denn sie, die Romanisten, hatten ein Geschrei gemachet und ausbracht, wie ich, D. M. L., vor großer Armuth sollt verzweifelt sein, und mich mit Gift selbst umbracht haben, und hätte hinter mir gelassen ein Buch meiner unnützen falschen Religion, das ich bei meinem Leben nicht hätte dürfen öffentlich lassen ausgehen.

Wie auch jetzt Erasmus Roterodamus ist, der thar nicht reden, was er weiß, und will nicht nach ihm ein Bekenntniß seines Glaubens lassen. Darum habe ich ihm das Maul gestopft, da ich schreib: Erasme, wer solches redet, derselbige glaubt weder, daß ein Gott noch Christus sei, das ist gewiß usw. Mit diesen Worten habe ich ihn gar bestürzt und bekümmert gemacht. Denn diese Buben wollen Alles nach ihrer Vernunft messen; meinen, da Gott allmächtig, weise und gerecht wäre, so würde er solch gottlos Wesen nicht leiden. Denn, könnte ers, wüßte ers, und wollt ers bessern, er würde wohl ein andere Welt machen, die frömmer wäre. Also gehen sie dahin.

Ich aber antwortet darauf also: Das wird Gott sparen bis in jene Welt, da wirds Alles nach seinem Willen gehen; diese Welt ist Gott nur eine Vorbereitung und Gerüste zu jener Welt. Gleich als ein reicher Bauherr muß viel Gerüsts haben zu einem Hause; wenn nun das Haus fertig ist, so reißet er das Gerüste ein. Und gleichwie ein Maler vorhin die Farbe reibet, Pinsel wäscht usw., und gleichwie ein Balbirer zuvor die Hände netzet, Messer streichet, ehe er balbiret usw., welches alles Vorbereitungen sind: also hat Gott die ganze Welt zur Vorbereitung in jenes Leben gemacht, da es allererst nach Gottes Allmacht und Willen wird ergehen."

Res et verba.

Anno 1536. den 1. Augusti schrieb D. M. Luther auf seinen Tisch: „Res et verba Philippus; verba sine re Erasmus; res sine verbis Lutherus; nec rem nec verba Carolostadius; das ist, was Philippus schreibet, das hat Hände und Füße, die Materie ist gut, so sind die Wort auch gut; Erasmus macht viel Worte, es ist aber nichts dahinter; Lutherus hat wohl gute Materia, aber die Worte sind nicht gut; Carlstadt hat weder gute Materie noch gute Wort."

Da kam Philipp ohngefähr dazu, lächelte D. Basilius an, und sagete: Von Erasmo und Carlstadt wäre wohl recht judiciret und geurtheilt, ihm aber würde zu viel gegeben, auch sollt man D. Luthern auch gute Wort zuschreiben, und daß er wohl reden könnte.

Von Thomas Morus.

Einer fragte: Ob Thomas Morus, ein sehr gelehrter Mann, vom Könige in Engeland, deß Canzler er war, um des Evangelii willen wäre gerichtet und umgebracht worden? D. M. L. antwortet, und sprach: „Nein, denn er war ein großer Verfolger der Kirchen, und hat viel Blut vergossen, ließ unschuldige, fromme Christen, die sich zum Evangelio bekenneten, jämmerlich ermorden, die er mit wunderbarlichen Instrumenten marterte. Erstlich examinirt er sie mit Worten unter einem grünen Baum, darnach ließ er sie erbärmlich im Gefängniß überziehen und fragen durch den Henker. Endlich, weil er der Andere nach dem König, der Vornehmste und Gewaltigste war, bäumet und legte er sich auch wider den König auf, wider das Decret und Beschluß des ganzen Reichs; darum ist er auch gestraft und gerichtet."

Einfältige Prediger die besten.

Doct. L. sprach ein Mal, „daß Albrecht Dürer, der berühmte Maler zu Nürnberg, hätte pflegen zu sagen: Er hätte keine Lust zu Bildern, die wären mit viel Farben gemalet, sondern die da aufs Einfältigste und fein schlecht gemacht wären. Also sagt er, daß er auch Lust hätte zu Predigten, die fein einfältig einher gingen, da einer verstehen könnte, was man predigte."

Von Aristotele und Cicerone.

„Aristoteles ist gar ein Epikurer, hälts dafür, daß Gott nach menschlichen Dingen nicht frage, achte nicht, was und wie wirs machen und treiben, lasse uns haushalten, wie wir wollen, als ging es ihn nicht an; und da ers gleich gläubet, so denkt er, Gott regiere die Welt, gleichwie eine schläferige Magd ein Kind wieget. Aber Cicero ist viel weiter kommen. Ich glaube, daß er hat zusammen gelesen und bracht, was er Gutes funden hat bei allen griechischen Scribenten und Lehrern, in ihren Büchern. Denn das ist ein sehr gut Argument, das mich oft viel und hoch bewegt hat, und mir zu Herzen gangen ist: daß er aus dem, daß die lebendigen Creaturen, Vieh und Menschen, eins das ander, das ihm ähnlich und gleich ist, zeuget und gebieret, beweiset, daß ein Gott sei. Eine Kuh gebieret allzeit eine Kuh, ein Pferd ein Pferd usw. Keine Kuh gebieret ein Pferd, noch ein Pferd eine Kuh, kein Stiglitz den Zeissen (Zeisig). Darum muß unwidersprechlich folgen, daß etwas sei, das alle Ding regieret. Wir können Gott fein erkennen aus der gewissen und unwandelbaren Bewegung, Lauf und Umgang des Gestirns am Himmel. Wir finden die Sonne alle Jahr an ihrem Orte aufgehen und niedergehen. Item, aus Gewißheit der Zeit, daß wir so gewissen Winter und Sommer haben. Aber weil solches immerdar und täglich geschieht und gemein ist, so achten wirs noch verwundern uns nicht. Aber wenn man sollte ein Kind von Jugend auf in einem finstern Ort erziehen, und darnach im 20. Jahr heraus lassen, so würde es sich verwundern über die Sonne, was es wäre, und wie sie allezeit so einen gewissen Gang hätte, wie so ein gewisse Zeit wäre; aber uns ists nichts; denn was gemeine ist und täglich geschieht, das achtet man nicht."

LIII. Tischreden D. M. Luthers von Juden

Der Juden Halsstarrigkeit.

„Wenn ich ein rechter Jude wäre, sollte mich der Papst nimmermehr auf seine Götzendienste bereden; ehe wollte ich mich zehn Mal lassen rädern und ädern; ja, das Papstthum hat mit seinen Gräueln und Götzendiensten ihnen, den Juden, viel unzählige Aergernisse gemacht. Ich gläube, wenn die Juden unsere Predigt, wie wir die Sprüche im Alten Testament handeln, höreten, daß ihrer viel gewonnen würden; mit Disputiren macht man sie nur zorniger und halsstarriger, denn sie sind allzu stolz und vermessen; wenn einer oder zween Rabbi und Obersten von ihnen abfielen, da sollte sich ein Fall heben, denn sie sind des Harrens schier müde."

Deutsch- und Welschland ist etwan voller Jüden gewesen.

„Daß vor Zeiten viel Jüden in Italien und Deutschland geflohen sind, und darinnen gewohnet haben, da ist kein Zweifel an, denn auch der beredtste Heide,

Cicero, klagt über der Jüden Superstition und Menge in Italia; so sehen wir auch noch durch ganz Deutschland ihre Fußstapfen. Ist doch keine Stadt, kein Dorf, es hat Namen, Gassen von Jüden. Und man sagt, daß Jüden zu Regensburg gewöhnet haben ein lange Zeit vor Christus Geburt. Es ist ein mächtig Volk gewest."

Die Jüden können nicht hören Jesum den Gekreuzigten nennen.

„Es kamen etwa zween Jüden Rabbini, Schamaria und Jacob, zu mir," sprach Doctor Martinus Luther, „beredten sich mit mir und baten, ich wollte ihnen Geleitsbriefe geben. Dieselben gefielen ihnen wohl, wenn ich nur nicht den Tola, das ist, Jesum den Gekreuzigten, hätte hinein gesetzt. Denn sie können's nicht lassen, sie müssen den Namen Jesus lästern; und dem Liedlein, Christ ist erstanden, sind sie überaus feind. Alle Lieder singt man sich mit der Zeit müde; aber daß Christus ist erstanden, muß man alle Jahr wieder singen.

Item: Ein andrer Jüde sagte: Sind ihrer doch so viel Tausend unschuldig erwürget, der aller ist nun geschwiegen; allein Jesus, des Gekreuzigten, muß immer gedacht werden, deß Todes kann man nicht vergessen."

Jüden haben etwan treffliche Leute gehabt.

„Wir haben das Volk (die Jüden) lieb," sprach Doctor Martinus Luther, „und sie sind doch so hoffärtig und stolz. Fürwahr, dieß Volk hat vortreffliche Männer gehabt, als, Abraham, Isaac, Jacob, Mosen, David, Daniel, Samuel usw. Wem wollte es nicht leid sein und wehe thun, daß ein solch groß, herrlich Volk sollte so jämmerlich umkommen und verloren werden? Die lateinische Kirche hat keinen vortrefflichem Mann und Lehrer gehabt, denn Augustinum, und die Kirche gegen Morgen Athanasium; wiewohl er nichts Sonderliches war. Darum sind wir wohl Zweige, die in den rechten Stock gepfropft sind. Die Propheten heißen die Jüden, sonderlich aber die Linie Abrahams, ein schön Reislein oder Rüthlein; und Christus selbst mußte aus einem solchen schönen Gewächs kommen."

Der Jüden Stamm verdorben.

„Gleichwie aus dem Holz vom Weinstock und Reben nichts kann gemacht werden, das man brauchen könnte, sie dienen nur zum Feuerwerk; dazu ist das Rebenholz gut, daß man sie verbrenne, und der Asche gebrauche, wie der Prophet Ezechiel sagt; wiewohl wenn es noch am Weinstock ist, seine Früchte trägt: also sind aus den Jüden kommen die Apostel, Propheten, und Christus selbst; aber jetzund ist der Stamm nichts werth."

Der Jüden Brauch mit ihren Osterfladen.

„Die Jüden haben den Brauch, daß sie drei Fladen auf einen Tisch setzen über einander, und essen von dem obersten und untersten nichts, sondern den mittlern ziehen sie hervor, und brechen davon. Das haben sie ohne Zweifel von den Vätern, und haben die Väter damit wollen anzeigen die heilige Dreifaltigkeit; aber Christus Menschheit muß man greifen."

Von einem Jüden, der sich wollte täufen lassen, aber erst zuvor gen Rom gehen.

„Ein Jüde, der sich wollte täufen lassen, und der Christen Glauben annehmen, beichtete einem Priester, und sagte: Er wollte zuvor gen Rom gehen und das oberste Haupt in der Christenheit sehen, ehe er getauft würde, welches Vornehmen der Priester aufs Heftigste bemühete zu hindern; denn er fürchtete, wenn er das Aergerniß und Büberei zu Rom würde sehen, so würde er vom Christenthum abgeschreckt werden. Aber der Jüde zog gen Rom, und da er gräuliche Dinge genug gesehen hatte, kam er wieder zum Priester, und bat um die Taufe, und sagte: Nun will ich der Christen Gott gerne anbeten, denn er ist geduldig genug; kann er solche Büberei und Bubenstück zu Rom leiden, so kann er auch alle Schalkheit und Untugend der Welt leiden; Gott aber ist nicht grausam genug, daß er uns, sein Volk, also sehr geplaget hat."

LIV. Tischreden D. M. Luthers von Türken

Von dem Türken und seinen Kriegen.

Da man vom Türken redete, sprach Doctor Martinus Luther: „Es liegt nicht daran, daß man viel Volks zusammen bringt, es muß der thun, der droben ist. Jonathan, König Sauls Sohn, sagte (I. Sam. 14, 6): Gott kann auch durch wenig helfen usw. Das kann Gott, daß er ein Heer irre macht, daß es sich selbst unter einander zerfleischt." Da sagte die Doctorin: „Ei, behüt uns Gott vor dem Türken!" „Nein," sprach Doctor Martinus Luther, „er muß ein Mal kommen, und uns den Pelz lausen.

Wenn der Türke mit so viel Schiffen kömmt wie man sagt, mit vier hundert, so ist gewiß erfüllet, das Daniel sagt: Auf vielen Wassern. Wenn Gott wollte, daß der Türke in Deutschland geschlagen würde, so würden Aegypten, Persien usw. seine eigenen Länder von ihm abfallen, in einem halben Jahr.

Man saget, der Türk habe vier seiner Söhne lassen beschneiden, und ein groß Fest und Gepränge gehalten, dazu er den großen Eliam, Priester Johann, der Persen König, und die Venediger geladen. Er soll von seinen Leuten in großer Ehrerbietung gehalten werden. Denn wer des Türken Zeichen oder Geleitsbrief hat (so sie nennen VIET,) mit güldnen Buchstaben geschrieben, der kann durch alle seine Lande sicher kommen, so hält er Friede mit Furcht.

Man sagt auch, daß er Christum für einen großen Propheten halte, doch sei sein Mahomed größer und höher; denn Christus habe sich gegen Gott mit einem Worte versündiget, da er sagt: Ich bin das Leben, der Weg und die Wahrheit (Joh. 14 V. 6)."

Ein trefflicher, glaubwürdiger Mann, mit Namen Schmalz, Bürger zu Hagenau, der in Legation bei dem Türken gewesen, sagte: Daß der türkische Kaiser hätte gefragt: Was Luther für ein Mann, und wie alt er wäre? Darauf er, der Legat, ihm geantwortet: Er wäre irgend acht und vierzig Jahr alt. Solle der Türk gesagt haben: Ich wollte, daß er noch jünger wäre, denn er soll einen gnädigen Herrn an mir wissen. Da sprach D. M. Luther, schlug das Kreuz für sich: „Behüte mich Gott vor diesem gnädigen Herrn!"

Es ward des Türken gedacht, wie daß er ein listiger, tückischer Feind wäre, der nicht allein mit großer Macht und Kühnheit, sondern vielmehr mit Behendigkeit und Betrug kriegete, macht die Leute matt und müde, und bricht ihnen ab mit Scharmützeln, nicht mit völliger Schlacht; er gibt sich aus keinem Vortheil; thut auch keine Schlacht, er habe denn gewissen Sieg für sich zu hoffen; hat einen Musicum und sängerischen Kopf. Wenn man ihn halten will, und die Schlacht anbeut, so trollt er sich davon, wie die Musici, wenn man sie bittet, so singen sie nicht; bittet man sie aber nicht, so können sie nicht aufhören. Er befleißiget sich nur auf Betrügerei und listige Praktiken, darum wird er genannt ein Fuchs, so aus dem Loch Kaukaso hervorwischet und schleicht.

Die Deutschen aber sind kühne und frech, Franzosen und Spanier sehr unkeusch nach dem Sieg; unser Volk kann fest halten, sonderlich die Niederländer, die stehen vor dem Feuer.

D. M. L. redet ein Mal vom Türken, und sprach: „Betet, denn es ist kein Hoffnung mehr da, daß Kriegsrüstung etwas thun wird; Gott muß es thun. Wenns dem Türken Jemand soll thun, so werdens die Kinderchen thun, die noch das Vater Unser beten. Unser Wall und Büchsen und alle Festung, die werden ihn wohl ungeplaget und ungekrauet lassen. Ich sag es auch den Baumeistern allhie zu Wittenberg, und spreche: Lieben Herrn, was bauet ihr lang, wenn das Vater Unser nicht eine Mauer bauet, die da heißt Angeli Domini circumvallant timentes se, so ist euer Wall ein Dreck, Vallum Angelorum ist eine feine Mauer. Und also soll auch der Christen sonderliche Mauer heißen. Non calx et lapis, sed oratio et fides. Aber es hilft nicht, die Hofleute sagen, die Theologen verstehens nicht."

LV. Tischreden D. M. Luthers von Landen und Städten

Von Deutschland.

Doct. Martinus Luther und Philippus Melanchthon zogen mit einander gen Torgau, den dritten Aprilis 1537, und redeten von mancherlei Dingen. Da lobte Philippus die Chronik Cornelii Taciti, der zur Zeit des Kaisers Caligulä gelebt, und Deutschland sehr fein beschrieben hatte und hoch lobete von wegen der Beständigkeit und Glaubens; denn Deutsche wären beständig und hielten Glauben, sonderlich in der Ehe, damit sie alle andere Nationen überträfen und vortrefflich wären. „Ja," sprach D. Martinus Luther, „bei den Alten ists wohl etwa gewesen, da sind feine Leute gewesen; aber, leider, jetzund in den letzten Zeiten haben sie sehr abgenommen, sind aus der Art geschlagen, und zu Unfläthern worden. Vor der Sündfluth, da ist die beste Zeit gewesen, daran zweifelt Niemand, da die Leute lange gelebet, und sehr alt worden sind, haben sich fein mäßig gehalten mit Essen und Trinken, nicht geschlemmet, nicht gekrieget, nicht gezankt, haben mit Fleiß Gottes Creaturen angesehen, beide himmlische und irdische, und daran ihre Lust und Freude gehabt. Da ist ihnen ein frischer, kühler Brunn lieblicher gewesen, hat ihnen besser geschmeckt, denn jetzt alle köstlichen Weine und Malvasir. Ah was," sagte der D., „was soll doch jetzt solch Schlemmen, Fressen und Saufen! Germania ist eine schöne Nation, und mich dünkt, das H sei verwandelt ins G; vorhin haben Germani geheißen Hermanni."

Deutschland fehlets an einem guten Regenten.

„Deutschland ist wie ein schöner, weidlicher Hengst, der Futter und Alles genug hat, was es bedarf. Es fehlet ihm aber an einem Reiter. Gleich nun wie ein stark Pferd ohne einen Reiter, der es regiert, hin und wieder in der Irre läuft; also ist auch Deutschland mächtig genug von Stärke und Leuten, es mangelt ihm aber an einem guten Haupt und Regenten."

Aenderung der Kleider, was es bedeutet.

Es ward gedacht der Veränderung mit Kleidern und anderm Geschmuck, so jährlich vorgenommen wird und geschieht. Da sprach D. Martinus Luther: „Die Veränderung der Kleider wird auch bringen eine Veränderung der Regiment und Sitten. Wir ringen leider allzu sehr darnach.

Der Kaiser Carl soll gesagt haben: Die Deutschen lernen von Hispaniern Stehlen, so lernen die Spanier von Deutschen Fressen und Saufen."

Deutschland verachtet.

„Es ist keine verachtetere Nation, denn die Deutschen. Italianer heißen uns Bestien; Frankreich und Engeland spotten unser, und alle anderen Länder. Wer weiß, was Gott will und wird aus den Deutschen machen; wiewohl wir eine gute Staupe vor Gott wohl verdienet haben."

Von Erfurt.

„Erfurt liegt am besten Orte, ist eine Schmalzgrube; da muß eine Stadt stehen, wenn sie gleich wegbrennte. Wenn Nürnberg da stünde, sie sollte das ganze Land unter sich reißen. Denn wo böse Nahrung ist, da sind witzige Leute, die müssens suchen; wo aber genug ist, da mästet man sich, wie die Säue, und bauet nicht.

Erfurt ist ein sehr fruchtbar Bethlehem gewest; aber man hat mit dem Weiden die Aecker also verderbt, daß der Segen nun in einen Fluch gerathen ist. Die Thaler thun den Bauern zu wohl. Gott wird ihnen Thaler geben, und das liebe Korn nehmen; alsdenn wird Hunger und Theurung folgen."

„Thüringerland hat ein schwarz, schleimig Erdreich, macht den Fuhrleuten, wenns geregnet hat und naß ist, schwer fahren, und bösen Weg. Also in Westreich und im Niederlande da ist das Erdreich wässerig, sind aber gute Aecker, köstlich Vieh, das gute Milch gibt mit Menge. Das will gut, wacker und fleißig Gesinde haben, das sein wohl wartet, nicht verschlafen sein, denn die Melkerinnen sollen singen, daß sie nicht schlafen und die Kühe verderben.

Thüringen war etwan ein sehr fruchtbar Land; jetzt aber ist es in äußerster Vermaledeiung, vielleicht um des großen Geizes willen der Bauern. Unser sandig Ländlein hie hat noch den Segen, daß es jenem weit überlegen und fruchtbar ist. Es ist ein göttlich Wunderwerk. Gott gäbe uns ja gern Allen genug, wenn wir seine Gaben nicht so schändlich mißbrauchten, und mit unserm Geiz verderbeten."

Von Schwaben und Bayerlande.

„Wenn ich," sprach Dr. Martinus Luther, „viel reisen sollte, wollte ich nirgend lieber, denn durch Schwaben und Bayerland ziehen, denn sie sind freundlich und gutwillig, herbergen gerne, gehen Fremden und Wandersleuten entgegen, und thun den Leuten gütlich und gute Ausrichtung um ihr Geld. Hessen und Meißner thun es ihnen etlicher Maße nach, sie nehmen aber ihr Geld wohl drum, Sachsen ist gar unfreundlich und unhöflich, da man weder gut Wort noch zu essen gibt; sagen: „Liue Gast, ick weit nit, wat ich ju te eten geuen sol, dat Wif ist nit daheimen, ick kan jhu nit herbergen." Ihr sehet hie zu Wittenberg, wie unfreundlich Volk es hat, fragen weder nach Ehrbarkeit und Höflichkeit, noch nach der Religion, denn kein Bürger läßt seinen Sohn studiren, da sie doch ein groß Exempel sehen und Anzahl der fremden Studenten und Gäste. Ah, das Land trägts nicht!"

Von Walen und Italiänern.

„Italiäner sind die allerlistigsten und tückischsten Leute, die muß man vornehmlich beschämen, betäuben, und ihnen ihre Schande aufdecken, daß sie schamroth werden, und andere Leute nicht so verachten, als wären sie allein klug. Denn ein böser Ast will einen harten Keil haben, man wird ihn nicht mit einem Splitterlein spalten, man muß Axt und Schlägel dazu haben. Darum ist allzeit mein Rath gewesen, daß junge Gesellen, wenn sie ihren Katechismum zuvor wohl gelernet haben, und in Gottes Wort recht unterrichtet sind, Italien besehen, ihre Tücke und Büberei erfahren, damit sie sich wissen davor zu hüten."

Anno 28 den 14. Novembris ward viel von der italiänischen Luft geredet, welche sehr subtil wäre, also, daß man des Nachts alle Fenster und Spalten aufs Genaueste zuschlösse und verstopfte. Denn die Nachtluft wäre sehr schädlich und pestilenzisch, macht bald ein Fieber. Da sprach D. Martin Luther: „Mir und meinem Bruder widerfuhr das, da wir gen Rom zogen in Italien, und einmal die ganze Nacht mit offenen Fenstern sehr hart schliefen bis um 6; da wir erwachten, waren uns die Köpfe voller Dunst, ganz schwer und ungeschickt, also, daß wir desselben ganzen Tages nur eine Meile konnten gehen: so plagte uns der Durst, und ekelte uns vor dem Wein, daß wir ihn auch nicht riechen konnten, begehrten immerzu Wasser zu trinken, welches doch tödtlich ist. Endlich labten und erquickten wir uns wieder mit zweien Granatäpfeln, dadurch erhielt uns Gott das Leben."

Da sprach der Engländer: „In England regiert die Pestilenz immerdar, und höret nicht auf."

Und der Legat sagte: Die Luft in Frankreich wäre zwar am Tage ziemlich, und wäre der deutschen nicht ungleich, allein etwas weicher und feuchter, denn der Schnee im Winter läge selten über einen Tag, daß er nicht zerginge, wäre nicht so scharf und hart. Die Franzosen aber hielten sich eingezogener, lebten mäßiger, denn wir Deutschen. Ein Jeglicher über Tisch hätte sein eigen Trinkgeschirr und Glas, daraus er tränke, hüten sich fleißig vor der Luft. Und wenn ihnen gleich heiß wäre, daß sie schwitzten, so deckten sie sich nicht auf, ließen die Luft nicht an sich gehen, sondern träten vor das Feuer, trockneten sich, und legten sich in ein Bette und schwitzten, sonst, wenn sie die Luft an die bloße Haut ließen gehen, kriegten sie von Stund an ein Fieber. Sagte auch, daß nur ein Par oder zwei mit einander tanzten auf ihre Art, nicht so ein großer Haufe, als wir Deutschen; die Andern säßen und sähen zu.

„Die Italiäner verachten und verdammen andere Nationen, da sie doch vor Gott ein Gräuel sind, gottlos und hoffärtig. Ihr Fasten ist scheinbarlicher und besser, denn unsere herrlichsten Mahlzeiten. Ihre Kleidung ist köstlich, halten sich reinlich; tragen wir eine Elle Sammet für einen Gülden, so tragen sie eine Elle für sechs Gülden. Ihre Keuschheit ist wie zu Sodom; das beweiset und zeuget die That. Sind in einen verkehrten Sinn gegeben, denn sie achten der Ehe nichts, die doch natürlichen und göttlichen Rechtens ist, ja verbieten sie noch. Sie sollen auch das Schmeißen verboten haben.

Italiäner halten nicht über menschlicher Gesellschaft und Gemeinschaft. Keiner traut dem Andern; kommen nicht frei zusammen, wie wir Deutschen; gestatten auch nicht, daß Jemand öffentlich rede mit ihren Weibern, oder sie anspreche.“

Italia ist ein sehr fruchtbar, gut und lustig Land, sonderlich Lombardia ist ein Thal 20 deutscher Meilen Wegs breit, mitten dadurch fließt der Eridanus, gar ein sehr lustig Wasser, so breit als von Wittenberg gen Brate ist, auf beiden Seiten sind die Alpes und Apenninus-Gebirge.

Italiäner fürchten sich mehr vor S. Antonius und Sebastian, denn vor dem Herrn Christo, der freundlich und gütig ist; und solches um der Plage willen. Drum, wenn einer sein Haus will sicher haben, daß die Walen nicht dran pinkeln, so läßt er dran malen S. Antonius mit einem feurigen Spieß. Also lebt Italia ohne Gottes Wort, in großem Aberglauben und Abgötterei, gläubet weder der Tobten Auferstehung, noch ein ewiges Leben, fürchtet sich nur allein vor zeitlichen und leiblichen Plagen.“

Von Venedigern.

Doct. M. Luth. gedachte der Venediger, und sagte, „daß es die allerreichste Stadt wäre, hätte zwei Königreiche, Cypern und Candiam. Candia oder Creta aber wäre etwa voll Räuber gewesen, als, an 6000 verdorbene Kaufleute, die Bankerott gemacht hätten, und wären dahin geflohen. Weil aber diese Insel sehr bergig ist, könnte man sie mit Gewalt nicht wohl reine halten vor den Räubern und Strötern; drum ließen die Venediger ein Ausschreiben öffentlich ausgehen und anschlagen, daß sie alle Räuber wollten versichern und annehmen, daß sie möchten sicher drinnen wohnen, und sich enthalten, wenn nur ein Jeglicher des andern Räubers Haupt ihnen zubrächte und überantwortete. Also stäupten sie einen Buben mit dem andern, und die Insel ward ihrer auf die Weise los. Das war ein guter, weiser Rath.

Daß Gott alleine uns ernähret, nicht Geld und Gut, denn dasselbe, da es vorhanden ist, machet uns faul und sicher, deß sind die Venediger, das doch die allerreichste Stadt ist, ein Exempel, die bei unsern Zeiten große Theurung erlitten haben, also, daß 24 Galeeren voll Getreide ihnen vom Türken zugeschickt worden. Da hielt die Braut nicht Glauben; denn das Meer halten sie für ihre Braut, mit welchem sie sich alle Jahr von Neuem, durch den Herzog, vermählen und versprechen, wie Braut und Bräutigam; zum Mahlschatz wirft der Herzog einen güldenen Ring hinein, mit einem großen Gepränge, und einer sonderlichen zierlichen Oration und Rede."

LVI. Tischreden D. M. Luthers von der Stadt Rom

Von der gräulichen Bosheit und dem Regiment zu Rom.

Da Licentiat Liborius von Magdeburg, und M. G. Spalatinus, gewesener kurfürstlicher sächsischer Hofprediger, gegenwärtig und bei Doctor Mart. Luther waren, sprach er: „Weil mich unser Herr Gott in den häßlichen Handel und Spiel bracht hat, wollte ich nicht hundert tausend Gülden dafür nehmen, daß ich nicht auch Rom gesehen hätte; ich müßte mich sonst immer besorgen, ich thäte dem Papst Gewalt und Unrecht; aber was wir sehen, das reden wir.

Bembus, ein überaus gelehrter Mann, da er Rom wohl gesehen und nachgetrachtet hatte, soll gesagt haben: Rom wäre ein stinkender Pfuhl, voll der allerbösesten Buben in der ganzen Welt. Und einer hat geschrieben:

Vivere qui sancte vultis, discedite Roma,
Omnia hic ecce licent, nnon licet cesse probum.
Wer christlich leben will und rein,

Der zieh aus Rom und bleib daheim.
Hie mag man thun, was man nur will,
Allein fromm sein gilt hie nicht viel."

„Rom, wie ichs gesehen habe,“ sprach Doctor Martinus, „ist groß in das Gevierte umfangen, eine gute Meile Wegs, so weit als von Wittenberg auf den Poltersberg. Daraus ein Jeglicher wohl abnehmen kann, was es für ein großer Platz in die Runde muß gewest sein. Er verlas auch aus den Chroniken die Zahl der Bürger zu Rom, derer wären hundert Jahr vor Christus Geburt da gewesen an ein und vierzig Mal hundert tausend; aber nicht lang hernach wären ihrer gezählet neunzig Mal hundert tausend. Das sollte ja ein Volk sein, da es anders wahr ist.“

Da sagte der Magdeburgische Licentiat, daß sie noch fünf hundert tausend Mann vermöchte; Venedig drei Mal hundert tausend Schorrstätte oder Camine; Erfurt achtzehn tausend Feuermauern. Nürnberg ist kaum halb Erfurt.

Des alten Roms Fußstapfen kann man kaum noch erkennen, da es gestanden ist. Das Theatrum siehet man, und die Thermas Diocletianas, das warme Bad des Diocletiani, welches geleitet ist in fünf und zwanzig deutsche Meilen, von Neapolis in ein schön herrlich gebauet Haus. Ah, da sind der Welt Schätze und Reichthum gewest, drum nahmen sie auch vor und thaten, was sie gelüstete.“

Ein alter Pfarrherr aß auf den Abend mit Doctor Martin Luthern; der sagete viel von Rom, denn er hätte zwei Jahr lang da gedienet, und wäre vier Mal dahin gegangen; und da man ihn fragte, warum er so oft wäre dahin gegangen? sprach er: „Erstlich suchte ich einen Schalk da. Zum Andern, fand ich ihn. Zum Dritten, bracht ich ihn. Zum Vierten, trug ich ihn wieder hinein, und setzte ihn hinter den Altar S. Peters.“

„Das Gebäu und Kirche, S. Peters Münster, hat über dreizehnhundert Jahre gewährt. Es ist eine große Summe Geldes darauf gewandt. Denn der Papst gebot den Engeln, daß sie die Seelen derer, die auf dem Romwege stürben, von Stunden an in Himmel sollten tragen. Darum schrieb Johannes Huß wider den Papst, denn er hätte keine Gewalt über die Engel, ihnen zu gebieten. So gewaltig nahm der römischen Päpste Tyrannei überhand.

Die römische Unbußfertigkeit hat sehr viel groß Unglück und Strafe verdient. Ich wollte nicht hunderttausend Gulden dafür nehmen, daß ich Rom nicht gesehen hätte; wiewol ich die großen, schändlichen Gräuel noch nicht recht weiß. Da ich's erst sah, fiel ich auf die Erde, hub meine Hände auf, und sprach: Sei gegrüßt, du heiliges Rom. Ja, rechtschaffen heilig, von den heiligen Märtyrern und ihrem Blute, das da vergossen ist; aber sie ist nun zerrissen, und der Teufel hat den Papst, seinen Dreck, darauf geschissen.“

Da sagte der Licentiat von Magdeburg: „Diese Prophezei wäre zu Rom lange Zeit gewesen, nehmlich: es muß brechen.“ Item, „der Traum des Barfüßermönchs, den Doctor Staupitz 1511 zu Rom gehört hat, nehmlich, es würde ein Eremit unter Papst Leone dem Zehenten aufstehen und das Papstthum angreifen usw. Das haben wir zu Rom nicht können erkennen. Wir sahen dem Papst ins Angesicht, jetzund sehen wir ihm in Ars, außer der Majestät. Und ich, D. Martinus Luther, habe nicht damals gedacht, daß ich derselbe Eremit sein sollte; denn Augustinermönche werden auch Eremiten genennet.

Rom ist jetzt nur ein todt Aas und Haufen Schutt. Anno 1527. ist sie mit Sturm vom Herzogen von Bourbon, mit einem geringen Haufen Kriegsvolk, am allerfestesten Orte erobert und eingenommen, da die Römer und der Papst selbst sicher waren in der Kirchen. Der Papst entrann kaum, und floh davon in die Engelsburg. Es war ein solcher großer, dicker Nebel, daß die Feinde die Mauern erstiegen, ehe mans gewahr und inne ward; plünderten die Cardinäle; den Papst nahmen sie gefangen, der lösete sich mit drei hundert tausend Ducaten, die er dem Kriegsvolk gab; da gaben sie ihn los und ließen ihn ziehen. Die besten Bücher wurden in den Libereien zerrissen und kamen um. Die Copisterei ward zum Pferdstall gemacht. Viel Römer kamen jämmerlich um, ausgenommen die da kaiserisch waren, und die Columneser. Es war eine sonderliche Strafe von Gott über die Stadt.

Zu Rom ist ein trefflich hart Regiment. Denn der Parasel, der Hauptmann und Richter, reitet alle Nacht mit dreihundert Dienern in der Stadt umher, hält die Schaarwache stark. Wen er auf der Gassen erwischt, der muß herhalten; hat er eine Wehre bei sich, so wird er entweder gehänget oder ertränket und in die Tiber geworfen, oder ein Strapedechorde gegeben. Noch ist ein wüstes Leben und Morden allda. Wo aber Gottes Wort lauter und rein gelehret wird, da ist auch Einigkeit ohne Gesetz und Ordnung.

Rom, wie es jetzund ist und gesehen wird, ist wie ein todt Aas gegen die vorigen Gebäude. Denn da jetzt Häuser stehen, sind zuvor die Dächer gewest; so tief liegt der Schutt; wie man bei der Tiber wohl siehet, da sie zween Landsknechts-Spieß hoch Schutt hat. Jetzund hat es sein Gepränge. Der Papst triumphirt mit hübschen geschmückten Hengsten, die vor ihm herziehen, und er führet das Sacrament (ja, das Brod) auf einem hübschen, weißen Hengst. Nichts ist da zu loben, denn das Consistorium und Curia Rotä, da die

Händel und Gerichtssachen fein rechtmäßig gehört, erkannt, verrichtet und erörtert werden."

LVII. Tischreden D. M. Luthers vom Beruf

Göttlicher Beruf der Lehrer ist ihr größter Trost.

„Wenn diejenigen, so im Lehramt sind, nicht daher Freude und Trost haben, daß sie gedenken an den, der sie berufen und gesandt hat, so ists Mühe genug mit ihnen. Mosen mußte unser Herr Gott wohl sechs Mal dazu bitten. Und zwar er hat mich auch so hinein geführet; hätte ichs zuvor gewußt, es hätte Mühe bedurft, daß er mich dazu hätte gebracht. Wohlan, weil ichs nun hab angefangen, so will ichs auch mit ihm hinaus führen. Ich wollte nicht die ganze Welt nehmen, daß ichs jetzt sollte anfahen, um der überaus schweren Sorge und Angst willen. Wiederum, wenn ich auf den auch sehe, der mich dazu berufen hat, so wollt ichs auch nicht, daß ichs nicht angefangen hätte; ich will auch nun keinen andern Gott haben. Andere, die vor mir gelebt haben, die haben des Papsts böses und ärgerliches Leben angegriffen und gestraft; aber ich hab seine Lehre angegriffen, und zu der Möncherei und der Messe eingestürmet, auf welchen zweien Säulen das ganze Papstthum stehet. Da hätte ich mich selbst nie versehen dürfen, daß diese zwo Säulen würden einfallen; denn es war gleich als so viel, als wenn einer hätte Gott und die Creatur angegriffen."

Gott will Fleiß und Treu in eines Jeden Beruf haben; denn wer in geringen Dingen nachlässig ist, der ist auch im Großen nachlässig.

D. Luther sagte Anno 1540, „daß eine edle Frau wäre gewesen, wenn dieselbige eine Magd hätte gemiethet, so hätte sie ihr einen Besen in den Weg geworfen: wenn sie ihn hätte liegen lassen, so hätte sie ihr Urlaub gegeben, denn welche einen Besen lässet liegen, die hebt auch nicht ein Faß auf. Und das ist auch also in allen Regimenten. Wer in einem Regiment ist, der soll nichts Geringes verachten. Das lernten die Römer auch, daß man keinen geringen Feind sollte verachten. Denn da sie den Hannibalem geschlagen hatten, und meinten, sie wären nun sicher, da fing sich bellum Carthaginense erst recht an. Darum soll man sich bei Zeiten gewöhnen, daß man auch in dem Geringsten fleißig sei, sonst wird nichts aus solchen Schlingeln.

Davon hat D. Martinus Luther mit eigener Hand in seiner Stube an die Wand mit Kreide hinter den Ofen diese Worte geschrieben, Lucä am 16. (V. 10): Wer im Geringsten treu ist, der ist auch im Größten treu; wer im Geringsten untreu ist, der ist auch im Größten untreu. Ursache ist:

An den Lappen lernen die Hunde Leder fressen.
Also auch: Wer im Geringsten fleißig ist, der ist auch im Größten fleißig.
Wer im Geringsten unfleißig ist, der ist auch im Größten unfleißig.
Wer den Pfennig nicht achtet, der wird keines Güldens Herr.
Wer eine Stunde versäumet, der versäumet auch wohl einen ganzen Tag.
Wer das Geringste verschmähet, dem wird das Große nicht.
Wer den Kropf verschmähet, dem wird das Huhn nicht.
Und Jesus Sirach Kap. 19, (1) saget: Wer ein Geringes nicht zu Rath hält, der verdirbst immer fort.
Wer laß ist in seinem Thun, der ist ein Bruder deß, der sich verderbt.

Proverb. 18 (9)."

Doctor Martini Luthers Reim.

„Wer was weiß, der schweig.
Wem wohl ist, der bleib.
Wer was hat, der behalte.
Unglück das kommt balde."

Seines Berufes soll Keiner mißbrauchen.

D. Martin Luther sagte Anno 1546: „Es wäre kein Amt so klein, es sei Henkens werth.“ Und sagte darauf diese Historie: „Es hätte eines Schulthes Kuh in einem Dorfe einmal eines andern Bauern Kuh übel gestoßen und beschädigt. Als nun die Bäuerin zu ihm gelaufen kam, und wollt's ihm klagen, und sprach: „Herr Schulthes, es hat eine fremde Kuh meine übel gestoßen und verwundet, ich bitte, Ihr wollet mir helfen, daß mir der Schade möchte erleget werden; was ist der Kuh Herr mir zu geben schuldig für den Schaden?“ Der Schulthes sprach: „Liebe Nachbarin, er soll Euch ein alt Schock für den Schaden geben“. Da sagte die Bäuerin: „Ja, lieber Herr Schulthes, es war Eure Kuh“. Da sprach der Schulthes: „War's meine Kuh? das ist ein ander Ding“. Und wollte der Frau nichts für den Schaden geben.“

Daß man nicht leichtiglich gläuben und Jedermann vertrauen soll.

Epicharmus saget: Nervi atque artus sapientiae sunt, non temere credere; denn wer balde gläubet, der wird leichtlich betrogen. Item: Es soll Keiner einen Andern für seinen vertraueten Freund halten, er habe denn zuvor einen Scheffel Salz mit ihm gessen. Hiervon haben die Alten einen feinen Apologum gemacht: Daß ein Haushahn auf einem Baum gesessen war, zu dem hatte ein Fuchs, so ungefährlich vorüber gelaufen, gesagt: Er sollte herab vom Baum steigen, denn es wäre ein Landfriede ausgeschrien, wie aller Zwietracht, Widerwillen und Uneinigkeit unter Menschen und Thieren aufgehoben wäre, und zu ewigen Zeiten hingelegt sein sollte, also, daß Eines mit dem Andern es treulich meinen, und Eines das Andere ehren und fördern sollte. Aber der Hahn gab dem Füchslein diese Antwort: Es mag sein, sagte er, daß ein gemeiner Landfriede aufgerichtet sei und alles Widerwillens Stillestand geboten; die Zeitung aber ist mir noch nicht zukommen und verkündiget. Indeß aber will ich mich halten, wie vor Alters her meine Vorfahren mit euch Füchsen und euerm Geschlechte allwege sich gehalten haben. Und sprach Doctor Martinus Luther drauf: „Die heilige Schrift sagets, man soll allen Geistern nicht gläuben; denn, hätte der Hahn dem Fuchs gegläubet, so wäre er um sein Leben kommen, sonst bleibet er bei gutem Hausgemach.“

Doctor Martinus Luther gab auch ein Räthsel auf, und sprach: „Was ist das: Es ist einem zu enge, zweien gerecht, dreien zu weit? Antwort: Heimlichkeit; denn wenn etwas Heimliches drei wissen, so wissens hundert.“

LVIII. Tischreden D. M. Luthers vom Hofleben

Der Hofleute Abgunst.

Anno 1538. am 15. Tage Novembris wurde D. Mart. Luther samt M. Philippo Melachth. gen Torgau zum Kurfürsten von Sachsen erfordert in wichtigen, großen Sachen. Nun hatte sie M. Franciscus Burkhardus von Weimar, des Kurfürsten zu Sachsen Vicecancellarius, begleitet, und mit dreien schönen Pferden, so ihm König Heinrich von England geschenkt gehabt, neben dem Wagen geritten. Da hatte D. Martinas Luther angefangen zu lachen und gesaget: „Dieses Mannes Glück wird ihm am sächsischen Hofe großen Haß und Neid erwecken, denn die Hofschranzen müssen sehen, daß der gemalete Christophorus vor ihren Augen zum lebendigen Ritter S. Georgen wird; denn also nennen sie es, wenn die Schreiber oder die Gelehrten reisig werden. Der König von England hätte diesen M. Franciscum Burkhardum gerne in England behalten, und zum Ritter des Reichs schlagen, und stattlich unterhalten wollen, als der Kurfürst zu Sachsen ihn nach England geschickt gehabt; aber er hats dem Könige abgeschlagen, und hat ihn der König mit großen Geschenken begabet, und aus England wieder gelassen."

Reim D. Martini Luthers.

„Herrschaft ohne Schutz,
Reichthum ohne Nutz.
Richter ohne Recht,
Lotter und Spitzknecht.
Bäume ohne Frucht,
Frauen ohne Zucht.
Adel ohne Tugend,
Unverschämte Jugend.
Hochmüthige Pfaffen,
Buben, die unnütz klaffen.
Böse, eigensinnige Kind,
Leute, die Niemand nütze sind.
Neidische Mönche,

Geizige Platten,
Mag man auf Erden wohl gerathen."

Lutheri Reim.

„Es ist auf Erden kein besser List,
Denn wer seiner Zungen ein Meister ist.
Viel wissen und wenig sagen.
Nicht antworten auf alle Fragen.
Rede wenig und machs wahr,
Was du borgest, bezahle baar.
Laß einen Jeden sein, wer er ist,
So bleibst du auch wohl, wer du bist."

Andere Reim Doctor Martini Luthers.

D. Mart. Luther hat ein Mal diese Reim über Tisch erzählet:

„Gläub keinem Wolf auf wilder Heid,
Auch keinem Jüden auf seinen Eid.
Glaub keinem Papst auf sein Gewissen,
Du wirst von allen dreien beschissen."

Auf eine andere Zeit hat er diese Reim gesagt:

„ Virtus ist geschlagen todt,
Justitia leidt große Noth.
Temporantia ist gebunden,
Veritas beißen die Hunde,
Fides geht auf Stelzen,
Nequitia ist nicht seltsam."

Vom Gold.

D. Luther erzählete ein Mal vom Wörtlein Gold dies Aenigma:

„Ich weiß ein Wort, das hat ein L, Goltt.
Wer das sieht, der begehrt es schnell;
Wenn aber das L weg und ab ist, Gott.
Nichts Bessers im Himmel und Erden ist.“

Vom Narren.

Doctor Martinus Luther saget“: „Es wäre zu Wurzen oder je nicht weit davon ein Narr gewesen, der hatte sich in der Fastnacht traurig gekleidet, übel gehabt und kläglich gestellet; hinwiederum, in der Marterwochen zog er schöne Kleider an, und war fröhlich und guter Ding. Als man ihn nun fragete: warum er solches thäte? da antwortete er: In der Fastnacht geschehen viel Sünden, da soll man billig traurig sein; aber in der Marterwochen predigt man, wie Christus für die armen Sünder gestorben ist, drum soll man fröhlich sein. Das ist eine feine Rede gewesen von einem Narren.“

Anhang

Einige Tischreden, so in unten angezeigte Abschnitte gehören

Verdolmetschung der Bibel.

Doctor Martinus Luther sprach: „Ihr habt nun die Bibel verdeutschet, ich will auch nun aufhören zu arbeiten; ihr habts nun, was ihr haben sollet. Sehet alleine zu, und gebraucht es wohl nach meinem Tode. Es hat mich Arbeit genug gestanden, wird aber von uns wenig geachtet. Unsere Widersacher lesens viel mehr, denn unsere Leute. Ich gläube, daß H. Georg die Bibel fleißiger gelesen hab, denn alle unsere von Adel; denn er soll zu einem gesagt haben: Wenn doch der Mönch die Bibel vollends verdeutschete, und ginge hernach dahin, wenn er wollte.“

Reim vom Bibellesen.

Daß man die Bibel fleißig lesen solle, davon sagete Doctor Martinus Luther ein Mal diesen Reim:

„Wie einer lieset in der Bibel,
So stehet am Hause sein Giebel.“

Unsers Herrn Gotts Regiment wird für närrisch angesehen.

„Der Teufel hat sich sehr geärgert an den geringen und närrischen Werken unsers Herrn Gottes, daß er seinen eingebornen Sohn vom Himmel herunter in die Welt schickt, und leget ihn der Jungfrauen Marien in den Schooß. Da hat der Teufel gedacht, er wollts viel besser machen. Denn der Teufel ist übersichtig, er kann nicht unter sich sehen, er stehet nur hohe Dinge, er gehet daher, und stehet über sich. So wirft ihm denn unser Herr Gott ein armes Predigerlein unter die Füße, darüber stolpert denn der Teufel, daß er zu Boden liegt. Denn stehet er wieder auf, und siehet abermals in die Höhe; so wirft ihm denn Gott wieder etwas vor die Füße, darüber er porzelt. Und geschieht ihm eben, wie dem Thaleti Milesio, der sähe nach den Sternen, und fiel drüber in eine Grube.

Also sind auch alle Ketzer, sie sind alle übersichtig; denn der Teufel ist auch übersichtig, er kann nicht unter sich sehen. Ich hab, Gott sei Lob und Dank, die Kunst gelernet, daß ich glaube, daß unser Herr Gott klüger und weiser sei, denn ich. Was ich kann in Theologia, das weiß ich daher, daß ich gläube, Christus sei alleine der Herr, da die heilige Schrift von redet. Meine Grammatica, auch meine hebräische Sprache hätte mirs nicht gegeben, das weiß ich sehr wohl. Das siehet man auch fein an den alten Vätern, als S. Bernhardo und S. Augustino; wenn sie von Christo reden, wie lieblich ist doch alle ihre Lehre; aber außer Christo, so ists mit ihrer Lehre so kalt, als eitel Eis oder Schnee.

Ich habe viel gelesen in meiner Jugend, weil ich ein Mönch war, die Bibel; und leset ihr sie auch fleißig, denn dieses thuts allein. Denn wenn ich die Bibel nicht hatte, so machte ich schlechts aus Christo einen Mosen. Nun wir haben den lieben Christum wieder, drum lasset uns dafür danken, und ihn fest behalten, und drüber leiden, was wir sollen.“

Was Gott für Gewalt in der Welt habe.

„ Qui non habet in nummis,
Dem hilft nicht, daß er fromm ist.

Qui dat pecuniam summis,
Der macht wohl schlecht, was krumm ist."

Der Welt Bild.

Doctor Martinus Luther sagete: „Die Welt ist gleich wie ein trunkener Bauer, hebt man ihn auf einer Seite in den Sattel, so fällt er zur andern wieder herab; man kann ihm nicht helfen, man stelle sich wie man wolle. Also will die Welt auch des Teufels sein."

Wie Gott D. Martin Luthern wider der Welt Toben erhalten hab.

Doctor Luther hat oft in seinem Leben gesagt: „Wenn er auf dem Bette stürbe, so sei es dem Papst eine große Schande und Trotz, denn unser Herr Gott gebe ihm so viel zu verstehen: Papst, Teufel, Könige, Fürsten und Herrn, ihr sollt dem Luther feind sein, und sollt ihm dennoch nicht mögen Schaden thun. Es ist nichts mit Johann Hussen gewesen. Ich halt, daß Keiner in hundert Jahren gelebt hab, dem die Welt so feind sei gewesen als mir. Ich bin der Welt auch feind, und weiß nichts in tota vita, da ich Lust zu hätte, und bin gar müde zu leben. Unser Herr Gott komme nur balde und nehme mich flugs hin, und sonderlich komme er mit seinem jüngsten Tage, ich will ihm der Worten gerne den Hals herstrecken, daß er ihn mit einem Donner dahin schlage, daß ich liege.

Wie man bösen Lüsten widerstehen solle.

Doctor Martinus Luther sagete ein Mal, „daß in vitis Patrum diese Historie stünde, daß ein junger Einsiedler viel böser Lüste und Begierden hätte gehabt, und nicht gewußt, wie er ihrer sollte los werden. Drum so habe er einen Altvater um Rath gefraget, wie er ihm doch thun sollte? Da hat er gesaget: Du kannst nicht wehren, daß nicht die Vögel hin und wieder in der Luft fliegen sollten; aber daß sie dir nicht in den Haaren nisteln, da kannst du ihnen wohl steuren. Also wirds Keiner übrig sein, daß ihm nicht böse Gedanken einfallen; aber man soll sie lassen wieder ausfallen, auf daß sie nicht tief in uns einwurzeln."